高职高专会计专业
工学结合系列教材

财务报表阅读与分析

第二版

李　莉　主　编
韩德静　林成喜　康中和　副主编

清华大学出版社
北　京

内 容 简 介

本版教材依据财政部2014年修订的企业会计准则体系进行了更新和调整，按照工学结合的指导思想，通过分析财务报表岗位所需的素质、知识、能力，体现企业会计准则、国家税收法规最新修订的成果的会计专业教材。全书共分6个项目，由3个模块组成。第1模块为项目1，是报表阅读与分析的基础，通过本项目分解的工作任务，形成一套完整且系统的财务报表资料，为后续各报表的单项阅读与分析奠定基础。第二模块为项目2到项目5，根据第1模块形成的报表数据分别解读企业的财务状况、经营成果、现金流量等财务及经营信息。这部分内容是本书的核心。第3模块为项目6，是在对财务报表单项解读分析的基础上，运用综合财务分析的方法，系统、全面地解读企业的经营管理活动及财务状况的全貌，并付诸最终的分析成果——财务分析报告。

本教材采用一体化的综合案例，体现学做结合的完整工作流程，语言表述通俗易懂，辅之"小提示"、"知识链接"等多种醒目的阅读提示，使学习者和阅读者能清晰、轻松地掌握报表解读的方法和内容。

本教材既可作为高职高专会计专业的教学用书，也可作为财经管理类专业学生、企业管理者等非财会人员自学财务报表阅读与分析知识的参考用书。

图书在版编目（CIP）数据

财务报表阅读与分析/李莉主编．--2版．--北京：清华大学出版社，2015(2020.9重印)
高职高专会计专业工学结合系列教材
ISBN 978-7-302-40041-7

Ⅰ.①财…　Ⅱ.①李…　Ⅲ.①会计报表－会计分析－高等职业教育－教材　Ⅳ.①F231.5

中国版本图书馆CIP数据核字(2015)第086767号

责任编辑：左卫霞
封面设计：毛丽娟
责任校对：刘　静
责任印制：杨　艳

出版发行：清华大学出版社
网　　址：http://www.tup.com.cn，http://www.wqbook.com
地　　址：北京清华大学学研大厦A座　　**邮　　编**：100084
社 总 机：010-62770175　　**邮　　购**：010-62786544
投稿与读者服务：010-62776969，c-service@tup.tsinghua.edu.cn
质 量 反 馈：010-62772015，zhiliang@tup.tsinghua.edu.cn
课 件 下 载：http://www.tup.com.cn，010-83470410
印 装 者：北京建宏印刷有限公司
经　　销：全国新华书店
开　　本：185mm×260mm　　**印　　张**：15.5　　**字　　数**：351千字
版　　次：2009年9月第1版　2015年8月第2版　　**印　　次**：2020年9月第4次印刷
定　　价：46.00元

产品编号：064846-03

高职高专会计专业工学结合系列教材
编委会名单

丛书总序

2014年5月2日，国务院发布了《关于加快发展现代职业教育的决定》(国发〔2014〕19号)，提出坚持校企合作、工学结合，强化教学、学习、实训相融合的教育教学活动。推行项目教学、案例教学、工作过程导向教学等教学模式。加大实习实训在教学中的比重，创新顶岗实习形式，强化以育人为目标的实习实训考核评价。积极推进学历证书和职业资格证书"双证书"制度。建设融"教、学、做"为一体、强化学生能力培养的优质教材显得更为重要。

2013年8月1日起，陆续在全国开展交通运输业、邮政业、电信业和部分现代服务业进行营业税改征增值税的试点工作；2014年7月1日起，实施《长期股权投资》、《职工薪酬》、《公允价值计量》、《财务报表列报》、《合并会计报表》等新的企业会计准则；2014年12月1日起实施修订后的消费税和资源税法规，企业所得税纳税申报表从2015年1月1日起作了全新的修改。会计法规在变，税法在变，教材也应及时更新、再版。

为满足教学改革和教学内容变化的需要，我们对2007年立项、梁伟样教授主持的清华大学出版社重点规划课题"高职院校会计专业工学结合模式的课程研究"成果，2009年以来出版的"高职高专会计专业工学结合系列教材"陆续进行修订、再版，包括《出纳实务》、《基础会计实务》、《财务会计实务》、《成本会计实务》、《企业纳税实务》、《会计电算化实务》、《审计实务》、《财务管理实务》、《财务报表阅读与分析》、《会计综合实训》，前7种教材单独配备了"全真实训"，以方便教师的教学与学生的实训练习。

本系列教材具有以下特色。

(1) 项目导向，任务驱动。以真实的工作目标作为项目，以完成项目的典型工作过程(环节、方法、步骤)作为任务，以任务引领知识、技能和态度，让学生在完成工作任务中学习知识，训练技能，获得实现目标所需要的职业能力。

(2) 内容适用，突出能力。根据高职毕业生就业岗位的实际情况，以会计岗位的各种业务为主线，以介绍工作流程中的各个程序和操作步骤为主要内容，围绕职业能力培养，注重内容的实用性和针对性，体现职业教育课程的本质特征。

(3) 案例引入，学做合一。每个项目以案例展开并贯穿于整个项目之中，打破长期以来的理论与实践二元分离的局面，以任务为核心，配备相应的全真实训教材，便于在做中学、学中做，学做合一，实现理论与实践一体化教学。

(4) 资源丰富，方便教学。在教材出版的同时为教师提供教学资源库，主要内容为：教学课件、习题答案、趣味阅读、课程标准、模拟试卷等，以便于教师教学参考。

（5）与会计从业资格无纸化考试对接。本书印有“会计考试宝”的二维码，读者可以扫描二维码，下载“会计考试宝”，单击左下角“我要试用”，在线体验会计从业资格考试系统，手机、计算机同步做题。购买本书的教师可免费获得一个“会计考试宝”账号，如有需要，可发邮箱至 zuoer_2002@163.com 索取账号和密码。

本系列教材无论从课程标准的开发、教学内容的筛选、教材结构的设计，还是到工作任务的选择，都倾注了职业教育专家、会计教育专家、企业会计实务专家和清华大学出版社各位编辑的心血，是高等职业教育教材为适应学科教育到职业教育、学科体系到能力体系两个转变进行的有益尝试。

本系列教材适用于高等职业院校、高等专科学校、成人高校及本科院校的二级职业技术学院、继续教育学院和民办高校的财会类专业，也可作为在职财会人员岗位培训、自学进修和岗位职称考试的教学用书。

本系列教材难免有不足之处，请各位专家、老师和广大读者不吝指正，希望本系列教材的出版能为我国高职会计教育事业的发展和人才培养做出贡献。

高职高专会计专业工学结合系列教材

编写委员会

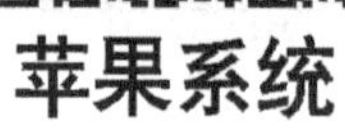

安卓系统

扫描二维码
下载会计考试宝 马上体验吧！

请使用QQ、UC浏览器等工具进行下载。

第二版前言

本书自出版以来，得到了社会各界的一致好评，被多家兄弟院校、培训机构及社会公众作为教材或读本，在此，我们对广大读者的厚爱表示最真挚的谢意。

国际会计准则的新一轮改革已经进入了关键阶段，在这一轮的改革过程中，我国在准则修订过程中已经逐渐开始掌握了话语权，并在我国的会计准则建设过程中逐步与国际趋同。

为适应社会主义市场经济发展，进一步完善我国企业会计准则体系，提高财务报表列报质量和会计信息透明度，保持我国企业会计准则与国际财务报告准则持续趋同，2014 年伊始，财政部就出台了一系列准则，发布了五项会计准则、一项准则解释和两项征求意见稿。是继 2012 年会计准则修订后的又一次大规模修订，其中，《企业会计准则第 30 号——财务报表列报》也做了较大范围的修订，并规定自 2014 年 7 月 1 日起在所有执行企业会计准则的企业范围内施行，鼓励在境外上市的企业提前执行。

为配合 2014 年财政部出台的《企业会计准则第 30 号——财务报表列报》具体准则的实施，同时也为读者提供更好的服务，我们对本书进行了全面的修订与完善，按照修订后的财务报表列报准则的最新规定，对资产负债表、利润表、所有者权益变动表等变化较大的几张报表项目进行了更新和调整，在相应的教材内容中予以补充说明，并增加了课后实训题量。

本次修订主要由李莉教授负责，林成喜老师，韩德静老师，康中和注册会计师也参与了全书的编写工作。

由于编者水平有限，书中不足之处恳请读者批评指正。

编　者

2015 年 4 月

第一版前言

《财务报表阅读与分析》是清华大学出版社2008年度重点课题“工学结合模式下会计专业主干课程的改革研究”课题的研究成果。

本书是按照高等职业教育工学结合的指导思想，以某一特定企业某一会计期间发生的生产经营活动，结合企业会计报表岗位的工作流程，按照报表的形成、对报表的解读与分析，进而编写财务分析报告三个相互衔接的模块来设计教材的内容体系，体现完整的工作过程，具有一定的新意，呈现给读者较清晰的学习和阅读框架，并强调学做结合，实用性较强。

本书较系统地介绍了财务报表的形成、解读的方法和内容，对四张主要财务报表（资产负债表、利润表、现金流量表、所有者权益变动表）的主要项目及相关数字进行拆分、识别、理解、阅读以及趋势、质量和结构分析，同时深入分析每张财务报表所对应的企业财务能力，建立相应的分析评价指标体系，目的在于让报表使用者和财经类专业学生快速掌握财务报表阅读与分析的基本技能，帮助他们灵活应用财务报表，正确清醒地评价企业过去的财务状况、经营成果、现金流量，以及所有者资本保值增值情况，科学合理地预测企业未来的发展趋势，并付诸于相关的决策、管理活动中，以增强企业和个人的竞争力。

我们精心编写的《财务报表阅读与分析》一书，旨在使高职高专财经管理类学生以及企业管理者等非财会人员的读者轻松、快捷、高效地掌握财务报表阅读与分析的主要内容和方法，领会财务报表数字化背后所蕴含的企业经营管理信息。本书主要具有以下特点。

1. 内容新颖，注重实用

将我国最新企业会计准则的规定和企业生产经营管理的实际情况相结合，讲述财务报表阅读与分析的基本方法和技能。

2. 结构清晰，体系完整

本书内容全面，涵盖了资产负债表、利润表、现金流量表、所有者权益变动表的阅读与分析、财务综合分析、财务分析报告的编写等内容，并以工作流程按照财务报表的形成、阅读分析和编写财务分析报告的顺序依次介绍相关内容，读者可以依照书中提供的方法轻松学会阅读和分析财务报表。

3. 版式新颖，轻松学习

本书用通俗易懂的语言，阐述财务报表阅读与分析的基本原理、程序和方法，将繁杂的财务报表内容非常直观地展现在读者面前，使阅读和分析财务报表的技术和方法简单化、通俗化。在版式和内容设计上做到项目化、流程化、图表化；并在书中增加标志醒目的“知识链接”、“启示”、“小提示”等提示框，力求使读者轻松地学习、阅读和使用本书。

本书可作为高职高专财经类专业学生的学习用书，也可作为有关人员学习财务报表分析知识的参考用书。

本书由四川商务职业学院李莉副教授任主编，苏州经贸职业技术学院林成喜副教授、唐山职业技术学院韩德静讲师任副主编，中国燃气股份有限公司康中和注册会计师参加编写。具体编写分工为：李莉编写项目一，另和康中和合编项目六并负责本书的总纂，韩德静编写项目二和项目三，林成喜编写项目四和项目五。

由于编者水平有限，加之财务报表阅读与分析的方法也在不断发展和完善，书中难免存在不足之处，恳请读者批评指正，多提宝贵意见和建议，以便修订再版时进一步完善。

编　者

2009 年 7 月

目录

财务报表的形成

技能目标

会编制资产负债表、利润表等基本财务报表；能初步运用财务报表分析的基本方法进行财务报表的阅读和分析。

知识目标

掌握资产负债表、利润表等基本财务报表的编制原理和方法；熟悉资产负债表、利润表等基本财务报表的内容和结构；了解企业财务报告体系的主要内容。

沃尔玛的诚信与巴菲特的投资

沃尔玛是世界零售业的巨头，它和著名的投资大师巴菲特之间有着一次高效的合作。多年以来，巴菲特一直把《财富》杂志所调查的“最受人景仰的企业”那一票投给沃尔玛，因为他对沃尔玛的诚信和经营能力有着高度的信任。2003 年春天，沃尔玛有意出售麦克林——其下属一个年营业额约 230 亿美元的非核心企业，此消息被巴菲特得知，他立即做出相应的收购投资决策。当时整个收购交易异常简单迅速，巴菲特和沃尔玛的首席财务官面谈了两个小时，巴菲特当场点头同意购买金额，而沃尔玛的首席财务官只打了电话请示首席执行官，交易就宣告结束。29 天后，购买麦克林的 15 亿美元款项，就由伯克希尔-哈撒韦公司直接汇入沃尔玛账户，中间没有任何投资银行介入。这种交易是否过于草率？巴菲特说，他相信沃尔玛财务报表所提供的一切数字，因此计算合理的收购价格对他来说轻而易举。事后也证明，沃尔玛提供给巴菲特的各项数据的确坦诚无欺。

启示　提供诚信的信息、具有诚信的声誉是企业的无价之宝

企业伦理是复式记账的基础。简单地说，不对信息用户负责，就没有会计。只讲

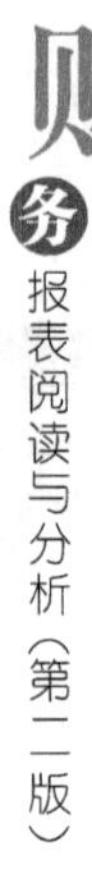

究会计的技术而不谈诚信原则，财务报表就失去灵魂。对企业经理人来讲，在编制财务报表的过程中，正确的价值观与态度，远比会计的专业知识重要。而具有诚信的声誉会大幅度降低企业的交易成本。

任务1.1 资产负债表的编制

1.1.1 资产负债表的内容和结构

1. 资产负债表概述

（1）资产负债表的概念

资产负债表是反映企业在某一特定日期（月末、季末、半年末、年末）财务状况的报表。它根据资产、负债、所有者权益三个会计要素的相互关系，依据一定的分类标准和顺序，把企业在一定日期的资产、负债、所有者权益项目予以排列，并根据账户资料编制而成。

（2）资产负债表的作用

资产负债表主要提供有关企业财务状况方面的信息，即某一特定日期关于企业资产、负债、所有者权益及其相互关系。其作用主要包括以下几个方面。

① 可以提供某一日期资产的总额及其结构，表明企业拥有或控制的资源及其分布情况，使用者可以一目了然地从资产负债表上了解企业在某一特定日期所拥有的资产总量及其结构。

② 可以提供某一日期负债的总额及其结构，表明企业未来需要用多少资产或劳务清偿债务以及清偿时间。

③ 可以反映所有者所拥有的权益，据以判断资本保值、增值的情况以及对负债的保障程度。

④ 此外，资产负债表还可以提供进行财务分析的基本资料，如将流动资产与流动负债进行比较，计算出流动比率等指标，可以反映企业的变现能力、偿债能力和资金周转能力，从而有助于报表使用者做出经济决策。

2. 资产负债表的生成依据

一定渠道筹集而来的资金（所有者投入的资金被称为“所有者权益”，借入的资金被称为“负债”）进入企业后形成供企业开展生产经营活动的经济资源（被称为“资产”）。资产、负债、所有者权益三者之间必然存在数量上的平衡关系，即资产＝负债＋所有者权益，而且我们将这三个会计要素细化为会计科目后，等式两边的合计数也必定是相等的。即

资产＝负债＋所有者权益

上述等式又可细化为

流动资产＋非流动资产＝(流动负债＋非流动负债)＋所有者权益

将上述三个要素存在的数量恒等关系予以表格化，按资产、负债、所有者权益分类分项反映，即形成资产负债表。

3. 资产负债表的内容和格式

(1) 资产负债表的内容

在资产负债表中，左方列报的资产项目，反映资产的构成；右方列报的负债和所有者权益项目，反映权益结构，即资产的来源渠道。

资产类项目按照流动性排列，流动性反映资产的变现能力(即变成现金速度的快慢)。流动性强的在前，流动性弱的在后。具体分为流动资产和非流动资产两大类来排列，其中：流动资产指主要为交易目的而持有、预计能在一年内或者一个正常营业周期内变现、出售或者耗用的资产。流动资产以外的资产应当归类为非流动资产，并按其性质分类列示。流动资产依序排列为货币资金、以公允价值计量且其变动计入当期损益的金融资产、应收票据、应收账款、预付款项、应收利息、应收股利、其他应收款、存货、一年内到期的非流动资产等项目。非流动资产项目依序排列为可供出售金融资产、持有至到期投资、长期股权投资、投资性房地产、固定资产、无形资产、递延所得税资产和其他非流动资产等项目。

负债类项目以各项负债的约定偿还日期的远近为依据进行先后次序的排列，偿还日期近者在前，远者在后。

所有者权益类项目是以资本的永久性高低为依据进行先后次序的排列，永久性高者在前，低者在后。实收资本(或股本)指投资人的投入资本及资本储备，包括实收资本(或股本)和资本公积两个项目。留存收益指不能或尚未以股利等形式分发给投资者的部分企业净收益，包括盈余公积和未分配利润两个项目。

上述资产负债表列报的项目在会计处理中大多细化成具体的会计核算账户，是报表数据的主要载体。

(2) 资产负债表的格式

在我国，资产负债表采用账户式结构，通常包括表头、表身和表尾三部分。表头主要包括资产负债表的名称、编制单位、编制日期和金额单位；表身主要包括资产、负债和所有者权益各项目的期末余额和年初余额，是资产负债表的主体部分；表尾主要包括附注资料等。资产负债表的表身部分分为左右两边，左方列示资产，右方列示负债和所有者权益。每个项目又分为“期末余额”和“年初余额”两栏分别填列。资产负债表的具体格式如表 1-1 所示。

表 1-1　资产负债表　　会企 01 表

编制单位：　　　　年　　月　　日　　　　金额单位：元

项　　目	期末余额	年初余额	项　　目	期末余额	年初余额
流动资产：			流动负债：		
货币资金			短期借款		
以公允价值计量且其变动计入当期损益的金融资产			以公允价值计量且其变动计入当期损益的金融负债		

续表

项　　目	期末余额	年初余额	项　　目	期末余额	年初余额
应收票据			应付票据		
应收账款			应付账款		
预付款项			预收款项		
应收利息			应付职工薪酬		
应收股利			应交税费		
其他应收款			应付利息		
存货			应付股利		
一年内到期的非流动资产			其他应付款		
其他流动资产			一年内到期的非流动负债		
			其他流动负债		
流动资产合计			流动负债合计		
非流动资产：			非流动负债：		
可供出售金融资产			长期借款		
持有至到期投资			应付债券		
长期应收款			长期应付款		
长期股权投资			专项应付款		
投资性房地产			预计负债		
固定资产			递延所得税负债		
在建工程			递延收益		
工程物资			其他非流动负债		
固定资产清理			非流动负债合计		
生产性生物资产			负债合计		
油气资产			所有者权益(或股东权益)：		
无形资产			实收资本(或股本)		
开发支出			资本公积		
商誉			减:库存股		
长期待摊费用			其他综合收益		
递延所得税资产			盈余公积		
其他非流动资产			未分配利润		
非流动资产合计			所有者权益(或股东权益)合计		
资产合计			负债和所有者权益(或股东权益)合计		

1.1.2　资产负债表的编制方法

资产负债表是反映企业某一特定日期财务状况的报表。资产、负债和所有者权益各项目列报的数据有两项：年初余额和期末余额，因此在编制时，应根据对应于列报项目的

账户的年初余额和期末余额分别填列。其中，资产项目应根据资产类账户借方年初余额和借方期末余额填列，负债和所有者权益项目应根据负债和所有者权益类账户贷方年初余额和贷方期末余额填列。

1. “年初余额”栏的填列

资产负债表“年初余额”栏内各项数字，应根据上年末资产负债表“期末余额”栏内所列数字填列。如果本年度资产负债表规定的各个项目的名称和内容与上年度不一致，应对上年年末资产负债表各项目的名称和数字按照本年度的规定进行调整，填入本年度资产负债表“年初余额”栏内。

2. “期末余额”栏的填列

资产负债表各项目“期末余额”栏的填列主要有以下几种方法。

(1) 根据总账科目余额填列。如“工程物资”、“固定资产清理”、“递延所得税资产”、“短期借款”、“应付票据”、“应付职工薪酬”、“应交税费”、“应付利息”、“应付股利”、“其他应付款”、“专项应付款”、“预计负债”、“递延所得税负债”、“实收资本(或股本)”、“资本公积”、“库存股”、“盈余公积”等项目，应根据有关总账科目的余额填列。

(2) 根据几个总账科目的期末余额计算填列。在资产负债表中，某些项目涵盖范围广，则需根据几个总账科目的期末余额计算填列。如“货币资金”项目，应根据“库存现金”、“银行存款”、“其他货币资金”三个总账科目的期末余额的合计数填列；“其他非流动资产”、“其他流动负债”项目，应根据有关科目的期末余额分析填列。

(3) 根据明细账科目余额计算填列。部分项目涉及不同总账科目的内容，要根据相应几个总账科目所属部分明细账科目余额计算填列。如“预收款项”项目，应根据“预收账款”和“应收账款”科目所属明细账的期末贷方余额合计填列；“应付账款”项目，应根据“应付账款”和“预付账款”科目所属明细账的期末贷方余额合计填列；“开发支出”项目，应根据“研发支出”科目中所属的“资本化支出”明细科目期末余额填列；“一年内到期的非流动资产”、“一年内到期的非流动负债”项目，应根据有关非流动资产或负债项目的明细科目余额分析填列；“长期借款”、“应付债券”项目，应分别根据“长期借款”、“应付债券”科目的明细科目余额分析填列；“未分配利润”项目，应根据“利润分配”科目中所属明细的“未分配利润”明细科目的期末余额填列。

(4) 根据总账科目余额和所属明细账科目余额分析计算填列。部分项目按性质只反映某总分类账户余额的一部分，应该根据明细账余额做相应扣减后填列。如“长期借款”项目，需根据“长期借款”总分类账户余额扣除“长期借款”账户所属明细账户中将在资产负债表日起一年内到期且企业不能自主地将清偿义务展期的长期借款后的金额计算填列；“长期待摊费用”项目，应根据“长期待摊费用”科目的期末余额减去将于一年内(含一年)摊销的数额后的金额填列；“其他非流动负债”项目，应根据有关科目的期末余额减去将于一年内(含一年)到期偿还数额后的金额填列。

(5) 根据有关科目余额减去其备抵科目余额后的净额填列，以反映其净值。“可供出售金融资产”、“持有至到期投资”、“长期股权投资”、“在建工程”、“商誉”项目，应根据相

关科目的期末余额填列,已计提减值准备的,还应扣减相应的减值准备;"固定资产"、"无形资产"、"投资性房地产"、"生产性生物资产"、"油气资产"项目,应根据相关科目的期末余额扣减相关的累计折旧(累计摊销、折耗)填列,已计提减值准备的,还应扣减相应的减值准备,采用公允价值计量的上述资产,应根据相关科目的期末余额填列;"长期应收款"项目,应根据"长期应收款"科目的期末余额,减去相应的"未实现融资收益"科目和"坏账准备"科目所属相关明细科目期末余额后的金额填列;"长期应付款"项目,应根据"长期应付款"科目的期末余额,减去相应的"未确认融资费用"科目期末余额后的金额填列。

(6) 综合运用上述方法分析填列。"存货"项目,需根据"材料采购"(或"在途物资")、"原材料"、"库存商品"、"委托加工物资"、"周转材料"、"发出商品"、"受托代销商品"等科目的期末余额合计,减去"受托代销商品款"、"存货跌价准备"科目期末余额后的金额填列,材料采用计划成本核算,以及库存商品采用计划成本核算或售价核算的企业,还应按加或减材料成本差异、商品进销差价后的金额填列。

1.1.3 资产负债表的编制应用

1. 案例基本资料

(1) 企业基本情况介绍

星辉股份有限公司于2007年5月成立,属机械制造行业,是一家主要从事微型、小型水泵和园林机械的研发、设计、制造和销售的高新技术企业,生产销售的主要产品为碎枝机等园林机械,研发成功的新产品,如割草机、扫雪机正在推广中。其所生产的产品以外销为主,出口销售的比例高达95%以上,其中自营出口的比例达70%左右。

(2) 2014年12月31日该公司财务报表及账簿有关资料

① 资产负债表的期初数(略)。

② 2014年12月31日账户资料如表1-2所示。

表1-2　账户余额表　　金额单位:元

账　　户	借方余额	贷方余额
库存现金	16 267.00	
银行存款	117 623 988.49	
其他货币资金	6 365 776.26	
应收票据	4 000 000.00	
应收账款	129 683 543.22	
坏账准备		7 548 672.79
预付账款	30 460 751.81	
其他应收款	4 384 516.20	
原材料	28 731 788.09	
生产成本	20 059 606.00	
自制半成品	26 926 761.19	

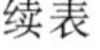

续表

账　　户	借方余额	贷方余额
库存商品	41 408 558.29	
委托加工物资	12 485 700.35	
周转材料——包装物	1 965 841.92	
周转材料——低值易耗品	2 181 017.45	
存货跌价准备		386 374.63
长期股权投资	19 600 000.00	
固定资产	188 791 308.21	
累计折旧		37 084 697.70
固定资产减值准备		926 490.98
在建工程	5 242 208.91	
无形资产	47 925 015.43	
累计摊销		1 396 016.16
长期待摊费用	1 278 333.33	
递延所得税资产	1 791 728.50	
短期借款		21 161 698.02
应付票据		88 007 638.80
应付账款		113 190 014.68
预收账款		9 417 196.00
应付职工薪酬		5 018 021.74
应交税费		−12 181 159.21
应付利息		41 930.11
其他应付款		5 073 992.41
长期应付款		800 000.00
股本		75 280 000.00
资本公积		221 195 772.25
盈余公积		20 292 329.22
利润分配——未分配利润		96 283 024.37

2. 资产负债表的编制

根据以上资料，编制的资产负债表如表1-3所示。

表1-3　资产负债表

编制单位：星辉股份有限公司　　　　2014年12月31日　　　　金额单位：元

项　目	期末余额	年初余额	项　目	期末余额	年初余额
流动资产：			流动负债：		
货币资金	124 006 031.75	23 436 512.51	短期借款	21 161 698.02	43 196 019.80
以公允价值计量且其变动计入当期损益的金融资产			以公允价值计量且其变动计入当期损益的金融负债		

续表

项　目	期末余额	年初余额	项　目	期末余额	年初余额
应收票据	4 000 000.00		应付票据	88 007 638.80	59 678 601.19
应收账款	122 254 586.11	88 686 681.76	应付账款	113 190 014.68	79 894 849.41
预付款项	30 460 751.81	38 714 700.45	预收款项	9 417 196.00	5 243 722.01
应收利息			应付职工薪酬	5 018 021.74	9 986 680.23
应收股利			应交税费	−12 181 159.21	−7 048 039.69
其他应收款	4 264 800.52	4 596 432.16	应付利息	41 930.11	77 045.61
存货	133 372 898.66	85 244 074.38	应付股利		
一年内到期的非流动资产			其他应付款	5 073 992.41	3 000 000.30
其他流动资产			一年内到期的非流动负债		14 024 640.00
			其他流动负债		
流动资产合计	418 359 068.85	240 678 401.26	流动负债合计	229 729 332.55	208 053 518.86
非流动资产：			非流动负债：		
可供出售金融资产			长期借款		16 033 110.00
持有至到期投资			应付债券		
长期应收款			长期应付款	800 000.00	800 000.00
长期股权投资	19 600 000.00	1 000 000.00	专项应付款		
投资性房地产			预计负债		
固定资产	150 780 119.53	89 871 411.34	递延所得税负债		
在建工程	5 242 208.91	2 519 095.54	递延收益		
工程物资			其他非流动负债		
固定资产清理			非流动负债合计	800 000.00	16 833 110.00
生产性生物资产			负债合计	230 529 332.55	224 886 628.86
油气资产			所有者权益（或股东权益）：		

续表

项　目	期末余额	年初余额	项　目	期末余额	年初余额
无形资产	46 528 999.27	8 120 137.61	实收资本（或股本）	75 280 000.00	56 280 000.00
开发支出			资本公积	221 195 772.25	167 844.25
商誉			减：库存股		
长期待摊费用	1 278 333.33		其他综合收益		
递延所得税资产	1 791 728.50	1 559 445.81	盈余公积	20 292 329.22	9 203 030.41
其他非流动资产					
非流动资产合计	225 221 389.54	103 070 090.30	未分配利润	96 283 024.37	53 210 988.04
			外币报表折算差额		
资产合计	643 580 458.39	343 748 491.56	少数股东权益		
			所有者权益合计	413 051 125.84	118 861 862.70
			负债和所有者权益合计	643 580 458.39	343 748 491.56

任务1.2 利润表的编制

1.2.1 利润表的内容和结构

1. 利润表概述

利润表是反映企业在一定期间经营成果的会计报表。

通过利润表可以反映企业经营业绩的主要来源和构成，反映企业在一定会计期间收入、费用、利润（或亏损）的数额、构成情况，帮助报表使用者全面了解企业的经营成果，判断净利润的质量及其风险，分析企业的赢利能力，预测净利润的持续性等。如将赊销收入净额与应收账款平均余额进行比较计算出应收账款周转率，将销货成本与存货平均余额进行比较计算出存货周转率，将净利润与资产总额进行比较计算出资产收益率等，可以反映企业资金周转情况及企业的赢利能力和水平,便于报表使用者判断企业未来的发展趋势,从而做出经济决策。

2. 利润表的结构

利润表通常有单步式和多步式两种结构。单步式利润表是将当期所有的收入列在一起,然后将所有的费用列在一起,两者相减得出当期净损益;多步式利润表是通过对当期的收入、费用、支出项目按性质加以归类,按利润形成的主要环节列示一些中间性利润指标,分步计算当期净损益。

根据财务报表列报准则的规定,企业应当采用多步式列报利润表,将不同性质的收入和费用类别进行对比,通过这些中间性的利润数据有助于使用者正确理解企业经营成果的不同来源。企业可以按照以下 4 个步骤来编制利润表。

(1) 以营业收入为基础,减去营业成本、营业税金及附加、销售费用、管理费用、财务费用、资产减值损失,加上公允价值变动收益(减去公允价值变动损失)和投资收益(减去投资损失),计算出营业利润。

(2) 以营业利润为基础,加上营业外收入,减去营业外支出计算出利润总额。

(3) 以利润总额为基础,减去所得税费用,计算出净利润(或净亏损)。

(4) 以净利润为基础,加上其他综合收益各项目扣除所得税影响后的净额,计算出综合收益总额。

普通股或潜在股已公开交易的企业,以及正处于公开发行普通股或潜在普通股过程中的企业,还应当在利润表中列示每股收益信息。

同时,根据财务报表列报准则的规定,企业需要提供比较利润表,以使报表使用者通过比较不同期间利润的实际情况,判断企业经营成果的未来发展趋势。所以,利润表还将各项目再分为"本期金额"和"上期金额"两栏分别填列。

利润表的格式如表 1-4 所示。

表 1-4　利润表

会企 02 表

编制单位:　　　　年　　月　　　　金额单位:元

项　　目	本期金额	上期金额
一、营业收入		
减:营业成本		
营业税金及附加		
销售费用		
管理费用		
财务费用		
资产减值损失		
加:公允价值变动收益(净损失以"－"号填列)		
投资收益(损失以"－"号填列)		
其中:对联营企业和合营企业的投资收益		
二、营业利润(亏损以"－"号填列)		
加:营业外收入		

续表

项　　目	本期金额	上期金额
其中:非流动资产处置利得		
减:营业外支出		
其中:非流动资产处置损失		
三、利润总额(亏损以"－"号填列)		
减:所得税费用		
四、净利润(净亏损以"－"号填列)		
五、其他综合收益的税后净额		
(一)以后不能重分类进损益的其他综合收益		
1. 重新计量设定受益计划净负债或净资产的变动		
2. 权益法下在被投资单位不能重分类进损益的其他综合收益中享有的份额		
……		
(二)以后将重分类进损益的其他综合收益		
1. 权益法下在被投资单位以后将重分类进损益的其他综合收益中享有的份额		
2. 可供出售金融资产公允价值变动损益		
3. 持有至到期投资重分类为可供出售金融资产损益		
4. 现金流量套期损益的有效部分		
5. 外币财务报表折算差额		
……		
六、综合收益总额		
七、每股收益		
(一)基本每股收益		
(二)稀释每股收益		

1.2.2　利润表的编制方法

利润表各项目均需填列"本期金额"和"上期金额"两栏。其中"上期金额"栏内各项数字,应根据上年该期利润表的"本期金额"栏内所列数字填列;"本期金额"栏内各项数字,除"基本每股收益"和"稀释每股收益"项目外,应当按照相关账户的发生额填列。具体各项目的填列方法如下。

(1)"营业收入"项目,反映企业经营主要业务和其他业务所确认的收入总额。本项目应根据"主营业务收入"和"其他业务收入"科目的发生额分析计算填列。

(2)"营业成本"项目,反映企业经营业务和其他业务所发生的成本总额。本项目应根据"主营业务成本"和"其他业务成本"科目的发生额分析计算填列。

(3)"营业税金及附加"项目,反映企业经营活动应负担的消费税、营业税、城市建设维护税、资源税、土地增值税和教育费附加等。本项目应根据“营业税金及附加”科目的发生额分析填列。

(4)“销售费用”项目，反映企业在销售商品过程中发生的包装费、广告费等费用和为销售本企业商品而专设的销售机构的职工薪酬、业务费等经营费用。本项目应根据“销售费用”科目的发生额分析填列。

(5)“管理费用”项目，反映企业为组织和管理生产经营发生的管理费用。本项目应根据“管理费用”科目的发生额分析填列。

(6)“财务费用”项目，反映企业筹集生产经营所需资金等而发生的筹资费用。本项目应根据“财务费用”科目的发生额分析填列。

(7)“资产减值损失”项目，反映企业各项资产发生的减值损失。本项目应根据“资产减值损失”科目的发生额分析填列。

(8)“公允价值变动收益”项目，反映企业应当记入当期损益的资产或负债公允价值变动收益。本项目应根据“公允价值变动损益”科目的发生额分析填列，如为净损失，本项目以“－”号填列。

(9)“投资收益”项目，反映企业以各种方式对外投资所取得的利益。本项目应根据“投资收益”科目的发生额分析填列，如为投资损失，本项目以“－”号填列。

(10)“营业利润”项目，反映企业实现的营业利润。根据利润表确定的营业利润构成项目及钩稽关系依序计算求得，如为亏损，本项目以“－”号填列。

(11)“营业外收入”项目，反映企业发生的与经营业务无直接关系的各项收入。本项目应根据“营业外收入”科目的发生额分析填列。

(12)“营业外支出”项目，反映企业发生的与经营业务无直接关系的各项支出。本项目应根据“营业外支出”科目的发生额分析填列。

(13)“利润总额”项目，反映企业实现的利润。根据利润表确定的利润总额构成项目及钩稽关系依序计算求得，如为亏损，本项目以“－”号填列。

(14)“所得税费用”项目，反映企业应从利润总额中扣除的所得税费用。本项目应根据“所得税费用”科目的发生额分析填列。

(15)“净利润”项目，反映企业实现的净利润。根据利润表确定的净利润构成项目及钩稽关系依序计算求得，如为净亏损，本项目以“－”号填列。

(16)“其他综合收益的税后净额”项目，反映企业根据其他会计准则规定未在当期损益中确认的各项利得和损失。其他综合收益项目应根据其他相关会计准则的规定分为下列两类填报：①以后会计期间不能重分类进损益的其他综合收益项目，主要包括重新计量设定受益计划净负债或净资产导致的变动、按照权益法核算的在被投资单位以后会计期间不能重分类进损益的其他综合收益所享有的份额等；②以后会计期间在满足规定条件时将重分类进损益的其他综合收益项目，主要包括权益法核算的在被投资单位以后会计期间在满足规定条件时重分类进损益的其他综合收益所享有的份额、可供出售金融资产公允价值变动形成的得利或损失、持有至到期投资重分类为可供出售金融资产形成利得或损失、现金流量套期工具产生的利得或损失中属于有效套期的部分、外币报表折算等。通常根据“资本公积—其他资本公积”等科目分析计算填列。

(17)“综合收益总额”项目，反映企业净利润与其他综合收益扣除所得税后的净额相加后的合计金额。综合收益是指企业在某一会计期间除与所有者以其所有者身份进行的交易之外的其他交易或事项所引起的所有者权益变动。

(18)“基本每股收益”和“稀释每股收益”项目，基本每股收益是用归属于普通股股东的当期净利润除以当期发行在外普通股的加权平均数计算求得并填报；稀释每股收益是将我国企业目前发行的潜在普通股，如可转换公司债券、认股权证、股份期权等考虑在内，以计算基本每股收益时的普通股的加权平均数与假定稀释性潜在普通股转换为已发行普通股而增加的普通股股数的加权平均数之和作为分母，同时，分子也将涉及归属于普通股股东的当期净利润的增减变动事项：①当期已确认为费用的稀释性潜在普通股的利息；②稀释性潜在普通股转换时将产生的收益或费用包含进来作为分子，从而计算求得稀释每股收益。

1.2.3 利润表的编制应用

1. 报表编制资料简介

(1) 星辉股份有限公司利润表上年同期数(略)。

(2) 续上例：星辉股份有限公司 2014 年 1～12 月各损益类账户的累计发生额如表 1-5 所示。

表 1-5 星辉股份有限公司 2014 年损益类账户累计发生额表 金额单位：元

账　　户	借方发生额	贷方发生额
主营业务收入		770 521 806.04
其他业务收入		12 505 869.36
主营业务成本	619 125 658.94	
其他业务成本	14 099 106.40	
营业税金及附加	2 550 720.65	
销售费用	46 719 056.36	
管理费用	28 325 883.65	
财务费用	7 389 036.46	
资产减值损失	3 203 113.79	
投资收益	−4 117 708.61	
营业外收入		5 741 289.19
营业外支出	1 988 396.40	
所得税费用	13 392 465.19	

2. 利润表的编制

根据以上资料，编制该公司 2014 年利润表如表 1-6 所示。

表 1-6　利润表

编制单位：星辉股份有限公司　　　　2014 年　　　　金额单位：元

项　　目	本　期　数	上年同期数
一、营业收入	783 027 675.40	618 087 467.27
减：营业成本	633 224 765.34	500 938 948.94
营业税金及附加	2 550 720.65	1 753 126.38
销售费用	46 719 056.36	28 541 170.02
管理费用	28 325 883.65	28 921 141.19
财务费用	7 389 036.46	5 641 656.50
资产减值损失	3 203 113.79	1 484 899.07
加：公允价值变动收益（损失以"－"号填列）		
投资收益（损失以"－"号填列）	－4 117 708.61	180 787.23
其中：对联营企业和合营企业的投资收益		
汇兑收益（损失以"－"号填列）		
二、营业利润（亏损以"－"号填列）	57 497 390.54	50 987 312.40
加：营业外收入	5 741 289.19	1 395 776.51
其中：非流动资产处置利得		
减：营业外支出	1 988 396.40	1 210 782.10
其中：非流动资产处置损失		
三、利润总额（亏损总额以"－"号填列）	61 250 283.33	51 172 306.81
减：所得税费用	13 392 465.19	14 009 085.25
四、净利润（净亏损以"－"号填列）	47 857 818.14	37 163 221.56
归属于母公司所有者的净利润	47 857 818.14	37 163 221.56
少数股东损益		
五、其他综合收益的税后净额		
（一）以后不能重分类进损益的其他综合收益		
1. 重新计量设定受益计划净负债或净资产的变动		
2. 权益法下在被投资单位不能重分类进损益的其他综合收益中享有的份额		
……		
（二）以后将重分类进损益的其他综合收益		
1. 权益法下在被投资单位以后将重分类进损益的其他综合收益中享有的份额		
2. 可供出售金融资产公允价值变动损益		
3. 持有至到期投资重分类为可供出售金融资产损益		
4. 现金流量套期损益的有效部分		
5. 外币财务报表折算差额		
……		

续表

项　　目	本 期 数	上年同期数
六、综合收益总额	47 857 818.14	37 163 221.56
七、每股收益		
（一）基本每股收益	0.69	0.66
（二）稀释每股收益	0.69	0.66

任务1.3 现金流量表的编制

1.3.1 现金流量表的内容和结构

1. 现金流量表的内容

现金流量表是反映企业一定会计期间现金和现金等价物流入和流出的会计报表。从编制原则上看，现金流量表按照收付实现制原则编制，将权责发生制下的赢利信息调整为收付实现制下的现金流量信息，便于信息使用者了解企业净利润的情况。从内容上看，现金流量表被划分为经营活动、投资活动和筹资活动三部分，每类活动又分为各具体项目，这些项目从不同角度反映企业业务活动的现金流入和流出，弥补了资产负债表和利润表提供信息的不足。通过现金流量表，报表使用者可以了解现金流量的影响因素，评价企业的支付能力、偿债能力和周转能力，预测企业未来现金流量，为其决策提供有力依据。

2. 现金流量表的编制基础

现金流量表以现金及现金等价物为编制基础，并将现金及现金等价物视为一个整体来予以列报，企业现金（含现金等价物，下同）形式的转换不会产生现金的流入和流出。例如，企业从银行提取现金，是企业现金存放形式的转换，并未流出企业，不构成现金流量。同样，现金与现金等价物之间的转换也不属于现金流量，例如，企业用现金购买3个月内到期的国库券。

（1）现金

现金是指企业库存现金以及可以随时用于支付的存款，不能随时用于支付的存款不属于现金。现金主要包括以下内容。

① 库存现金。库存现金是指企业可以随时用于支付的现金，与“库存现金”科目的核算内容一致。

② 银行存款。银行存款是指企业存入金融机构、可以随时用于支取的存款，与“银行存款”科目的核算内容基本一致，但不包括不能随时用于支付的存款。如不能随时支取的

定期存款等不应作为现金;提前通知金融机构便可支取的定期存款则应包括在现金的范围之内。

③ 其他货币资金。其他货币资金是指存在在金融机构的外埠存款、银行汇票存款、银行本票存款、信用卡存款、信用保证金存款和存出投资款等,与“其他货币资金”科目核算内容一致。

(2) 现金等价物

现金等价物是指企业持有的期限短、流动性强、易于转换为已知现金、价值变动风险很小的投资。其中,“期限短”一般是指从购买日起 3 个月内到期,如可在证券市场上流通的 3 个月内到期的短期债券投资。

现金等价物虽然不是现金,但其支付能力与现金的差别不大,可视为现金。例如,企业为保证支付能力,手持必要的现金,为了不使现金闲置,可以购买短期债券,在需要现金时,随时可以变现。

现金等价物的定义本身包含了判断一项投资是否属于现金等价物的 4 个条件。

① 期限短;

② 流动性强;

③ 易于转换为已知现金;

④ 价值变动风险很小。其中,期限短、流动性强,强调了变现能力;而易于转换为已知现金、价值变动风险很小,则强调了支付能力的大小。现金等价物通常包括 3 个月内到期的短期债券投资。权益性投资变现的金额通常不确定,因而不属于现金等价物。

不同企业现金及现金等价物的范围可能不同。企业应当根据经营特点等具体情况,确定现金及现金等价物的范围。

3. 现金流量的分类和列示

(1) 现金流量的分类

根据企业业务活动的性质和现金流量的来源,现金流量表在结构上将企业一定期间产生的现金流量分为 3 类:经营活动现金流量、投资活动现金流量和筹资活动现金流量。

① 经营活动。经营活动是指企业投资活动以外的所有交易和事项。各类企业由于行业特点不同,对经营活动的认定存在一定差异。对于工商企业而言,经营活动主要包括销售商品、提供劳务、购买商品、接受劳务、支付税费等;对于工商银行而言,经营活动主要包括吸收存款、发放贷款、同业存放、同业拆借等;对于保险公司而言,经营活动主要包括原保险业务和再保险业务等;对于证券公司而言,经营活动主要包括自营证券、代理承销证券、代理兑付证券、代理买卖证券等。

② 投资活动。投资活动是指企业长期资产的购建和不包括现金等价物在内的投资及其处置活动。长期资产是指固定资产、无形资产、在建工程、其他资产等持有期限在一年或一个营业周期以上的资产。这里所讲的投资活动,既包括实物资产投资,也包括金融资产投资。这里之所以将“包括在现金等价物在内的投资”排除在外,是因为已经将包括在现金等价物范围内的投资视同现金。不同企业由于行业特点不同,对投资活动的认定也存在差异。例如,交易性金融资产所产生的现金流量,对于工商业企业而言,属于投

资活动现金流量；而对于证券公司而言，属于经营活动现金流量。

③ 筹资活动。筹资活动是指导致企业资本及债务规模和构成发生变化的活动。这里所说的资本，既包括实物资本（股本），也包括资本溢价（股本溢价）；这里所说的债务，指对外举债，包括向银行借款，发行债券以及偿还债务等。通常情况下，应付账款、应付票据等属于经营活动，不属于筹资活动。

对于企业日常活动之外特殊的、不经常发生的特殊项目，如自然灾害损失、保险赔款、捐赠等，应当归并到相关类别中并单独反映。比如，对于自然灾害损失和保险赔款，如果能够确指，属于流动资产损失，应当列入经营活动产生的现金流量；属于固定资产损失，应该列入投资活动产生的现金流量。如果不能确指，则可以列入经营活动产生的现金流量。捐赠收入和支出，可以列入经营活动。如果特殊项目的现金流量金额不大，则可以列入现金流量类别下的"其他"项目。

（2）现金流量的列示

通常情况下，现金流量应当分别按照现金流入和现金流出总额列报，从而全面揭示企业现金流量的方向、规模和结构。但是有些项目可以按照净额列报，如旅游公司代游客支付的房费、餐费、交通费、文娱费、行李托运费、门票费、票务费、签证费等费用。这些项目由于周转快，在企业停留的时间短，企业加以利用的余地比较小，净额更能说明其对企业支付能力、偿债能力的影响；反之，如果以总额反映，反而会对评价企业的支付能力和偿债能力、分析企业的未来现金流量产生误导。

4. 现金流量表的结构

现金流量表采用报告式结构，通过主表和补充资料两部分进行完整详细地列报。

（1）现金流量表主表

现金流量表主表主要列报经营活动产生的现金流量、投资活动产生的现金流量、筹资活动产生的现金流量，最后汇总反映企业现金及现金等价物净增加额。在有外币现金流量及境外子公司的现金流量折算为人民币的企业，还应单设"汇率变动对现金及现金等价物的影响"项目。

（2）现金流量表附注

现金流量表附注是对现金流量表主表的补充说明，主要披露企业的重大投资及筹资活动情况，并对主表中所披露的"经营活动产生的现金流量净额"的数额进行验证，同时使"现金及现金等价物净增加额"与资产负债表的"货币资金"的数额相核对。现金流量表补充资料主要包括三部分内容：一是将净利润调整为经营活动的现金流量；二是不涉及现金收支的重大投资和筹资活动；三是现金及现金等价物净变动情况。

一般企业现金流量表结构如表1-7所示。

表1-7　现金流量表　　　　会企03表

编制单位：　　　　年　　月　　　　金额单位：元

项　　目	本期金额	上期金额
一、经营活动产生的现金流量		
销售商品、提供劳务收到的现金		

续表

项　　目	本期金额	上期金额
收到的税费返还		
收到的其他与经营活动有关的现金		
经营活动现金流入小计		
购买商品、接受劳务支付的现金		
支付给职工以及为职工支付的现金		
支付的各项税费		
支付的其他与经营活动有关的现金		
经营活动现金流出小计		
经营活动产生的现金流量净额		
二、投资活动产生的现金流量		
收回投资所收到的现金		
取得投资收益所收到的现金		
处置固定资产、无形资产和其他长期资产而收到的现金净额		
处置子公司及其他营业单位收到的现金净额		
收到的其他与投资活动有关的现金		
投资活动现金流入小计		
购建固定资产、无形资产和其他长期资产所支付的现金		
投资所支付的现金		
取得子公司及其他营业单位支付的现金净额		
支付的其他与投资活动有关的现金		
投资活动现金流出小计		
投资活动产生的现金流量净额		
三、筹资活动产生的现金流量		
吸收投资所收到的现金		
借款所收到的现金		
收到的其他与筹资活动有关的现金		
筹资活动现金流入小计		
偿还债务所支付的现金		
分配股利、利润或偿付利息所支付的现金		
支付的其他与筹资活动有关的现金		
筹资活动现金流出小计		
筹资活动产生的现金流量净额		
四、汇率变动对现金及现金等价物的影响		
五、现金及现金等价物净增加额		
加:期初现金及现金等价物余额		
六、期末现金及现金等价物余额		

补 充 资 料	上期金额	本期金额
1. 将净利润调整为经营活动的现金流量		
净利润		
加:资产减值准备		

续表

补 充 资 料	上期金额	本期金额
固定资产折旧、油气资产折耗、生产性生物资产折旧		
无形资产摊销		
长期待摊费用摊销		
处置固定资产、无形资产和其他长期资产的损失(收益以"—"号填列)		
固定资产报废损失(收益以"—"号填列)		
公允价值变动损失(收益以"—"号填列)		
财务费用(收益以"—"号填列)		
投资损失(收益以"—"号填列)		
递延所得税资产的减少(增加以"—"号填列)		
递延所得税负债的增加(减少以"—"号填列)		
存货的减少(增加以"—"号填列)		
经营性应收项目的减少(增加以"—"号填列)		
经营性应付项目的增加(减少以"—"号填列)		
其他		
经营活动产生的现金流量净额		
2. 不涉及现金收支的重大投资和筹资活动		
债务转资本		
一年内到期的可转换公司债券		
融资租入固定资产		
3. 现金及现金等价物净变动情况		
现金的期末余额		
减:现金的期初余额		
加:现金等价物的期末余额		
减:现金等价物的期初余额		
现金及现金等价物净增加额		

1.3.2 现金流量表的编制方法及程序

1. 直接法和间接法

编制现金流量表时,列报经营活动现金流量的方法有两种:一种是直接法;另一种是间接法。这两种方法通常也称为编制现金流量表的方法。

直接法是指按现金收入和现金支出的主要类别直接反映企业经营活动产生的现金流量,如销售商品、提供劳务收到的现金和购买商品、接受劳务支付的现金等就是按现金收入和支出的类别直接反映的。在直接法下,一般是以利润表中的营业收入为起算点,调节与经营活动有关的项目的增减变动,然后计算出经营活动产生的现金流量。

间接法是指以净利润为起算点,调整不涉及现金的收入、费用、营业外收支等有关项目,剔除投资活动、筹资活动对现金流量的影响,据此计算出经营活动产生的现金流量。

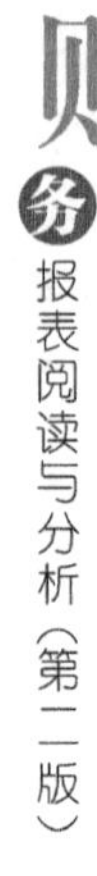

由于净利润是按照权责发生制原则确定的，并且包括了与投资活动和筹资活动相关的收益和费用，因此将净利润调节为经营活动现金流量，实际上就是将按权责发生制原则确定的净利润调整为现金净流入，并剔除投资活动和筹资活动对现金流量的影响。

采用直接法编制现金流量表，便于分析企业经营活动产生的现金流量的来源和用途，预测企业现金流量的未来前景；采用间接法编制现金流量表，便于将净利润与经营活动产生的现金流量净额进行比较，了解净利润与经营活动产生的现金流量差异的原因，从现金流量的角度分析净利润的质量。所以，我国会计准则规定企业应当采用直接法编制现金流量表，同时要求在附注中提供以净利润为基础调节与经营活动现金流量的信息，即报表附注通常采用间接法来编制。

2. 工作底稿法、T 型账户法和分析填列法

在具体编制现金流量表时，可以采用工作底稿法或 T 型账户法，也可以根据有关科目记录采用分析填列法。

1）工作底稿法

采用工作底稿法编制现金流量表，是以工作底稿为手段，以资产负债表和利润表数据为基础，对每一项目进行分析并编制调整分录，从而编制现金流量表。工作底稿法具体包括以下程序。

① 将资产负债表的期初数和期末数过入工作底稿的期初数栏和期末数栏。

② 对当期业务进行分析并编制调整分录。编制调整分录时，要以利润表项目为基础，从"营业收入"开始，结合资产负债表项目逐一进行分析。在调整分录中，有关现金和现金等价物的事项，并不直接借记或贷记现金，而是分别记入"经营活动产生的现金流量"、"投资活动产生的现金流量"、"筹资活动产生的现金流量"有关项目，借记表示现金流入，贷记表示现金流出。

③ 将调整分录过入工作底稿中的相应部分。

④ 核对调整分录，借方、贷方合计数均已相等，资产负债表项目期初数加减调整分录中的借贷金额以后，也等于期末数。

⑤ 根据工作底稿中的现金流量表项目部分编制正式的现金流量表。

2）T 型账户法

采用 T 型账户法编制现金流量表，是以 T 型账户为手段，以资产负债表和利润表数据为基础，对每一项目进行分析并编制调整分录，从而编制现金流量表。T 型账户法具体包括以下程序。

① 为所有的非现金项目（包括资产负债表项目和利润表项目）分别开设 T 型账户，并将各自的期末、期初变动数过入各该账户。如果项目的期末数大于期初数，则将差额过入和项目余额相同的方向；反之，过入相反的方向。

② 开设一个大的"现金及现金等价物"T 型账户，每边分为经营活动、投资活动和筹资活动三个部分，左边记现金流入，右边记现金流出。与其他账户一样，过入期末、期初变动数。

③ 以利润表为基础，结合资产负债表分析每一个非现金项目的增减变动，并据此编

制调整分录。

④ 将调整分录过入各T型账户编制，并进行核对，该账户借贷相抵后的余额与原先过入的期末期初变动数应当一致。

⑤ 根据大的"现金及现金等价物"T型账户编制正式的现金流量表。

3）分析填列法

分析填列法是直接根据资产负债表、利润表和有关会计科目明细账的记录，分析计算出现金流量表各项目的金额，并据以编制现金流量表的一种方法。具体包括以下编制方法。

（1）经营活动所产生的现金流量有关项目的编制

① 销售商品、提供劳务收到的现金。本项目反映企业销售商品、提供劳务实际收到的现金，包括销售收入和应向购买者收取的增值税销项税税额，具体包括：本期销售商品、提供劳务收到的现金，以及前期销售商品、提供劳务收到的现金的本期预收的存款，减去本期销售本期退回的商品和前期销售本期退回的商品支付的现金。企业销售材料和代购代销业务收到的现金，也在本项目反映。本项目可以根据"库存现金"、"银行存款"、"应收票据"、"应收账款"、"预收账款"、"主营业务收入"、"其他业务收入"等科目的记录分析填列。

② 收到的税费返还。本项目反映企业收到返还的各种税费，如收到的增值税、营业税、所得税、消费税、关税和教育费附加返还款等。本项目可以根据"库存现金"、"银行存款"、"营业税金及附加"、"营业外收入"等科目的记录分析填列。

③ 收到的其他与经营活动有关的现金。本项目反映企业除上述各项目外，收到的其他与经营活动有关的现金，如罚款收入、经营租赁固定资产收到的现金、流动资产损失中由个人赔偿的现金收入、除税费返还外的其他政府补助收入等。其他与经营活动有关的现金，如果价值较大的，应单列项目反映。本项目可以根据"库存现金"、"银行存款"、"管理费用"、"销售费用"等科目的记录分析填列。

④ 购买商品、接受劳务支付的现金。本项目反映企业购买材料、商品、接受劳务实际支付的现金，包括支付的贷款以及与货款一起支付的增值税进项税税额，具体包括：本期购买商品、接受劳务支付的现金，以及本期支付前期购买商品、接受劳务的未付款项和本期预付款项，减去本期发生的购货退回收到的现金。为购置存货而导致的借款利息资本化部分，应在"分配股利、利润或偿付利息支付的现金"项目中反映。本项目可以根据"库存现金"、"银行存款"、"应付票据"、"应付账款"、"预付账款"、"主营业务成本"、"其他业务成本"等科目的记录分析填列。

⑤ 支付给职工以及为职工支付的现金。本项目反映企业实际支付给职工的现金以及为职工支付的现金，包括企业为获得职工提供的服务，本期实际给予各种形式的报酬以及其他相关支出，如支付给职工的工资、奖金、各种津贴和补贴，以及为职工支付的其他费用，不包括支付给在建工程人员的工资。支付给在建工程人员的工资，在"购建固定资产、无形资产和其他长期资产所支付的现金"项目中反映。

而企业为职工支付的医疗、养老、失业、工伤、生育等社会保险基金，补充养老保险，住房公积金，企业为职工交纳的商业保险金，因解除与职工劳动关系给予的补偿，现金结算股份支付，以及支付给职工或为职工支付的其他福利费用等职工薪酬项目，应根据职工的工作性质和服务对象，分别在“购建固定资产、无形资产和其他长期资产所支付的现金”和“支付给职工以及为职工支付的现金”项目中反映。

本项目可以根据“库存现金”、“银行存款”、“应付职工薪酬” 等科目的记录分析填列。

⑥ 支付的各项税费。本项目反映企业按规定支付的各项税费，包括本期发生并支付的税费，以及本期支付以前各期发生的税费和预交的税金，如支付的教育费附加、印花税、房产税、土地增值税、车船使用税、营业税、增值税、所得税等。不包括本期退回的增值税、所得税。本期退回的增值税、所得税等，在“收到的税费返还”项目中反映。本项目可以根据“应交税费”、“库存现金”、“银行存款”等科目的记录分析填列。

⑦ 支付的与其他经营活动有关的现金。本项目反映企业除上述各项目外，支付的其他与经营活动有关的现金，如罚款支出、支付的差旅费、业务招待费、保险费、经营租赁支付的现金等。其他与经营活动有关的现金，如果金额较大的，应单列项目反映。本项目可以根据有关科目的记录分析填列。

（2）投资活动所产生的现金流量有关项目的编制

① 收回投资收到的现金。本项目反映企业出售、转让或到期收回除现金等价物以外的交易性金融资产、持有至到期投资、可供出售金融资产、长期股权投资、投资性房地产而收到的现金。不包括债券性投资收回的利息、收回的非现金资产，以及处置子公司及其他营业单位收到的现金净额。债券性投资收回的本金，在本项目中反映；债券性投资收回的利息，不在本项目中反映，而在“取得投资收益所收到的现金”项目中反映。处置子公司及其他营业单位收到的现金净额单设项目反映。本项目可以根据“交易性金融资产”、“投资性房地产”、“库存现金”、“银行存款” 等科目的记录分析填列。

② 取得投资收益收到的现金。本项目反映企业因股权性投资而分得的现金股利，从子公司、联营企业或合营企业分回利润而收到的现金因债券性投资而取得的现金利息收入。股票股利不在本项目中反映；包括在现金等价物范围内的债券性投资，其利息收入在本项目中反映。本项目可以根据“应收股利”、“应收利息”、“投资收益”、“库存现金”、“银行存款” 等科目的记录分析填列。

③ 处置固定资产、无形资产和其他长期资产收回的现金净额。本项目反映企业出售固定资产、无形资产和其他长期资产所取得的现金，减去为处置这些资产而支付的有关费用后的净额。处置固定资产、无形资产和其他长期资产所收到的现金，与处置活动支付的现金，两者在时间上比较接近，以净额反映更能准确反映处置活动对现金流量的影响。由于自然灾害等原因所造成的固定资产等长期资产报废、毁损而收到的保险赔偿收入，也在本项目中反映。如处置固定资产、无形资产和其他长期资产所收回的现金净额为负数，则应作为投资活动产生的现金流量，在“支付的其他与投资活动有关的现金”项目中反映。本项目可以根据“固定资产清理”、“库存现金”、“银行存款”等科目的记录分析填列。

④ 处置子公司及其他营业单位收到的现金净额。本项目反映企业处置子公司及其他营业单位所取得的现金减去子公司或其他营业单位持有的现金和现金等价物以及相关处置费用后的净额。本项目可以根据有关科目的记录分析填列。

处置子公司及其他营业单位收到的现金净额如为负数，则将该金额填列至“支付其他与投资活动有关的现金”项目中。

⑤ 收到的其他与投资活动有关的现金。本项目反映企业除上述各项目外，收到的其他与投资活动有关的现金。其他与投资活动有关的现金，如果价值较大的，应单列项目反映。本项目可以根据有关科目的记录分析填列。

⑥ 购建固定资产、无形资产和其他长期资产支付的现金。本项目反映企业购买、建造固定资产，取得无形资产和其他长期资产支付的现金，包括购买机器设备所支付的现金及按规定不得抵扣的增值税款、建造工程支付的现金、支付在建工程人员的工资等现金支出，不包括为购建固定资产、无形资产和其他长期资产而发生的借款利息资本化部分，以及融资租入固定资产所支付的租赁费。为购建固定资产、无形资产和其他长期资产而发生的借款利息资本化部分，在“分配股利、利润或偿付利息支付的现金”项目中反映；融资租入固定资产所支付的租赁费，在“支付的其他与筹资活动有关的现金”项目中反映，不在本项目中反映。本项目可以根据“固定资产”、“在建工程”、“工程物资”、“无形资产”、“库存现金”、“银行存款”等科目的记录分析填列。

⑦ 投资支付的现金。本项目反映企业进行权益性投资和债权性投资所支付的现金，包括企业取得的除现金等价物以外的交易性金融资产、持有至到期投资、可供出售金融资产而支付的现金，以及支付的佣金、手续费等交易费用。企业在购买债券的价款中含有债券利息的，以及溢价或折价购入的，均按实际支付的现金反映。

企业在购买股票和债券时，实际支付的价款中包含的已宣告但尚未领取的现金股利或已到付息期但尚未领取的债券利息，应在“支付的其他与投资活动有关的现金”项目中反映；收回购买股票和债券时支付的已宣告但尚未领取的现金股利或已到付息期但尚未领取的债券利息，应在“收到的其他与投资活动有关的现金”项目中反映。

本项目可以根据“交易性金融资产”、“持有至到期投资”、“可供出售金融资产”、“投资性房地产”、“长期股权投资”、“库存现金”、“银行存款”等科目的记录分析填列。

⑧ 取得子公司及其他营业单位支付的现金净额。本项目反映企业取得子公司及其他营业单位购买出价中以现金支付的部分，减去子公司或其他营业单位持有的现金和现金等价物后的净额。本项目可以根据有关科目的记录分析填列。

取得子公司及其他营业单位支付的现金净额如为负数，应在“收到其他与投资活动有关的现金”项目中反映。

⑨ 支付的其他与投资活动有关的现金。本项目中反映企业除上述各项目外，支付的其他与投资活动有关的现金。其他与投资活动有关的现金，如果价值较大的，应单列项目反映。本项目可以根据有关科目的记录分析填列。

(3) 筹资活动所产生的现金流量有关项目的编制

① 吸收投资收到的现金。本项目反映企业以发行股票、债券等方式筹集资金实际收到的款项净额(发行收入减去支付的佣金等发行费用后的净额)。以发行股票等方式筹集资金而由企业直接支付的审计、咨询等费用，不在本项目中反映，而在“支付的其他与筹资活动有关的现金”项目中反映。本项目可以根据“实收资本(或股本)”、“资本公积”、“库存现金”、“银行存款”等科目的记录分析填列。

② 取得借款收到的现金。本项目反映企业举借各种短期、长期借款而收到的现金。

本项目可以根据“短期借款”、“长期借款”、“交易性金融负债”、“应付债券”、“库存现金”、“银行存款”等科目的记录分析填列。

③ 收到的其他与筹资活动有关的现金。本项目反映企业除上述各项目外，收到的其他与筹资活动有关的现金，如果价值较大的，应单列项目反映。本项目可以根据有关科目的记录分析填列。

④ 偿还债务支付的现金。本项目反映企业以现金偿还债务的本金，包括：归还金融企业的借款本金、偿付企业到期的债券本金等。企业偿还的借款利息、债券利息，在“分配股利、利润或偿付利息所支付的现金”项目中反映。本项目可以根据“短期借款”、“长期借款”、“交易性金融负债”、“应付债券”、“库存现金”、“银行存款”等科目的记录分析填列。

⑤ 分配股利、利润或偿付利息支付的现金。本项目反映企业实际支付的现金股利、支付给其他投资单位的利润或用现金支付的借款利息、债券利息。不同用途的借款，其利息的开支渠道不一样，如在建工程、财务费用等，均在本项目中反映。本项目可以根据“应付股利”、“应付利息”、“利润分配”、“财务费用”、“制造费用”、“在建工程”、“研发支出”、“库存现金”、“银行存款”等科目的记录分析填列。

⑥ 支付的其他与筹资活动有关的现金。本项目反映企业除上述各项目外，支付的其他与筹资活动有关的现金，如以发行股票、债券等方式筹集资金而由企业直接支付的审计、咨询等费用，融资租赁所支付的现金、以分期付款方式购建固定资产以后各期支付的现金等。其他与筹资活动有关的现金，如果价值较大的，应单列项目反映。本项目可以根据有关科目的记录分析填列。

（4）汇率变动对现金及现金等价物的影响

编制现金流量表时，应当将企业外币现金流量以及境外子公司的现金流量折算成记账本位币。按准则规定，应当采用现金流量发生日的即期汇率或按照系统合理的方法确定的、与现金流量发生日即期汇率近似的汇率折算。汇率变动对现金的影响额应当作为调节项目，在现金流量表中单独列报。

汇率变动对现金的影响是指企业外币现金流量以及境外子公司的现金流量折算成记账本位币时，所采用的现金流量发生日的汇率或按照系统合理的方法确定的、与现金流量发生日即期汇率近似的汇率，而现金流量表“现金及现金等价物净增加额”项目中外币现金净增加额是按资产负债表日的即期汇率折算。这两者的差额即为汇率变动对现金的影响。

3. 现金流量表补充资料的编制——间接法

企业应当采用间接法在现金流量表附注中披露将净利润调节为经营活动现金流量的信息。采用分析填列法，各项目的具体编制如下。

（1）资产减值准备

资产减值准备包括坏账准备、存货跌价准备、投资性房地产减值准备、长期股权投资减值准备、持有至到期投资减值准备、固定资产减值准备、在建工程减值准备、工程物资减值准备、生物性资产减值准备、无形资产减值准备、商誉减值准备等。企业计提的各项资产减值准备，包括在利润表中，属于利润的减除项目，但没有发生现金流出。所以，在将净利润调节为经营活动现金流量时，需要加回。本项目可根据“资产减值损失”科目的记录分析填列。

（2）固定资产折旧

企业计提的固定资产折旧，有的包括在管理费用中，有的包括在制造费用中。计入管理费用中的部分，作为期间费用在计算净利润时从中扣除，但没有发生现金流出，在将净利润调节为经营活动现金流量时，需要加回。计入制造费用中的已经变现的部分，在计算净利润时通过销售成本予以扣除，但没有发生现金流出；计入制造费用中没有变现的部分，既不涉及现金收支，也不影响企业当期净利润。由于在调节存货时，已经从中扣除，在此处将净利润调节为经营活动现金流量时，需要加回。本项目可以根据“累计折旧”科目的贷方发生额分析填列。

（3）无形资产摊销和长期待摊费用的摊销

企业对使用寿命有限的无形资产计提摊销时，计入管理费用或制造费用。长期待摊费用摊销时，有的计入销售费用，有的计入制造费用。计入管理费用等期间费用和计入制造费用已经变现的部分，在计算净利润时已经从中扣除，但没有发生现金流出；计入制造费用中没有变现的部分，既不涉及现金收支，也不影响企业当期净利润。由于在调节存货时，已经从中扣除，在此处将净利润调节为经营活动现金流量时，需要加回。本项目可以根据“累计摊销”、“长期待摊费用”科目的贷方发生额分析填列。

（4）处置固定资产、无形资产和其他长期资产的损失（减：收益）

企业处置固定资产、无形资产和其他长期资产发生的损益，属于投资活动产生的损益，不属于经营活动产生的损益，所以，在将净利润调节为经营活动现金流量时，需要予以剔除。如为损失，在将净利润调节为经营活动现金流量时，应当加回；如为收益，在将净利润调节为经营活动现金流量时，应当扣除。本项目可以根据“营业外收入”、“营业外支出”等科目所属有关明细科目的记录分析填列；如为净收益，以“－”号填列。

（5）固定资产报废损失

企业发生的固定资产报废损益，属于投资活动产生的损益，不属于经营活动产生的损益，所以，在将净利润调节为经营活动现金流量时，需要予以剔除。同样，投资性房地产发生报废、毁损而产生的损失，也需要予以剔除。如为净损失，在将净利润调节为经营活动现金流量时，应当加回；如为净收益，在将净利润调节为经营活动现金流量时，应当扣除。本项目可以根据“营业外收入”、“营业外支出”等科目所属有关明细科目的记录分析填列。

（6）公允价值变动损失

公允价值变动损失反映企业在初始确认时划分为以公允价值计量且其变动计入当期损益的交易性金融资产或金融负债、衍生工具、套期等业务中公允价值变动形成的应当计入当期损益的利得或损失。企业发生的公允价值变动损益，通常与企业的投资活动或筹资活动有关，而且并不影响企业当期的现金流量。为此，应当将其从净利润中剔除。本项目可以根据“公允价值变动损益”科目的发生额分析填列。如为持有损失，在将净利润调节为经营活动现金流量时，应当加回；如为持有利得，在将净利润调节为经营活动现金流量时，应当扣除。

（7）财务费用

企业发生的财务费用中不属于经营活动的部分，应当将其从净利润中剔除。本项目

可以根据“财务费用”科目的借方发生额分析填列；如为收益，以“－”号填列。

(8) 投资损失（减：收益）

企业发生的投资损益，属于投资活动产生的损益，不属于经营活动产生的损益，所以，在将净利润调节为经营活动现金流量时，需要予以剔除。如为净损失，在将净利润调节为经营活动现金流量时，应当加回；如为净收益，在将净利润调节为经营活动现金流量时，应当扣除。本项目可以根据利润表中“投资收益”项目的数字填列；如为投资收益，以“－”号填列。

(9) 递延所得税资产减少（减：增加）

如果递延所得税资产减少使计入所得税费用的金额大于当期应交的所得税金额，其差额没有发生现金流出，但在计算净利润时已经扣除，在将净利润调节为经营活动现金流量时，应当加回。如果递延所得税资产增加使计入所得税费用的金额小于当期应交的所得税金额，二者之间的差额并没有发生现金流入，但在计算净利润时已经包括在内，在将净利润调节为经营活动现金流量时，应当扣除。本项目可以根据资产负债表“递延所得税资产”项目期初、期末余额分析填列。

(10) 递延所得税负债增加（减：减少）

如果递延所得税负债增加使计入所得税费用的金额大于当期应交的所得税金额，其差额没有发生现金流出，但在计算净利润时已经扣除，在将净利润调节为经营活动现金流量时，应当加回。如果递延所得税负债减少使计入所得税费用的金额小于当期应交的所得税金额，二者之间的差额并没有发生现金流入，但在计算净利润时已经包括在内，在将净利润调节为经营活动现金流量时，应当扣除。本项目可以根据资产负债表“递延所得税负债”项目期初、期末余额分析填列。

(11) 存货的减少（减：增加）

期末存货比期初存货减少，说明本期生产经营过程中耗用的存货有一部分是期初的存货，耗用这部分存货并没有发生现金流出，但在计算净利润时已经扣除，在将净利润调节为经营活动现金流量时，应当加回。期末存货比期初存货增加，说明当期购入的存货除耗用外，还剩余了一部分，这部分存货也发生了现金流出，但在计算净利润时没有包括在内，所以，在将净利润调节为经营活动现金流量时，需要扣除。当然，存货的增减变化过程还涉及应付项目，这一因素在“经营性应付项目的增加（减：减少）”中考虑。本项目可以根据资产负债表中“存货”项目的期初数、期末数之间的差额填列；期末数大于期初数的差额，以“－”号填列。如果存货的增减变化过程属于投资活动，如在建工程领用存货，应当将这一因素剔除。

(12) 经营性应收项目的减少（减：增加）

经营性应收项目包括应收票据、应收账款、预付账款、长期应收款和其他应收款中与经营活动有关的部分，以及应收的增值税销项税税额等。经营性应收项目期末余额小于经营性应收项目期初余额，说明本期收回的现金大于利润表中所确认的销售收入，所以，在将净利润调节为经营活动现金流量时，需要加回。经营性应收项目期末余额大于经营性应收项目期初余额，说明本期销售收入中有一部分没有收回现金，但在计算净利润时这部分销售收入已包括在内，所以，在将净利润调节为经营活动现金流量时，需要扣除。本项目应当根据有关科目的期初、期末余额分析填列；如为增加，以"—"号填列。

(13) 经营性应付项目的增加(减:减少)

经营性应付项目包括应付票据、应付账款、预收账款、应付职工薪酬、应交税费、应付利息、应付股利、长期应付款、其他应付款中与经营活动有关的部分，以及应付的增值税进项税税额等。经营性应付项目期末余额大于经营性应付项目期初余额，说明本期购入的存货中有一部分没有支付现金，但在计算净利润时却通过销售成本包括在内，在将净利润调节为经营活动现金流量时，需要加回。经营性应付项目期末余额小于经营性应付项目期初余额，说明本期支付的现金大于利润表中确认的销售成本，在将净利润调节为经营活动现金流量时，需要扣除。本项目应当根据有关科目的期初、期末余额分析填列；如为增加，以"—"号填列。

(14) 不涉及现金收支的重大投资和筹资活动的披露

不涉及现金收支的重大投资和筹资活动，反映企业一定期间内影响资产或负债但不形成该期现金收支的所有投资和筹资活动的信息。这些投资和筹资活动虽然不涉及当期现金收支，但对以后各期的现金流量有重大影响。例如，企业融资租入设备，将形成的负债记入"长期应付款"账户，当期并不支付设备款及租金，但以后各期必须为此支付现金，从而在一定时期内形成了一项固定的现金支出。

因此，按规定各企业应当在附注中披露不涉及当期现金收支，但影响企业财务状况或在未来可能影响企业现金流量的重大投资和筹资活动，主要包括：①债务转为资本，反映企业本期转为资本的债务金额；②一年内到期的可转换公司债券，反映企业一年内到期的可转换公司债券的本息；③融资租入固定资产，反映企业本期融资租入的固定资产。

1.3.3 现金流量表的编制应用

根据前例有关资料，采用分析填列法编制星辉股份有限公司现金流量表如表 1-8 所示。

表 1-8 现金流量表

编制单位:星辉股份有限公司　　2014 年度　　金额单位:元

项　目	本期金额	上年同期金额
一、经营活动产生的现金流量		
销售商品、提供劳务收到的现金	793 626 195.61	635 778 331.73
收到的税费返还	62 531 381.20	23 736 275.95
收到的其他与经营活动有关的现金	53 432 632.43	25 045 191.80
经营活动现金流入小计	909 590 209.24	684 559 799.48
购买商品、接受劳务支付的现金	713 988 981.96	521 857 913.41
支付给职工以及为职工支付的现金	55 361 569.82	38 405 408.81
支付的各项税费	45 047 454.80	15 207 155.54
支付其他与经营活动有关的现金	81 701 358.99	62 438 374.10
经营活动现金流出小计	896 099 365.57	637 908 851.86
经营活动产生的现金流量净额	13 490 843.67	46 650 947.62

续表

项　　目	本期金额	上年同期金额
二、投资活动产生的现金流量		
收回投资收到的现金	27 802 291.39	3 083 999.67
取得投资收益收到的现金	180 000.00	180 000.00
处置固定资产、无形资产和其他长期资产收回的现金净额	783 576.25	996 799.24
处置子公司及其他营业单位收到的现金净额		
收到的其他与投资活动有关的现金		
投资活动现金流入小计	28 765 867.64	4 260 798.91
购建固定资产、无形资产和其他长期资产支付的现金	72 678 156.29	66 331 071.41
投资支付的现金	32 100 000.00	500 000.00
取得子公司及其他营业单位支付的现金净额	18 600 000.00	
支付的其他与投资活动有关的现金		
投资活动现金流出小计	123 378 156.29	66 831 071.41
投资活动产生的现金流量净额	−94 612 288.65	−62 570 272.50
三、筹资活动产生的现金流量		
吸收投资收到的现金	246 104 500.00	
取得借款收到的现金	182 088 321.78	330 501 188.20
收到的其他与筹资活动有关的现金		
筹资活动现金流入小计	428 192 821.78	330 501 188.20
偿还债务支付的现金	234 180 393.56	310 005 147.40
分配股利、利润或偿付利息支付的现金	1 580 569.44	3 557 783.93
支付的其他与筹资活动有关的现金	6 076 572.00	
筹资活动现金流出小计	241 837 535.00	313 562 931.33
筹资活动产生的现金流量净额	186 355 286.78	16 938 256.87
四、汇率变动对现金及现金等价物的影响	−4 827 412.56	−2 160 471.54
五、现金及现金等价物净增加额	100 406 429.24	−1 141 539.55
加：期初现金及现金等价物余额	11 461 802.51	12 603 342.06
六、期末现金及现金等价物余额	111 868 231.75	11 461 802.51

公司 2014 年度现金流量主要项目金额分析确定如下。

(1) 本期销售商品、提供劳务收到的现金

本期销售商品收到的现金　916 142 380.21(783 027 675.40＋133 114 704.81)

加：本期收到前期的应收账款　−33 567 904.35(88 686 681.76−122 254 586.11)

本期收到前期的应收票据　−4 000 000.00(0−4 000 000.00)

本期预收款项　4 173 473.99(9 417 196.00−5 243 722.01)

减：本期因销售退回支付的现金　89 114 719.05

本期实际核销的坏账损失　7 035.19

因此，本期销售商品、提供劳务收到的现金为 793 626 195.61 元。

(2) 购买商品、接受劳务支付的现金

购买商品、接受劳务支付的现金 ＝ 本期销售成本 ＋ 本期发生的增值税进项税额 ＋(存货期末余额－存货期初余额)

＋(应付账款期初余额－应付账款期末余额)

＋(应付票据期初余额－应付票据期末余额)

＋(预付账款期末余额－预付账款期初余额)

－ 购货退回收到的现金 － 当期列入生产成本、制造费用的职工薪酬 － 当期列入生产成本、制造费用的非现金支出

－本期以非现金资产清偿债务减少的应付账款、应付票据

＝ 633 224 765.34 (本期销售成本) ＋ 135 673 935.03 (本期发生的增值税进项税额)

＋ (133 372 898.66－85 244 074.38) (存货期末余额－存货期初余额)

＋ (79 894 849.41 113 190 014.68) (应付账款期初余额 应付账款期末余额)

＋ (59 678 601.17－88 007 638.80) (应付票据期初余额－应付票据期末余额)

＋ (30 460 751.81－38 714 700.45) (预付账款期末余额－预付账款期初余额)

－0(购货退回的现金)－ 3 968 715.08 (当期列入生产成本、制造费用的职工薪酬)

－29 191 676.07(当期列入生产成本、制造费用的非现金支出)

－0(本期以非现金资产清偿债务减少的应付账款、应付票据)

＝633 224 765.34＋135 673 935.03＋48 128 824.28

－33 295 165.27－28 329 037.63－8 253 948.64

－3 968 715.08－29 191 676.07

＝713 988 981.96(元)

因此,购买商品、接受劳务支付的现金为 713 988 981.96 元。

(3) 购建固定资产、无形资产和其他长期资产支付的现金

根据"固定资产"、"在建工程"、"无形资产"、"银行存款"等账户资料分析得知,星辉公司 2014 年度购建固定资产、无形资产和

其他长期资产支付的现金 ＝本期固定资产增加数(固定资产期末余额－固定资产期初余额)

＋本期在建工程增加数(在建工程期末余额－在建工程期初余额)

＋本期无形资产增加数(无形资产期末余额－无形资产期初余额)

－本期未用现金支付和其他来源的款项(通过对银行存款等账户分析计算求得)

＝(188 791 308.21－114 931 774.87)＋(5 242 208.91－2 519 095.54)

＋(47 925 015.43－8 516 370.28)－43 313 135.57

＝73 859 533.34＋2 723 113.37＋39 408 645.15－43 313 135.57

＝72 678 156.29(元)

(4) 吸收投资收到的现金

根据资产负债表以及“股本”、“资本公积”等相关账户资料分析得知，

星辉公司 2014 年度吸收投资收到的现金 =(股本期末余额－股本期初余额)＋(资本公积期末余额－资本公积期初余额)＋支付给上市发行中介机构的费用(从“资本公积”账户分析得出)

=(75 280 000.00－56 280 000.00)＋(221 195 772.25－167 844.25)＋6 076 572.00

=19 000 000.00＋221 027 928.00＋6 076 572.00

=246 104 500.00(元)

(5) 支付的其他与筹资活动有关的现金

根据对资本公积账户发生额分析计算得出，星辉公司 2014 年度支付的其他与筹资活动有关的现金＝支付给上市发行中介机构的费用＝6 076 572.00(元)。

其他项目的计算填列方法以此类推。

注：上述各项目计算的数据来源于相关账户的期初余额、期末余额及本期发生额。为不占篇幅，在此不一一列出相关账户的余额及发生额数据。

任务 1.4 所有者权益变动表的编制

1.4.1 所有者权益变动表的内容和结构

1. 所有者权益变动表的概念

(1) 所有者权益变动表的概念

所有者权益变动表是指反映构成所有者权益各组成部分当期增减变动情况的报表。所有者权益变动表应当全面反映一定时期所有者权益变动的情况，不仅包括所有者权益总量的增减变动，还包括所有者权益增减变动的重要结构性信息，特别是要反映直接计入所有者权益的利得和损失，让报表使用者准确地理解所有者权益增减变动的根源。

(2) 所有者权益变动表的内容

在所有者权益变动表中，企业至少应当单独列示反映下列信息的项目：①净利润；②直接计入所有者权益的利得和损失项目及其总额；③会计政策变更和差错更正的累积影响金额；④所有者投入资本和向所有者分配利润等；⑤提取的盈余公积；⑥实收资本或股本、资本公积、盈余公积、未分配利润的期初和期末余额及其调节情况。

2. 所有者权益变动表的作用

(1) 所有者权益变动表为公允价值的广泛运用创造条件

公允价值的引入是我国新会计准则最大的亮点,这表明公允价值将得到更加广泛的运用。公允价值的运用能反映在物价、利率、汇率波动情况下的企业资产、负债和所有者权益的真实价值,突出体现以公允价值为基础的"资产负债观"的新会计理念,从而也不可避免地产生未实现的利得或损失。可见所有者权益变动表的出现使得企业未实现的利得或损失得到充分体现,也为公允价值的广泛运用创造了条件。

(2) 所有者权益变动表提供更加全面的财务信息

所有者权益变动表的综合收益观,符合综合收益改革的国际趋势。综合收益,是指企业在某一期间与所有者之外的其他方面进行交易或发生其他事项所引起的净资产变动。综合收益的构成用公式表示为:综合收益=净利润+直接计入所有者权益的利得和损失,前者是企业已经实现并确认的收益,后者是企业未实现但根据会计准则的规定已确认的收益。由此我们得知,对强调以资产、负债确认和公允价值计量为基础的所有者权益变动表的分析,可以从综合收益角度为企业的股东和投资者提供更加全面的财务信息。

(3) 所有者权益变动表有利于全方面反映企业的经营业绩

所有者权益变动表既能反映企业以历史成本计价已确认实现的收入、费用、利得和损失,又能反映以多种计量属性计价的已确认但未实现的利得和损失,解决了衍生金融工具、外币换算、资产重估等产生的收益却无法在表内披露、确认的难题,也真实、准确地反映了由于会计政策变更和前期差错更正对所有者权益的影响数额,另外也能反映由于股权分置、股东分配政策等财务政策对所有者权益的影响。总之,所有者权益变动表的出现使得会计报告的内容更丰富,反映企业经营业绩的信息更加广泛和真实,进而满足报表使用者对企业会计信息披露多样化的需求。

3. 企业所有者权益变动表的结构

为了清楚地表明构成所有者权益的各组成部分当期的增减变动情况,所有者权益变动表应当以矩阵的形式列示:一方面,列示导致所有者权益变动的交易或事项,改变了以往仅仅按照所有者的各组成部分反映所有者变动情况,而是按所有者权益变动的来源对一定时期所有者权益变动情况进行全面反映;另一方面,按照所有者权益各组成部分(包括实收资本、资本公积、盈余公积、未分配利润和库存股)及其总额列示交易或事项对所有者权益的影响。此外,企业还需要提供比较所有者权益变动表,因此,所有者权益变动表还就各项目再分为"本年金额"和"上年金额"两栏分别填列。

具体格式如表1-9所示。

1.4.2 所有者权益变动表的填列方法

1. 所有者权益变动表各项目的列报说明

(1)"上年年末余额"项目,反映企业上年资产负债表中实收资本(或股本)、资本公

表 1-9　所有者权益变动表

会企 04 表

编制单位：　　　　　　　　　　　　＿＿＿＿年度　　　　　　　　　　　　金额单位：元

项　目	本年金额							上年金额						
	实收资本（或股本）	资本公积	减：库存股	其他综合收益	盈余公积	未分配利润	所有者权益合计	实收资本（或股本）	资本公积	减：库存股	其他综合收益	盈余公积	未分配利润	所有者权益合计
一、上年年末余额														
加：会计政策变更														
前期差错更正														
二、本年年初余额														
三、本年增减变动金额（减少以“－”号填列）														
（一）综合收益总额														
（二）所有者投入和减少资本														
1. 所有者投入资本														
2. 股份支付计入所有者权益的金额														
3. 其他														
（三）利润分配														
1. 提取盈余公积														
2. 对所有者（或股东）的分配														
3. 其他														
（四）所有者权益内部结转														
1. 资本公积转增资本（或股本）														
2. 盈余公积转增资本（或股本）														
3. 盈余公积弥补亏损														
4. 其他														
四、本年年末余额														

积、库存股、其他综合收益、盈余公积、未分配利润的年末余额。

(2)“会计政策变更”和“前期差错更正”项目，分别反映企业采用追溯调整方法处理的会计政策变更的累积影响金额和采用追溯重述方法处理的会计差错更正的累积影响金额。

(3)“本年增减变动金额”项目分别反映如下内容。

①“综合收益总额”项目，反映净利润和其他综合收益扣除所得税影响后的净额相加后的合计金额。

②“所有者投入和减少资本”项目，反映企业当年所有者投入和减少的资本。其中：“所有者投入资本”项目，反映企业接受投资者投入形成的实收资本(或股本)和资本溢价或股本溢价。“股份支付计入所有者权益的金额”项目，反映企业处于等待期中的权益结算的股份支付当年计入资本公积的金额。

③“利润分配”项目，反映企业当年的利润分配金额。

④“所有者权益内部结转”项目，反映企业构成所有者权益的组成部分之间的增减变动情况。其中：

“资本公积转增资本(或股本)”项目，反映企业以资本公积转增资本(或股本)的金额。

“盈余公积转增资本(或股本)”项目，反映企业以盈余公积转增资本(或股本)的金额。

“盈余公积弥补亏损”项目，反映企业以盈余公积弥补亏损的金额。

2. 上年金额栏的填列方法

所有者权益变动表“上年金额”栏内各项数字，应根据上年度所有者权益变动表“本年金额”栏内所列数字填列。如果上年度所有者权益变动表规定的各个项目的名称和内容同本年度不相一致，应对上年度所有者权益变动表各项目的内容和数字按本年度的规定进行调整，填入所有者权益变动表“上年金额”栏内。

3. 本年金额栏的填列方法

所有者权益变动表“本年金额”栏内各项数字一般应根据“实收资本(或股本)”、“资本公积”、“盈余公积”、“利润分配”、“库存股”、“以前年度损益调整”等科目的发生额分析填列。

企业的净利润及其分配情况作为所有者权益变动的组成部分，不需要单独设置利润分配表列示。

1.4.3 所有者权益变动表的编制应用

根据前例有关资料，编制星辉股份有限公司所有者权益变动表如表1-10所示。

表 1-10　所有者权益变动表

编制单位：星辉股份有限公司　　　　2014 年度　　　　金额单位：元

项　目	本年金额					
	股　本	资本公积	减：库存股	盈余公积	未分配利润	所有者权益合计
一、上年年末余额	56 280 000.00	167 844.25		9 203 030.41	53 210 988.04	118 861 862.70
加：会计政策变更						
前期差错更正						
二、本年年初余额	56 280 000.00	167 844.25		9 203 030.41	53 210 988.04	118 861 862.70
三、本年增减变动金额（减少以“—”号填列）	19 000 000.00	221 027 928.00		11 089 298.81	43 072 036.33	294 189 263.14
（一）综合收益总额		6 303 517.00			47 857 818.14	54 161 335.14
（二）所有者投入和减少资本	19 000 000.00	221 027 928.00				240 027 928.00
1. 所有者投入资本	19 000 000.00	221 027 928.00				240 027 928.00
2. 股份支付计入所有者权益的金额						
3. 其他						
（三）利润分配				4 785 781.81	−4 785 781.81	
1. 提取盈余公积				4 785 781.81	−4 785 781.81	
2. 对所有者（或股东）的分配						
3. 其他						
（四）所有者权益内部结转						
1. 资本公积转增资本（或股本）						
2. 盈余公积转增资本（或股本）						
3. 盈余公积弥补亏损						
4. 其他						
四、本年年末余额	75 280 000.00	221 195 772.25		20 292 329.22	96 283 024.37	413 051 125.84

续表

项　　目	上　年　金　额					
	股　　本	资本公积	减:库存股	盈余公积	未分配利润	所有者权益合计
一、上年年末余额	56 280 000.00	110 566.63		3 322 204.99	18 825 828.28	78 538 599.90
加:会计政策变更				165 575.36	938 260.36	1 103 835.72
前期差错更正						
二、本年年初余额	56 280 000.00	110 566.63		3 487 780.35	19 764 088.64	79 642 435.62
三、本年增减变动金额(减少以"—"号填列)		57 277.62		5 715 250.06	33 446 899.40	39 219 427.08
(一) 综合收益总额		57 277.62		1 998 927.90	37 163 211.56	39 219 427.08
(二) 所有者投入和减少资本						
1. 所有者投入资本						
2. 股份支付计入所有者权益的金额						
3. 其他						
(三) 利润分配				3 716 312.16	—3 716 312.16	
1. 提取盈余公积				3 716 312.16	—3 716 312.16	
2. 对所有者(或股东)的分配						
3. 其他						
(四) 所有者权益内部结转						
1. 资本公积转增资本(或股本)						
2. 盈余公积转增资本(或股本)						
3. 盈余公积弥补亏损						
4. 其他						
四、本年年末余额	56 280 000.00	167 844.25		9 203 030.41	53 210 988.04	118 861 862.70

任务1.5 财务报表附注的编写

1.5.1 财务报表附注概述

附注是财务报表不可或缺的组成部分，是对资产负债表、利润表、现金流量表和所有者权益变动表等报表中列示项目的文字描述或明细资料，以及对未能在这些报表中列示项目的说明等。

财务报表中的数字是经过分类与汇总后的结果，是对企业发生的经济业务的高度简化和浓缩的数字，如果没有形成这些数字所使用的会计政策、理解这些数字所必需的披露，财务报表就不可能充分发挥效用。因此，附注与资产负债表、利润表、现金流量表和所有者权益变动表等报表具有同等的重要性，是财务报表的重要组成部分。报表使用者了解企业的财务状况、经营成果和现金流量，应当全面阅读附注。

1.5.2 附注的披露要求及内容

1. 财务报表附注披露的基本要求

（1）附注披露的信息应是定量、定性信息的结合，从而能从量和质两个角度对企业经济事项完整地进行反映，也才能满足信息使用者的决策需求。

（2）附注应当按照一定的结构进行系统合理的排列和分类，有顺序地披露信息。由于附注的内容繁多，因此，更应按逻辑顺序排列，分类披露，条例清晰，具有一定的组织结构，以便于使用者理解和掌握，也更好地实现财务报表的可比性。

（3）附注相关信息应当与资产负债表、利润表、现金流量表和所有者权益变动表等报表列示的项目相互参照，以有助于使用者了解相关联的信息，并由此从整体上更好地理解财务报表。

2. 附注的披露内容

附注应当按照如下顺序披露相关内容。

1）企业基本情况

① 企业注册地、组织形式和总部地址。

② 企业的业务性质和主要经营活动，如企业所处的行业、所提供的主要产品或服务、客户的性质、销售策略、监管环境的性质等。

③ 母公司以及集团最终母公司的名称。

④ 财务报告的批准报出者和财务报告批准报出日。

2）财务报表的编制基础

财务报表的编制基础是指会计核算及报表编制的前提条件，即是持续经营，还是清算停止状态。

3）遵循企业会计准则的声明

企业应当声明编制的财务报表符合企业会计准则的要求，真实、完整地反映企业的财务状况、经营成果和现金流量等有关信息，以此明确企业编制财务报表所依据的制度基础。

如果企业编制的财务报表只是部分地遵循了企业会计准则，附注中不得做出这种表述。

4）重要会计政策和会计估计

根据财务报表列报准则的规定，企业应当披露采用的重要会计政策和会计估计，不重要的会计政策和会计估计可以不披露。

（1）重要会计政策的说明

由于企业经济业务的复杂性和多样性，某些经济业务可以有多种会计处理方法，即存在不止一种可供选择的会计政策。例如，存货的计价可以有先进先出法、加权平均法、个别计价法等；固定资产的折旧，可以有平均年限法、工作量法、双倍余额递减法、年数总和法等。企业在发生某项经济业务时，必须从允许的会计处理方法中选择适合本企业特点的会计政策，企业选择不同的会计处理方法，可能极大地影响企业的财务状况和经营成果，进而编制出不同的财务报表。为了有助于报表使用者理解，有必要对这些会计政策加以披露。

需要特别指出的是，说明会计政策时还需要披露下列两项内容。

① 财务报表项目的计量基础。会计计量属性包括历史成本、重置成本、可变现净值、现值和公允价值，它们直接显著影响报表使用者的分析，这项披露便于使用者了解企业财务报表中的项目是按何种计量基础予以计量的，如存货是按成本还是可变现净值等。

② 会计政策的确定依据，主要是指企业在运用会计政策过程中所做的对报表中确认的项目金额最具影响的判断。例如，企业如何判断持有的金融资产是持有至到期的投资而不是交易性投资；又比如，对于拥有的持股不足50%的关联企业，企业如何判断企业拥有的控制权因此将其纳入合并范围；再比如，企业如何判断与租赁资产相关的所有风险和报酬已转移给企业，从而符合融资租赁的标准；以及投资性房地产的判断标准是什么等。这些判断对在报表中确认的项目金额具有重要影响。因此，这项披露要求有助于使用者理解企业选择和运用会计政策的背景，增加财务报表的可理解性。

（2）重要会计估计的说明

财务报表列报准则强调了对会计估计不确定因素的披露要求，企业应当披露会计估计中所采用的关键假设和不确定因素的确定依据，这些关键假设和不确定因素在下一会计期间内很可能导致对资产、负债账面价值进行重大调整。

在确定报表中确认的资产和负债的账面价值金额过程中，企业有时需要对不确定的未来事项在资产负债表日对这些资产和负债的影响加以估计。例如，固定资产可收回金额的计算需要根据其公允价值减去处置费用后的净额与预计未来现金流量的现值两者之间的较高者确定，在计算资产预计未来现金流量的现值时需要对未来现金流量进行预测，并选择适当的折现率，应当在附注中披露未来现金流量预测所采用的假设及其依据、所选择的折现率为什么是合理的等。又如，为正在进行中的诉讼提取准备时最佳估计数的确定依据等。这些假设的变动对这些资产和负债项目金额的确定影响很大，有可能会在下一个会计年度内做出重大调整。因此，强调这一披露要求，有助于提高财务报表的可理解性。

5）会计政策和会计估计变更以及差错更正的说明

企业应当按照《企业会计准则第 28 号——会计政策、会计估计变更和差错更正》及其应用指南的规定，披露会计政策和会计估计变更以及差错更正的有关情况。

6）报表重要项目的说明

企业应当以文字和数字描述相结合、尽可能以列表形式披露报表重要项目的构成或当期增减变动情况，并且报表重要项目的明细金额合计，应当与报表项目金额相衔接。在披露顺序上，一般应当按照资产负债表、利润表、现金流量表和所有者权益变动表的顺序及其项目列示的顺序。

7）其他需要说明的重要事项

其他需要说明的重要事项主要包括或有和承诺事项、资产负债表日后非调整事项、关联方关系及其交易事项等，具体的披露要求须遵循相关准则的规定。

8）其他综合收益各项目的信息

企业应当在附注中披露下列关于其他综合收益各项目的信息：①其他综合收益各项目及其所得税影响；②其他综合收益各项目原计入其他综合收益、当期转出计入当期损益的金额；③其他综合收益各项目的期初和期末余额及其调节情况。

1.5.3 报表附注的编写应用

根据上述资料，编制的星辉股份有限公司 2014 年度报表附注如下。

星辉股份有限公司财务报表附注

2014 年度

一、公司基本情况

星辉股份有限公司于 2007 年 5 月 18 日在某省某市工商行政管理局登记注册，注册资本 7 528 万元，股份总数 7 528 万股。

本公司属机械制造行业。经营范围：园林机械、电机、汽油机、水泵、其他机械设备、模具、五金工具及相关配件的生产、销售，进出口业务（除法律、法规禁止和限制的项目）。

二、财务报表的编制基准与方法

本公司自 2008 年 1 月 1 日起执行财政部 2007 年 2 月公布的《企业会计准则》。

三、公司采用的重要会计政策和会计估计

（一）遵循企业会计准则的声明

本公司编制的财务报表符合企业会计准则的要求，真实、完整地反映了企业财务状况、经营成果和现金流量等有关信息。

（二）财务报表的编制基础

本公司财务报表以持续经营为编制基础。

（三）会计期间

会计年度自公历1月1日起至12月31日止。

（四）记账本位币

本公司采用人民币为记账本位币。

（五）会计计量属性

财务报表项目以历史成本计量为主。以公允价值计量且其变动计入当期损益的金融资产和金融负债、可供出售金融资产、衍生金融工具、投资性房地产等以公允价值计量；采购时超过正常信用条件延期支付的存货、固定资产等采用以购买价款的现值计量；发生减值损失的存货以可变现净值计量；其他减值资产等以可收回金额（公允价值与现值孰高）计量；盘盈资产等以重置价值计量。

（六）现金等价物的确定标准

现金等价物是指企业持有的期限短（一般指购买日起3个月内到期）、流动性强、易于转换为已知金额现金、价值变动风险较小的投资。

（七）外币折算

对发生的外币业务，以交易发生日的即期汇率折合为人民币记账。对各种外币账户的外币期末余额，外币货币性项目按资产负债表日即期汇率折算，发生的差额计入当期损益；以公允价值计量的外币非货币性项目，以公允价值确定日的即期汇率折算，发生的差额计入公允价值变动损益。

（八）金融工具的确认和计量（略）

（九）应收款项坏账准备的计提方法

对于单项金额重大且有客观证据表明发生了减值的应收款项（包括应收账款和其他应收款），根据其未来现金流量现值低于其账面价值的差额计提坏账准备；对于单项金额非重大以及经单独测试后未减值的单项金额重大的应收款项（包括应收账款和其他应收款），根据相同账龄应收款项组合的实际损失率为基础，结合现时情况确定报告期各项组合计提坏账准备的比例。确定具体提取比例为：账龄1年（含1年，以下类推）以内的，按其余额的5%计提；账龄1～2年的，按其余额的10%计提；账龄2～3年的，按其余额的30%计提；账龄3年以上的，按其余额的100%计提。对有确凿证据表明可收回性存在明显差异的应收款项，采用个别认定法计提坏账准备。

对其他应收款项（包括应收票据、预付账款等），经单独测试后根据其未来现金流量现值低于其账面价值的差额计提坏账准备，对其他应收款中应收出口退税不计提坏账准备。

（十）存货的确认和计量

1. 存货包括在日常活动中持有以备出售的产成品或商品、处在生产过程中的在产品、在生产过程或提供劳务过程中耗用的材料和物料等。

2. 发出存货采用加权平均法。

3. 资产负债表日，存货采用成本与可变现净值孰低计量，按照单个存货成本高于可变现净值的差额计提存货跌价准备。产成品、商品和用于出售的材料等直接用于出售的商品存货,在正常生产经营过程中以该存货的估计售价减去估计的销售费用和相关税费后的金额确定其可变现净值;需要经过加工的材料存货,在正常生产经营过程中以所生产的产成品的估计售价减去至完工时估计将要发生的成本、估计的销售费用和相关税费后的金额确定其可变现净值;资产负债表日,同一项存货中一部分有合同价格约定、其他部分不存在合同价格的,分别确定其可变现净值,并与其对应的成本进行比较,分别确定存货跌价准备的计提或转回的金额。

4. 存货的盘存制度为永续盘存制。

5. 包装物、低值易耗品等周转材料采用一次转销法进行摊销。

(十一) 长期股权投资的确认和计量(略)

(十二) 固定资产的确认和计量

1. 固定资产是指同时具有下列特征的有形资产:①为生产商品、提供劳务、出租或经营管理持有的;②使用寿命超过一个会计年度的。

2. 固定资产同时满足下列条件的予以确认:①与该固定资产有关的经济利益很可能流入企业;②该固定资产的成本能够可靠地计量。与固定资产有关的后续支出,符合上述确认条件的,发生时计入固定资产成本;不符合上述确认条件的,发生时计入当期损益。

3. 固定资产按照成本进行初始计量。

4. 固定资产折旧采用年限平均法。各类固定资产的使用寿命、预计净残值和年折旧率如表1-11所示。

表1-11　各类固定资产的使用寿命,预计净残值和年折旧率表

固定资产类别	使用寿命/年	预计净残值/%	年折旧率/%
房屋及建筑物	20	原价的3或5	4.75～4.85
机器设备	5～10	原价的3或5	9.50～19.40
运输工具	5	原价的3或5	19.00～19.40
其他设备	5～10	原价的3或5	9.50～19.40

5. 因开工不足、自然灾害等导致连续3个月停用的固定资产确认为闲置固定资产(季节性停用除外)。闲置固定资产采用和其他同类别固定资产一致的折旧方法。

6. 资产负债表日,有迹象表明固定资产发生减值的,按资产减值准则规定计提固定资产减值准备。

(十三) 在建工程的确认和计量(略)

(十四) 无形资产的确认和计量

1. 无形资产按成本进行初始计量。

2. 根据无形资产的合同性权利或其他法定权利、同行业情况、历史经验、相关专家论证等综合因素判断,能合理确定无形资产为公司带来经济利益期限的,作为使用寿命有限的无形资产;无法合理确定无形资产为公司带来经济利益期限的,视为使用寿命不确定的无形资产。

3. 对使用寿命有限的无形资产,估计其使用寿命时通常考虑以下因素:①运用该资产生产的产品通常的寿命周期、可获得的类似资产使用寿命的信息;②技术、工艺等方面的现阶段情况及对未来发展趋势的估计;③以该资产生产的产品或提供劳务的市场需求情况;④现在或潜在的竞争者预期采取的行动;⑤为维持该资产带来经济利益能力的预期维护支出,以及公司预计支付有关支出的能力;⑥对该资产控制期限的相关法律规定或类似限制,如特许使用期、租赁期等;⑦与公司持有其他资产使用寿命的关联性等。

4. 使用寿命有限的无形资产,在使用寿命内按照与该项无形资产有关的经济利益的预期实现方式系统合理地摊销,无法可靠确定预期实现方式的,采用直线法摊销。使用寿命不确定的无形资产不摊销,但每年均对该无形资产的使用寿命进行复核,并进行减值测试。

5. 资产负债表日,检查无形资产预计给公司带来未来经济利益的能力,按准则规定方法计提无形资产减值准备。

6. 内部研究开发项目按准则规定方法核算。

(十五) 资产减值

资产减值遵循准则规定的减值测试时间、资产范围和减值测试方法和核算方法。

(十六) 借款费用的确认和计量

遵循借款费用准则的规定。

(十七) 收入确认原则

遵循收入准则的规定。

(十八) 企业所得税的确认和计量

遵循所得税准则的规定。

四、税(费)项

(一) 增值税

园林机械中碎枝机及松土机产品按13%的税率计缴,水泵等其他产品按17%的税率计缴。出口货物实行"免、抵、退"税政策,按13%的税率计缴的产品退税率为11%,按17%的税率计缴的产品除扫雪机、电机退税率为17%外,其余产品的退税率均为13%。

根据《财政部、国家税务总局关于调低部分商品出口退税率的通知》(财税〔2008〕90号),自2008年7月1日起,水泵配件等出口退税率由13%下调至9%。

(二) 城市维护建设税

按应交流转税税额的7%计缴。

(三) 教育费附加

按应交流转税税额的3%计缴。

(四) 地方教育费附加

按应交流转税税额的3%计缴。

(五) 企业所得税

按25%的税率计缴。

五、利润分配(本年度净利润暂不分配)

六、报表项目注释

(一) 资产负债表项目注释

1. 货币资金(期末数124 006 031.75)

(1) 明细情况

货币资金明细情况如表1-12所示。

表 1-12 货币资金明细情况表 金额单位:元

项目	期末数	期初数
库存现金	16 267.00	26 211.74
银行存款	117 623 988.49	4 131 201.91
其他货币资金	6 365 776.26	19 279 098.86
合计	124 006 031.75	23 436 512.51

(2) 货币资金——外币货币资金(略)

(3) 变动幅度超过30%(含30%)或占资产总额5%以上(含5%)原因说明

货币资金期末数较期初数增长429.11%,主要系公司本期首次公开发行社会公众股募集资金尚未使用完毕所致。

2. 应收票据(略)

3. 应收账款(期末数122 254 586.11)

(1) 明细情况。

应收账款明细情况如表1-13所示。

表 1-13 应收账款明细情况表 金额单位:元

项目	期末数				期初数			
	账面余额	比例/%	坏账准备	账面价值	账面余额	比例/%	坏账准备	账面价值
单项金额重大	46 867 862.98	36.14	2 343 393.15	44 524 469.83	13 987 246.57	14.95	699 362.33	13 287 884.24
其他不重大	82 815 680.24	63.86	5 085 563.96	77 730 116.28	79 583 125.30	85.05	4 184 327.78	75 398 797.52
合计	129 683 543.22	100.00	7 428 957.11	122 254 586.11	93 570 371.87	100.00	4 883 690.11	88 686 681.76

(2) 账龄分析。账龄分析如表1-14所示。

表 1-14 账龄分析 金额单位:元

账龄	期末数				期初数			
	账面余额	比例/%	坏账准备	账面价值	账面余额	比例/%	坏账准备	账面价值
1年以内	124 340 992.59	95.88	6 217 049.63	118 123 942.96	92 633 634.05	99.00	4 631 681.70	88 001 952.35
1～2年	4 498 351.12	3.47	449 835.11	4 048 516.01	145 064.69	0.16	14 506.47	130 558.22
2～3年	117 324.48	0.09	35 197.34	82 127.14	791 673.13	0.84	237 501.94	554 171.19
3年以上	726 875.03	0.56	726 875.03					
合计	129 683 543.22	100.00	7 428 957.11	122 254 586.11	93 570 371.87	100.00	4 883 690.11	88 686 681.76

(3) 期末应收账款中欠款金额前5名的欠款金额总计为75 871 363.06元,占应收账款账面余额的58.51%,均系一年以内应收账款。

(4) 无持有本公司5%以上(含5%)表决权股份的股东账款。

(5) 期末应收账款中已有1 161 698.02元(USD159 036.50)用于担保。

(6) 应收账款——外币应收账款(略)。

(7) 变动幅度超过30%(含30%)或占资产总额5%以上(含5%)原因说明。应收账款期末数较期初数增长37.85%,主要系公司本期销量增加,期末未到结算期的应收账款余额增加。

(8) 公司本期核销应收账款7 035.19元,系核实后无法收回的款项。

4. 预付款项(略)

5. 其他应收款(略)

6. 存货(期末数133 372 898.66)

(1) 明细情况

存货明细情况如表1-15所示。

表1-15 存货明细情况表 金额单位:元

项 目	期末数			期初数		
	账面余额	跌价准备	账面价值	账面余额	跌价准备	账面价值
原材料	28 731 788.09	345 460.93	28 386 327.16	19 409 495.02	94 556.83	19 314 938.19
在产品	20 059 606.00		20 059 606.00	11 517 979.71		11 517 979.71
自制半成品	26 926 761.19		26 926 761.19	18 285 248.93	166 478.55	18 118 770.38
库存商品	41 408 558.29	40 890.20	41 367 668.09	26 645 934.65	45 598.52	26 600 336.13
委托加工物资	12 485 700.35		12 485 700.35	6 851 215.77		6 851 215.77
包装物	1 965 841.92		1 965 841.92	1 718 384.58	1 511.16	1 716 873.42
低值易耗品	2 181 017.45	23.50	2 180 993.95	1 125 570.84	1 610.06	1 123 960.78
合 计	133 759 273.29	386 374.63	133 372 898.66	85 553 829.50	309 755.12	85 244 074.38

(2) 存货跌价准备

① 明细情况。存货跌价准备明细情况如表1-16所示。

表1-16 存货跌价准备明细情况表 金额单位:元

项 目	期初数	本期增加	本期减少		期末数
			转回	转 销	
原材料	94 556.83	337 848.85		86 944.75	345 460.93
自制半成品	166 478.55			166 478.55	
库存商品	45 598.52			4 708.32	40 890.20
包装物	1 511.16			1 511.16	
低值易耗品	1 610.06			1 586.56	23.50
合 计	309 755.12	337 848.85		261 229.34	386 374.63

② 本期转回存货跌价准备的原因、金额。本期存货对外销售相应转销存货跌价准备261 229.34元。

(3) 变动幅度超过30%(含30%)或占资产总额5%以上(含5%)原因说明

存货期末数较期初数增长56.46%,主要系公司本期产销量扩大,期末保留与生产经

营规模相适应的存货余额。

7. 长期股权投资(略)

8. 固定资产(期末数 150 780 119.53)

(1) 明细情况

原价、累计折旧、减值准备、账面价值明细情况分别如表 1-17～表 1-20 所示。

表 1-17　原价明细情况表　　金额单位:元

类　别	期初数	本期增加	本期减少	期末数
房屋及建筑物	17 987 100.70	5 074 419.00		23 061 519.70
机器设备	84 694 540.16	68 526 843.56	2 887 569.22	150 333 814.50
运输工具	8 317 829.00	1 362 283.00		9 680 112.00
其他设备	3 932 305.01	1 783 557.00		5 715 862.01
合　计	114 931 774.87	76 747 102.56	2 887 569.22	188 791 308.21

表 1-18　累计折旧明细情况表　　金额单位:元

类　别	期初数	本期增加	本期减少	期末数
房屋及建筑物	2 259 145.36	902 642.27		3 161 787.63
机器设备	17 900 852.34	11 494 697.13	1 718 579.92	27 676 969.55
运输工具	2 542 380.57	1 557 465.68		4 099 846.25
其他设备	1 321 692.70	824 401.57		2 146 094.27
合　计	24 024 070.97	14 779 206.65	1 718 579.92	37 084 697.70

表 1-19　减值准备明细情况表　　金额单位:元

类　别	期初数	本期增加	本期减少	期末数
机器设备	1 036 292.56	299 640.35	409 441.93	926 490.98*
合　计	1 036 292.56	299 640.35	409 441.93	926 490.98

注:*为均系固定资产处置相应转出的固定资产减值准备 409 441.93 元。

表 1-20　账面价值明细情况表　　金额单位:元

类　别	期　初　数	期　末　数
房屋及建筑物	15 727 955.34	19 899 732.07
机器设备	65 757 395.26	121 730 353.97
运输工具	5 775 448.43	5 580 265.75
其他设备	2 610 612.31	3 569 767.74
合　计	89 871 411.34	150 780 119.53

(2) 本期增加固定资产均系外购

(3) 未办妥产权证书的固定资产的情况说明

截至 2014 年 12 月 31 日,公司房屋及建筑物原值 5 074 419.00 元尚未办妥房产权证。

(4) 变动幅度超过 30%(含 30%)或占资产总额 5%以上(含 5%)原因说明

固定资产期末数较期初数增长 67.77%,主要系公司本期募投项目采购机器设备增加所致。

9. 在建工程(略)

10. 无形资产(略)

11. 长期待摊费用(略)

12. 递延所得税资产(略)

13. 短期借款(期末数 21 161 698.02)

(1) 明细情况

短期借款明细情况如表 1-21 所示。

表 1-21 短期借款明细情况表 金额单位:元

借款条件	期末数	期初数
抵押借款	20 000 000.00	17 530 000.00
保证借款		4 326 019.80
质押借款	1 161 698.02	21 340 000.00
合 计	21 161 698.02	43 196 019.80

(2) 变动幅度超过 30%(含 30%)或占资产总额 5%以上(含 5%)原因说明

短期借款期末数较期初数下降 51.01%,主要系公司本期流动资金充足,相应归还银行借款所致。

14. 应付票据(略)

15. 应付账款(略)

16. 预收款项(略)

17. 应付职工薪酬(略)

18. 应交税费(期末数—12 181 159.21)

(1) 明细情况

应交税费明细情况如表 1-22 所示。

表 1-22 应交税费明细情况表 金额单位:元

种 类	期末数	期初数
增值税	−8 720 139.42	−6 160 909.20
城市维护建设税	39 479.18	
企业所得税	−3 631 962.25	−1 056 357.82
代扣代缴个人所得税	98 917.22	35 097.34
水利建设基金	72 025.24	55 171.63
教育费附加	23 687.51	
地方教育费附加	15 791.67	
合 计	−12 181 159.21	−7 048 039.69

(2) 变动幅度超过 30%(含 30%)或占资产总额 5%以上(含 5%)原因说明

应交税费期末数较期初数下降 72.83%,主要系公司本期国产设备抵免企业所得税 7 263 851.08 元。

19. 应付利息(略)

20. 其他应付款(略)

21. 长期应付款(略)

22. 股本(期末数 75 280 000.00)

(1) 明细情况

有限售条件股份期初数和期末数均为 5 628.00 万元,其中法人持股数为 450 万元,其余均为自然人持股。在本年度经中国证券监督管理委员会核准对外公开发行上市的股份为 1 900.00 万元,期末股份总数为 7 528.00 万元。

(2) 公司前 10 名股东中原非流通股股东持有股份的限售条件的说明

公司股东刘某、张某、王某、D 有限公司、赵某和吴某分别持有本公司的股份数为 2 000 万股、1 500 万股、1 500 万股、450 万股、89 万股、89 万股,各占公司股本总额的 35.54%、26.65%、26.65%、8%、1.58%、1.58%。各股东承诺如下:①自公司首次向社会公开发行股票并上市之日起三十六个月内,不转让或者委托他人管理其所持有的公司股份,也不由公司回购其所持有的股份。②在公司任职期间,每年转让的股份不超过其所持有的公司股份总数的 25%,且离职后半年内不转让其所持有的公司股份。

23. 资本公积(期末数 221 195 772.25)

(1) 明细情况

资本公积明细情况如表 1-23 所示。

表 1-23 资本公积明细情况表 金额单位:元

项 目	期初数	本期增加	本期减少	期末数
股本溢价		221 027 928.00		221 027 928.00
其他资本公积	167 844.25			167 844.25
合 计	167 844.25	221 027 928.00		221 195 772.25

(2) 资本公积本期增减原因及依据说明

本期增加均系股本溢价。

24. 盈余公积(略)

25. 未分配利润(略)

(二) 利润表项目注释

1. 营业收入/营业成本(本期数 783 027 675.40/633 224 765.34)

(1) 明细情况

营业收入和营业成本明细情况分别如表 1-24 和表 1-25 所示。

表 1-24 营业收入明细情况表 金额单位:元

项 目	本 期 数	上年同期数
主营业务收入	770 521 806.04	608 945 719.55
其他业务收入	12 505 869.36	9 141 747.72
合 计	783 027 675.40	618 087 467.27

表 1-25 营业成本明细情况表 金额单位:元

项 目	本 期 数	上年同期数
主营业务成本	619 125 658.94	493 593 464.20
其他业务成本	14 099 106.40	7 345 484.74
合 计	633 224 765.34	500 938 948.94

(2) 主营业务收入/主营业务成本

主营业务收入/主营业务成本明细情况如表 1-26 所示。

表 1-26 主营业务收入/主营业务成本明细情况表 金额单位:元

项目	本期数			上年同期数		
	收　入	成　本	利　润	收　入	成　本	利　润
水泵	551 051 599.38	448 226 296.68	102 825 302.70	438 393 870.33	364 758 161.45	73 635 708.88
园林机械	153 724 679.62	121 663 377.00	32 061 302.62	131 834 852.94	96 439 265.11	35 395 587.83
其他	65 745 527.04	49 235 985.26	16 509 541.78	38 716 996.28	32 396 037.64	6 320 958.64
合计	770 521 806.04	619 125 658.94	151 396 147.10	608 945 719.55	493 593 464.20	115 352 255.35

(3) 销售收入前 5 名情况

销售收入前 5 名情况如表 1-27 所示。

表 1-27 销售收入前 5 名情况表

项　　目	本　期　数	上年同期数
前 5 名客户销售的收入总额/元	230 357 550.07	164 062 078.11
占当年营业收入比例/%	29.42	26.54

2. 营业税金及附加(本期数 2 550 720.65)

(1) 明细情况

营业税金及附加明细情况如表 1-28 所示。

表 1-28 营业税金及附加明细情况表 金额单位:元

项　　目	本　期　数	上年同期数
城市维护建设税	1 275 360.33	904 410.55
教育费附加	765 216.19	848 715.83
地方教育费附加	510 144.13	
合　计	2 550 720.65	1 753 126.38

(2) 变动幅度超过 30%(含 30%)以上的原因说明

营业税金及附加本期数较上年同期数增长 45.50%,主要系公司本期产销规模扩大,营业收入增长,相应营业税金及附加增加所致。

3. 销售费用(本期数 46 719 056.36)

销售费用本期数较上年同期数增长 63.69%,主要系公司本期产销规模扩大,相应广告费、出口信用保险费、运输费以及包装费用等增加。

4. 财务费用(略)

5. 资产减值损失(本期数 3 203 113.79)

(1) 明细情况

资产减值损失明细情况如表 1-29 所示。

表 1-29　资产减值损失明细情况表　　金额单位:元

项　　目	本　期　数	上年同期数
坏账损失	2 565 624.59	1 175 143.95
存货跌价损失	337 848.85	309 755.12
固定资产减值损失	299 640.35	
合　计	3 203 113.79	1 484 899.07

(2) 变动幅度超过 30%(含 30%)以上的原因说明

资产减值损失本期数较上年同期数增长 115.71%,主要系公司本期应收账款期末余额增加,相应计提坏账准备增加。

6. 投资收益(本期数−4 117 708.61)

(1) 明细情况

投资收益明细情况如表 1-30 所示。

表 1-30　投资收益明细情况表　　金额单位:元

项　　目	本　期　数	上年同期数
交易性金融资产收益	−4 297 708.61	787.23
成本法核算的被投资单位分配来的利润	180 000.00	180 000.00
合　计	−4 117 708.61	180 787.23

(2) 投资收益汇回重大限制的说明

本公司不存在投资收益汇回的重大限制。

(3) 变动幅度超过 30%(含 30%)以上的原因说明

投资收益本期数较上年同期数下降,主要系公司本期投资交易性金融资产亏损所致。

7. 营业外收入(略)

8. 营业外支出

营业外支出本期数较上年同期数增长 64.22%,主要系公司本期捐赠支出增加。

9. 所得税费用(略)

(三) 现金流量表项目注释(略)

七、其他重要事项

(一) 债务重组

无重大债务重组事项。

(二) 非货币性资产交换

无重大非货币性交易事项。

(三) 与现金流量表相关的信息

1. 现金流量表补充资料

现金流量表补充资料如表 1-31 所示。

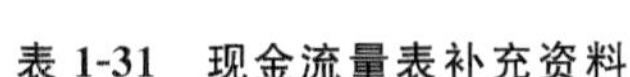

表 1-31　现金流量表补充资料　　　　金额单位:元

补 充 资 料	本　期　数	上年同期数
(1) 将净利润调节为经营活动现金流量		
净利润	47 857 818.14	37 163 221.56
加:资产减值准备	3 203 113.79	1 345 029.71
固定资产折旧	14 779 206.65	10 705 086.62
无形资产摊销	999 783.49	190 966.78
长期待摊费用摊销	21 666.67	
处置固定资产、无形资产和其他长期资产的损失(收益以"—"号填列)	−24 028.88	31 537.48
固定资产报废损失(收益以"—"号填列)		
公允价值变动损失(收益以"—"号填列)		
财务费用(收益以"—"号填列)	6 449 912.11	5 692 151.79
投资损失(收益以"—"号填列)	4 117 708.61	−180 787.23
递延所得税资产减少(增加以"—"号填列)	−232 282.69	−455 610.09
递延所得税负债增加(减少以"—"号填列)		
存货的减少(增加以"—"号填列)	−48 205 443.79	−26 474 483.27
经营性应收项目的减少(增加以"—"号填列)	−47 238 703.83	−20 484 003.53
经营性应付项目的增加(减少以"—"号填列)	31 762 511.90	38 548 040.90
其他		569 796.90
经营活动产生的现金流量净额	13 491 262.17	46 650 947.62
(2) 不涉及现金收支的重大投资和筹资活动		
债务转为资本		
一年内到期的可转换公司债券		
融资租入固定资产		
(3) 现金及现金等价物净变动情况		
现金的期末余额	130 468 650.25	11 461 802.51
减:现金的期初余额	11 461 802.51	12 603 342.06
加:现金等价物的期末余额		
减:现金等价物的期初余额		
现金及现金等价物净增加额	119 006 847.74	−1 141 539.55

2. 现金及现金等价物

(1) 现金

现金情况如表 1-32 所示。

表 1-32　现金情况表　　　　金额单位:元

项　　目	本　期　数	上年同期数
现金	130 468 650.25	11 461 802.51
库存现金	16 267.00	26 211.74
可随时用于支付的银行存款	117 623 988.49	4 131 201.91
可随时用于支付的其他货币资金	12 828 394.76	7 304 388.86

(2) 现金等价物(无)

其中:3 个月内到期的债券投资(无)。

(3) 期末现金/现金等价物余额(130 468 650.25/11 461 802.51)

其中:母公司或集团内子公司使用受限制的现金及现金等价物。

不属于现金及现金等价物的货币资金情况的说明:

2014 年度现金流量表中现金期末数为 130 468 650.25 元,资产负债表中货币资金期末数为 124 006 031.75 元,差额系现金流量表中现金期末数包含了符合现金及现金等价物标准的其他货币资金为 6 462 618.50 元。2013 年度现金流量表中现金期末数为 11 461 802.51元,资产负债表中货币资金期末数为 23 436 512.51 元,差额系现金流量表中现金期末数扣除了不符合现金及现金等价物标准的其他货币资金为 11 974 710.00 元。

(四) 基本每股收益和稀释每股收益的计算

略。

知识链接 1-1 | 财务报表知识

一、财务报表概述

(一) 财务报表的概念

财务报表是对企业财务状况、经营成果和现金流量的结构性表述。财务报表是传输企业会计信息的重要工具,是根据会计账簿记录有关资料,按规定的报表格式,总括反映一定期间的经济活动和财务收支及其结果的文件。由财务报表和其他相关资料组成的财务报告是企业会计工作的最终成果,是输出企业会计信息的主要形式,是企业与外部联系的桥梁。

财务报表的数据(信息)来源于会计记录。会计首先将核算对象即企业的资金运动具体化为六个会计要素,分成两组:一组为资产、负债及所有者权益,从静态的角度来观察企业资金如何取得和形成(分别以所有者权益和负债来列示),进入企业后又如何被企业加以合理地分布与运用(以各种不同形态、用途的资产来列示);另一组为收入、费用和利润,从动态的角度来观察企业开展的经营活动引起的资金流入流出即耗费及回收过程(分别以收入和费用列示),以及经营活动的结果(即资金增减量的结果以利润来列示)。在六大会计要素的基础上,根据反映的经济内容的不同,再分门别类以会计科目予以规范表示,并进一步借助于账户这一重要的工具,采用复式记账法,把企业发生的所有与资金增减变化相关的能以货币计量的所有经营活动事项连续、系统、全面、完整地按照规范的会计信息加工处理程序和方法核算出来,企业的经营活动信息则逐渐地从分散在业务单证(即原始凭证)中整理到记账凭证中、再由会计凭证录入到分类的账簿体系中,经过期末的账项调整、对账、结账等工作,最后编制成财务报表以及附注的文字说明,形成财务报告体系。由此,企业经营活动信息由财务报告这种载体加以客观地反映,呈现在诸多财务报表阅读和分析者面前,被他们加以利用,发挥出会计最基本的功能。

可见，企业的交易和事项最终通过财务报表进行列示，通过附注进行披露。为了达到财务报表有关决策有用和评价企业管理层受托责任的目标，一套完整的财务报表至少应当包括“四表一注”，即资产负债表、利润表、现金流量表、所有者权益变动表和附注。

（二）财务报表与财务报告的区别

财务报告是指企业对外提供的反映企业某一特定日期的财务状况和某一会计期间的经营成果、现金流量等会计信息的文件。财务报告包括财务报表和其他应当在财务报告中披露的相关信息和资料，主要由财务报表、财务报表附注、财务情况说明书三部分内容组成。财务报表具有报告的性质，是以表格为主要形式，反映、提供和传输财务信息的书面报告文件，是财务报告的核心组成部分。财务报表至少应当包括资产负债表、利润表、现金流量表、所有者权益（或股东权益）变动表和附注。财务报表上述组成部分具有同等的重要程度。

（三）财务报表的分类

财务报表可以按照不同的标准进行分类。

1. 按财务报表编报期间的不同，可以分为中期财务报表和年度财务报表

中期财务报表是以短于一个完整会计年度的报告期间为基础编制的财务报表，包括月报、季报和半年报等。中期财务报表至少应当包括资产负债表、利润表、现金流量表和附注，其中，中期资产负债表、利润表和现金流量表应当是完整报表，其格式和内容应当与年度财务报表相一致。与年度财务报表相比，中期财务报表中的附注披露可适当简略。

2. 按财务报表编报主体的不同，可以分为个别财务报表和合并财务报表

个别财务报表是由企业在自身会计核算基础上对账簿记录进行加工而编制的财务报表，它主要用以反映企业自身的财务状况、经营成果和现金流量情况。合并财务报表是以母公司和子公司组成的企业集团为会计主体，由母公司编制的综合反映企业集团财务状况、经营成果以及现金流量的财务报表。

二、财务报表要素

企业的生产经营活动表现为物资运动与资金运动相结合的结果。资金的取得、运用和退出等经济活动所引起的各项财产和资源的增减变化情况，在经营过程中各项生产费用的支出和产品成本形成的情况，就构成了企业会计的具体对象。会计对象是企业的生产经营活动所体现的资金运动，根据资金运动的基本规律，对其进行合理分类，即把会计对象划分为资产、负债、所有者权益、收入、费用和利润六个要素，并进一步通过会计核算的其他专门方法、遵循一定的流程，核算出结果，并通过财务报表载体对外列报，这六大会计要素即构成了财务报表的结构和内容，因此，它们又被称为财务报表要素。

（一）资产

资产是企业由过去的交易或事项形成并由企业拥有或控制的、预期会给企业带来经济利益的资源。企业从事生产经营活动必须具备一定的物质基础（或物资条件），在市场经济条件下，这些必要的物资条件表现为货币资金、厂房场地、机器设备、原材料

等,我们将其称之为资产,它们是企业从事生产经营活动的物质基础。

资产通常按照流动性分为两类:流动资产和非流动资产。

流动资产是指可以在1年或者超过1年的一个营业周期内变现或耗用的资产,主要包括货币资金、交易性金融资产、应收及预付款项、存货和1年内到期的非流动资产等。有些企业的经营活动比较特殊,经营周期可能长于1年,如造船企业、大型机械制造企业等,其从购买原材料至建造完工,从销售实现到收回货款,周期比较长,往往超过1年,这时就不能以1年内变现作为流动资产的划分标准,而是以经营周期作为流动资产的划分标准。

非流动资产指流动资产以外的资产。主要包括持有至到期投资、长期股权投资、固定资产、在建工程、工程物资、无形资产、开发支出、长期待摊费用以及其他非流动资产等。

(二) 负债

负债是指由过去的交易或事项使企业承担的、预期会导致经济利益流出企业的现时义务。按照流动性对负债进行分类,可以分为流动负债和非流动负债。

流动负债是指预计在一个正常营业周期中清偿、或者主要为交易目的而持有、或者自资产负债表日起1年内(含1年)到期应予以清偿、或者企业无权自主地将清偿推迟到资产负债表日后1年以上的负债。流动负债主要包括短期借款、应付账款、应付票据、预收账款、应付职工薪酬、应交税费、应付利息、应付股利、其他应付款等。

非流动负债即长期负债,是指偿还期在1年或者超过1年的一个营业周期以上的负债。包括长期借款、应付债券和其他非流动负债等。

(三) 所有者权益

所有者权益是指企业资产扣除负债后,由所有者享有的剩余权益,反映企业在某一特定日期股东(或投资者)拥有的净资产的总额。它具有以下特征。

(1) 除非发生减资、清算,企业不需要偿还所有者权益。它基本上是企业可以永久利用的一笔资金。

(2) 企业清算时,只有在清偿所有负债后,所有者权益才返还给所有者。所有者在分配被清算企业剩余财产时的末位次序,决定了所有者承担着较债权人更大的风险。

(3) 所有者凭借所有者权益能够参与利润的分配。

所有者权益在性质上体现为所有者对企业资产的剩余权益,在数量上也就体现为资产减去负债后的余额,所有者权益包括企业投资人对企业的投入资本、直接计入所有者权益的利得和损失、留存收益等。其中,盈余公积和未分配利润又合称为留存收益。

投入资本是指投资者实际投入企业生产经营活动的各项财产物资,也就是企业实际收到的投资者作为资本投入的各种财产物资,所以在实际工作中称为实收资本(股份有限公司称为股本),包括国家投入资本、法人投入资本、个人投入资本、外商投入资本等。

直接计入所有者权益的利得和损失,是指不应计入当期损益、会导致所有者权益发生增减变动的、与所有者投入资本或者向所有者分配利润无关的利得或者损失。其中,利得是指由企业非日常活动所形成、会导致所有者权益增加、与向所有者投入资本无关的经济利益的流入；损失是指由企业非日常活动所发生、会导致所有者权益减少、与向所有者分配利润无关的经济利益的流出。直接计入所有者权益的利得或者损失主要包括可供出售金融资产的公允价值变动额、现金流量套期中套期工具利得或损失属于有效套期部分等。

盈余公积是指企业按照国家规定从税后利润中提取的各种公积金，包括提取的法定盈余公积金和任意盈余公积金。

未分配利润是指企业历年利润分配（或亏损弥补）后，累积结存到本期期末尚未分配的或待下年度分配的利润。

所有者权益与负债有本质的区别。所有者权益并不像负债那样需要偿还，除非企业发生减资、清算，否则企业不需偿还给所有者；在企业清算时，负债具有优先清偿权，而企业的资产在全部清偿负债后剩余的净资产才返还给所有者。但是所有者权益可参与企业的利润分配，而负债则不参与企业的利润分配，只能按照预先约定的条件取得利息收入。

（四）收入

收入是指企业在销售商品、提供劳务及让渡资产使用权等日常活动中所形成的经济利益的总流入。收入不包括为第三方或客户代收的款项，如销售时向买方收取的增值税款等。

企业的营业执照上规定的法定业务，构成企业的日常活动，主要包括销售商品收入、提供劳务收入和让渡资产使用权收入。企业的日常活动按业务主次关系不同又可分为主营业务和其他业务活动。广义的收入还包括非日常活动中形成的经济利益流入，如营业外收入等。营业外收入是指企业发生的与其生产经营活动无直接关系的各项收入，如固定资产盘盈、处置固定资产、无形资产净收益、非货币性交易收益、罚款净收入等。

（五）费用

费用是指企业销售商品、提供劳务等日常活动所发生的经济利益的流出，主要包括企业在生产经营活动中的成本耗费和期间费用。广义的费用，还包括非日常活动中发生的经济利益流出，如营业外支出等。营业外支出是指企业发生的与其生产经营无直接关系的各项支出，如固定资产盘亏损失、出售无形资产损失、债务重组损失、罚款支出、捐赠支出、非正常损失等。

（六）利润

利润是指企业在一定期间的经营成果。包括收入减去费用后的净额以及直接计入当期损益的利得和损失等。直接计入当期损益的利得和损失指应当计入当期损益、会导致所有者权益发生增减变动、与所有者投入资本或者向所有者分配利润无关的利得或者损失。

利润金额取决于收入和费用以及直接计入当期损益的利得和损失金额的计量。

三、财务报表编报的基本要求

高质量的会计信息是保证会计决策有用的基石。从诸多企业经营的历史来看，不

讲究诚信原则的企业，虽然可能暂时成功，但是无法长期地保持竞争力。所以，财务报表所揭示的会计信息应遵循会计准则和公认会计原则的基本要求。为了充分发挥会计信息的作用，确保信息质量，各会计主体单位必须按照一定的程序、方法和要求，编报合法、真实和公允的财务报表。

（一）时间要求

在市场经济条件下，市场瞬息万变，只有及时地将企业生产经营活动的过程和结果以报表载体快速反映出来，才能使管理者在洞察企业经营现实的同时，根据市场提供的变化情况，及时调整经营策略，从而提高企业的竞争力，保证经营目标的顺利实现。因此，财务报表只有及时编制和报送，才能有利于会计信息的利用。

为了确保财务报表编报的及时性，政府有关部门对各单位财务报表编报时间做出了明确的规定。一般来说，月报应于月份终了后 6 天内报出（节假日顺延，下同）；季报应于季度终了后 15 天内报出；半年报应于年度中期结束后 60 天内报出；年报应于年度终了后 4 个月内报出。这就要求会计部门必须加强日常的核算工作，认真做好记账、对账和账项调整等编报前的准备工作，加强会计人员的配合协作，高质、高效地完成会计信息的报送工作。

（二）格式要求

对外报送的财务报表必须按照企业会计准则规定的内容、格式进行财务报表的列报。列报的财务报表主要包括资产负债表、利润表、现金流量表、所有者权益变动表以及附注。

单位内部使用的财务报表，其格式和要求由各单位自行确定。

（三）列报时的具体要求

根据我国企业会计准则的规定，在列报财务报表时，应满足以下要求。

1. 以持续经营为基础进行列报

企业应当以持续经营为前提，根据实际发生的交易和事项，按照《企业会计准则》的规定进行确认和计量，在此基础上编制财务报表。企业不应以财务报表附注披露代替确认和计量。企业管理当局应如期对企业是否能够持续经营进行评估，即对自报告期末起至少 12 个月的持续经营能力进行评价，并披露评价结果。若企业处于非持续经营状态，其财务报表应当采用其他基础编制，并在报表附注中加以说明。

2. 编制原则

除现金流量表按照收付实现制原则编制外，企业应当按照权责发生制原则编制财务报表。

3. 列报项目真实、准确，不得相互抵消

企业财务报表所填列的数字必须真实可靠，能准确地反映企业的财务状况和经营成果，不得以估计数字填列财务报表，更不得弄虚作假，篡改伪造数字。同时，财务报表上的各项指标，都必须按照准则中规定的口径填列，不得任意删减或增加，凡须经计算填列的指标，应按规定计算填列。特别应注意的是要求单独列报资产、负债、收入和费用等项目，其金额不得相互抵消。单独列报资产、负债、收入和费用等项目以便使用者更容易理解已发生的交易、其他事项的情况，以及评估会计主体未来的现金流量。资产项目按扣除减值准备后的净额列示，不属于抵消；非日常活动中产生的损益，以收入扣除费用后的净额列示，也不属于抵消。如存货跌价准备、应收账款坏账准备、非流动资产处置损益，若这些项目非常重要，则应该在财务报表中单独列报。

4. 列报项目前后一致并相互可比

财务报表项目的列报应当在各个会计期间保持一致，不得随意变更，除非会计准则要求改变，或主体的经营性质发生重大变化，改变后的列报能够提供更可靠、更相关的信息。一般而言，当期财务报表的列报，至少应当提供所有列报项目的上一可比期间的比较数据，以及与理解当期财务报表相关的说明。财务报表项目的列报发生变更的，应当对上期比较数据进行调整，并在附注中披露调整的原因和性质，以及调整的各项目金额。对不能调整的信息应当在附注中披露不能调整的原因及对财务报表使用者决策带来的相关影响。

5. 列报项目全面完整，突出重要性

企业对按准则规定应予填报的各种报表和表内项目，要填报齐全，不得随意漏编、漏报；应当汇总编制的所属单位的会计报表必须全部汇总；报表附注和应该编制的附表等资料，必须同时编报。另外要注意的是，在编制财务报表的过程中，企业应当考虑报表项目的重要性。对于性质或功能不同的项目，如长期股权投资、固定资产等，应当在财务报表中单独列报，但不具有重要性的项目除外；对于性质或功能相似的项目，其所属类别具有重要性的，应按其类别在财务报表中单独列报，如库存商品、原材料等，应当予以合并，作为存货项目列报。

6. 报表相关内容说明清楚

财务报表编制以后，按照会计准则和有关方面的要求，对需要说明的，诸如财务报表中主要指标的构成和计算方法、本报告期发生的特殊情况等问题，写出简要的文字说明，以便使用者了解与财务报表有关的情况，做出正确决策和判断。企业在所编制的财务报表中应当在显著位置至少披露下列内容：①编报企业的名称；②资产负债表日或财务报表涵盖的会计期间。企业至少应当按年编制财务报表。年度财务报表涵盖的期间短于1年的，应当披露其年度财务报表的涵盖期间、短于1年的原因以及报表数据不具可比性的事实；③人民币金额单位；④财务报表是合并财务报表的，应予以标明。

知识链接 1-2 财务报表阅读与分析基础

一、财务报表阅读与分析的内涵

（一）财务报表阅读与分析的含义

财务报表阅读与分析是指企业相关利益主体以企业财务报告为主要依据，结合一定的评价标准，采用科学系统的分析方法，遵循规范的分析程序，通过对企业过去和现在的财务状况、经营成果和现金流量等重要指标的全面分析，为相关决策提供信息支持

的一项经济管理活动和一门经济应用学科。

（二）财务报表阅读与分析的意义

财务报表阅读与分析是会计核算的继续与发展。在今天其地位越发重要，这主要体现在以下方面。

1. 为企业外部相关利益人进行决策提供依据

随着现代经济的发展，大量新业务不断涌现，业务结构复杂化的程度也越来越高。为了真实公允地反映经济业务内容，财务信息也日益繁杂，专业化程度日益提高。但是由于金融市场的发展，企业公众化的程度也随之增加，大量的社会公众称为企业股东、债权人等相关利益人，所有的外部企业相关利益人的决策都必须以相关财务信息为基础。通过财务报表及相关资料所提供的信息进行分析可以为企业相关利益人的投资决策、信贷决策、销售决策和宏观经济等提供依据。

2. 为企业内部业绩考核建立科学的评价机制

企业组织形式的复杂化要求更加准确合理的内部评价和决策机制，而以往通过利润等一两个指标就判断企业内部管理层业绩的做法已经不能满足需要，财务分析刚好为此提供了一条可行的途径，为企业内部经营管理完善业绩评价机制、监督和选择经营管理者提供依据。

仅仅获得财务报告中的原始信息难以判断满足企业相关利益主体的决策需要，而且也不能完全发挥财务报告的信息传递作用。所以，财务分析的目的就是通过对财务报告以及其他企业相关信息进行综合分析，得出简洁明了的分析结论，从而帮助企业内部管理及外部相关利益人进行决策和评价。

二、财务报表阅读与分析的主体、目的和内容

（一）财务报表阅读与分析的主体及其相应的分析目的

财务报表所列报的信息是进行经济决策的主要依据。财务报表阅读与分析的根本目的就是充分利用财务报表及其分析所揭示的信息，作为决策依据。由于决策的主体即财务报表的使用者不同，他们对财务信息的需求就不完全相同，因此，各自分析的具体目的和侧重点也就不同。

1. 企业投资者的分析目的

在市场经济条件下，企业的资金来源于借入资金和自有资金。其中，借入资金是债权人提供的，自有资金是企业投资者投入的。投资能够给投资者带来一定的经济收益，但同时也会给投资者带来一定的风险。如果决策失误，投资不当，不仅不能取得预期的收益，反而会带来投资损失，以至血本无归。为保证投资决策的科学性、合理性，投资后必须掌握被投资方各方面的信息，如企业赢利能力、偿债能力、资本结构等信息，而通过财务报表及财务报表分析获得上述信息的基础上，还可进一步分析评价企业预期收益的实现程度、经营业绩、理财环境、财务风险等，为投资决策、业绩考核等提供依据。

2. 债权人的分析目的

债权人向企业借出资金的基本目的是在债务人能如期归还借款的前提下取得一定的利息收入，如果债务人到期不能还本付息，则债权人的利益就会受到损害。债权人最

关心的是企业的偿债能力，而通过财务报表的阅读与分析即可获得此方面的信息。

3. 企业经营管理者的分析目的

对于企业的经营管理者等内部使用者而言，财务报表阅读与分析所涉及的内容最广泛，不仅涵盖投资者和债权人分析的所有目的，而且还要考核、评价企业生产经营计划和财务预算的完成情况，并对企业的可持续发展做出决策和规划。企业经营管理者通过对财务报表的阅读与分析，发现企业在经营管理活动中存在的问题，找出问题产生的原因，寻求解决问题的途径和方法，确保企业财务目标的顺利实现。

4. 政府监管部门的分析目的

除了投资者、债权人和企业经营者以外，还有政府监管部门和其他一些单位、个人同样关心企业的经营成果和财务状况，需要通过财务报表分析来获取所需的信息和资料，为决策提供依据。作为政府监管部门的财政部门、税务部门、国有资产管理部门等，由于它们和企业的关系不同，因而进行财务报表分析的目的和内容也有所不同。

作为财政部门，主要关心企业执行有关财政、财务方面的政策、法规和制度的情况；而国有资产管理部门作为企业国有资产的法定代表人，其关心的就是国有资产的保值增值和国有资产收益，因而其最关注的是企业的资产状况和赢利能力；税务部门是国家征收、管理各种税收的专业职能部门。照章纳税是每个企业向国家、社会应尽的义务，也是企业的责任。企业向税务部门报送财务报表是纳税申报制度的重要内容之一。税务部门通过财务报表分析企业纳税情况，对企业的纳税情况进行检查和监督；审计部门是专门进行审计监督的经济部门，它通过对财务报表的检查分析依法对国有企业以及国有资产占控股地位的企业的财务收支的真实性、合法性和效益性进行审计监督。

此外，供应商通过财务报表分析，决定能否与企业长期合作，了解企业的销售信用水平，以便决定是否对企业延长付款期；竞争对手需要通过对财务报表的分析，了解企业的赢利水平、其产品的市场占有份额等信息，从而有利于在制定产品价格、调整产品品种结构等方面做出合理的决策；注册会计师通过财务报表分析可以确定审计的重点。

（二）财务报表分析的内容

财务报表分析的内容是指分析的客体。由于财务报表列报的内容主要是揭示和反映企业开展生产经营活动的过程和结果，包括企业筹资活动、投资活动、经营活动和财务活动效率等方面。因此，围绕财务报表列报的上述内容，主要阅读和分析的内容如下。

1. 财务报表的解读

财务报表提供了最重要的财务信息，但财务分析并不是直接使用报表上的数据计算一些比率指标，然后分析得出结论，而应当先尽力阅读财务报表及其附注，明确每个项目数据的含义和编制过程，掌握报表数据的特性和结构。对财务报表的解读又可分为 3 个方面。

（1）财务报表质量分析

企业披露的最主要的财务报表是资产负债表、利润表、现金流量表等报表，涵盖了 6 个会计要素和现金流量状况，所以财务报表质量分析就是对财务状况质量、经营成果质量和现金流量表质量进行分析，关注表中数据与企业现实经济状况的吻合程度、不同

期间数据的稳定性、不同企业数据总体的分布状况等。

（2）财务报表趋势分析

在取得多期比较财务报表的情况下，可以进行趋势分析。趋势分析是依据企业连续多期的财务报表，以某一年或某一期间（作为基期）的数据为基础，计算每期各项目相对基期同一项目的变动状况，观察该项目数据的变化趋势，揭示各期企业经济行为的性质和发展方向。

（3）财务报表结构分析

财务报表结构是指报表各内容之间的相互关系。通过结构分析，可以从整体上了解企业财务状况的组成、利润形成的过程和现金流量的来源，深入探究企业财务结构的具体构成因素及原因，有利于更准确地评价企业的财务能力。例如，通过观察流动资产在总资产中的比重，可以明确企业当前是否面临较大的流动性风险，是否对长期资产投入过少，是否影响了资产整体的赢利能力等。

2. 财务比率分析

财务比率是在对财务报表进行解读并熟悉了企业财务报表所揭示的基本信息的基础上，根据表内或表间各项目之间存在的相互关系，计算出一系列反映企业财务能力的各项指标。财务比率分析是财务报表阅读与分析的中心内容，即根据计算得出的各项指标，结合科学合理的评价标准进行比较分析，以期深入揭示企业的财务问题，客观评价企业的经济活动，预测企业的发展前景。财务比率分析主要包括以下内容。

（1）偿债能力分析

偿债能力是关系企业财务风险的重要内容，企业使用负债融资，可以获得财务杠杆利益，提高净资产收益率，但同时也会使企业加大财务风险。如果企业陷入财务危机，不能如期归还债务，企业相关利益人都会受到损害，所以应当关注企业偿债能力。企业偿债能力分为短期偿债能力和长期偿债能力，两种偿债能力的衡量指标不同，企业既要关注即将到期的债务，还应当对未来远期债务有一定的规划。另外，企业偿债能力不仅与偿债结构有关，而且还与企业未来收益能力联系紧密，所以在分析时应结合企业其他方面的能力一起分析。

（2）赢利能力分析

企业赢利能力也叫作获利能力，是指企业赚取利润的能力。首先，利润的大小直接关系企业所有相关利益人的利益，企业存在的目的就是最大限度地获取利润，所以赢利能力分析是企业财务分析中最重要的一项内容。其次，赢利能力还是评估企业价值的基础，企业价值的大小取决于企业未来获取利润的能力。再次，企业赢利指标还可以用于评价内部管理层的业绩。在赢利能力分析中，应当明确企业赢利的主要来源和结构、赢利能力的影响因素，赢利能力的未来可持续状况等。

（3）营运能力分析

企业营运能力主要是指企业资产运用、循环的效率高低。如果企业资产运用效率高、循环快，则企业可以以较少的投入获取较多的收益，减少资金的占用和积压。营运能力分析不仅关系企业的赢利水平，还反映企业生产经营、市场营销等方面的情况，通

过营运能力分析，可以发现企业资产利用效率的不足，挖掘资产潜力。营运能力分析包括流动资产营运能力分析和总资产营运能力分析两部分。

（4）发展能力分析

企业发展的内涵是企业价值的增长，是企业通过自身的生产经营，不断扩大积累而形成的发展潜能。企业发展不仅仅是规模的扩大，更重要的是企业收益能力的上升，即净收益的增长。同时企业发展能力受到企业的经营能力、制度环境、人力资源、分配制度等诸多因素的影响，所以在分析企业发展能力时，还需要预测这些因素对企业发展的影响程度，将其变为可量化的指标进行表示。总之，对企业发展能力的评价是一个全方位、多角度的评价过程。

（5）财务综合分析

在以上对企业各个方面进行深入分析的基础上，最后应当给企业相关利益人提供一个总体的评价结果，否则仅仅凭借某个方面的优劣难以评价一个企业的总体状况。财务综合分析就是解释各种财务能力之间的相关关系，得出企业整体财务状况及效果的结论，说明企业总体目标的事项情况。财务综合分析采用的具体方法有杜邦分析法、沃尔评分法等。

三、财务报表分析的原则、依据和程序

（一）财务报表分析的原则

在财务报表的分析中，应遵循以下原则。

1. 相关性原则

财务报表分析的相关性原则，也叫作有用性原则，是指财务报表分析的内容要与财务报表分析的目的相关。财务报表分析的目的就是充分利用财务报表及其分析所揭示的信息，使之成为决策的依据。财务报表分析的结果只有对未来的生产经营产生影响，能作为信息使用者进行决策的重要参考，才有利用的价值。相关性原则与信息使用者的目的密切相关。例如，作为债权人，其决策所需要的主要是企业偿债能力方面的信息；作为投资者，其决策所需要的主要是企业赢利能力方面的信息；而对企业管理者来说，其决策所需要的信息则涉及财务报表分析的各个方面。因此，相关性原则是财务报表分析的前提和基础。

2. 可理解性原则

财务报表分析的结果是提供给使用者决策用的信息，财务报表分析的使用者只有读懂报表分析的内容且能准确理解，才能更好地利用报表分析结果进行科学决策。因此，报表分析的结果应直观、明确、易于理解，使财务信息使用者能够准确地加以理解和运用。该原则要求分析者在财务报表分析过程中尽量采用通用的方法和计算口径，对于行业财务制度中已规定的计算方法和口径，分析人员必须共同遵守；对于未作规定部分，应在探讨和实践的基础上尽可能达成一致做法；对于没有统一计算口径的指标，应注明所采用的分析计算方法，以便于报表使用者理解。

3. 定量分析和定性分析相结合的原则

财务报表分析是定量分析和定性分析的有效结合，定性分析是财务报表分析的基

础和前提,定量分析则是财务报表分析的手段和工具。没有定性分析就弄不清事物的本质、趋势及其与其他事物的联系;没有定量分析就弄不清事物发展的数量界限。因此在分析的过程中要将定量分析与定性分析有机结合起来,才能得出科学合理的结论。

4. 客观性、全面性、联系性、发展性相结合的原则

客观性、全面性、联系性、发展性相结合的原则,是指在进行财务报表分析时应以实际发生的经济业务为依据,用全面的、联系的、发展的观点看待问题,避免用片面的、静止的观点分析问题。因此分析中既要从实际出发,坚持实事求是,客观反映情况,反对不尊重客观事实、主观臆断、结论先行,搞数字游戏的做法;又要全面看问题,坚持一分为二,反对片面地看问题,要兼顾成功经验与失败教训、有利因素与不利因素、主观因素与客观因素、经济问题与技术问题、外部问题与内部问题。既要注重事物的联系,坚持相互联系地看问题,反对孤立地看问题,注意局部与全局、偿债能力与赢利能力、报酬与风险的关系;又要发展地看问题,反对静止地看问题,注意过去、现在和将来的关系。

(二) 财务报表分析的依据

财务报表分析要形成真实可靠的分析结果,就必须有科学的依据。按照规定要求编制的财务报告和取得的其他相关资料是我们进行财务分析的主要依据。这些资料主要来自于企业内部,也有部分外界资料。主要包括如下几方面。

1. 财务报告

财务报告的主体是财务报表及其附注,包括资产负债表及附表、利润表及附表、现金流量表、所有者权益变动表和财务报表附注。

2. 其他相关资料

在财务分析中,还将运用下述资料来辅助分析:国家有关经济政策和法律规范,市场信息,行业信息,与财务分析相关的定额、计划、统计和业务等方面的资料,会计师事务所出具的审计报告。如果企业是上市公司,财务分析所运用的其他资料还包括招股说明书、上市公告、定期公告、临时公告等。

(三) 财务报表分析的程序

财务报表分析工作一般应当按照以下步骤进行。

1. 确立分析目的,明确分析内容

确立分析目的是财务分析的起点,它是决定分析内容和分析结论的关键因素。站在不同分析者即报表信息使用者的立场,其分析目的也不一样。因此,应根据分析者的身份明确分析的角度和立场,并确定分析目的。在不同的分析目的下,并不需要实施所有的财务分析内容,而是应当有所侧重。

2. 收集资料,对资料进行筛选和甄别核实

确定分析目的和内容后,分析人员应当按照准备实施的分析内容收集所需的资料。这些资料包括企业的财务信息和非财务信息。信息的载体包括企业定期的财务报告、企业的财务预算、企业内部的成本费用资料等,以及审计报告、企业产品市场状况和行

业信息，以及宏观经济情况等。资料收集的方式有：通过公开渠道获取，如上市公司的财务报告，可以在相关网站及报纸上取得；通过调研取得；通过会议取得；通过中介机构取得等。

在取得相关资料后还应对资料进行检查和核实，尤其需要对财务报告数据的真实性进行核实，仔细查看审计报告，检查注册会计师是否出具了非标准审计报告。此外还需要对数据的时间序列进行检查，观察企业是否存在某一年变化奇特的事项，核实该事项的可靠性。只有在核对数据的真实性之后，才能展开财务分析，否则得到的分析结论也是没有价值的。

3. 确定分析评价标准

财务分析结论应当通过比较得出，单一的财务指标是难以说明经济实质的，所以确定合理的分析评价标准就非常重要。分析评价的标准包括经验标准、行业标准、历史标准、目标标准等。不同的标准有不同的优缺点，在进行财务分析时，应当结合分析对象的实际情况进行选择，并注意分析标准自身随着时间、地域等不同而发生的变动，要进行适当调整，以适应分析对象和分析目的。

4. 围绕分析目的，运用恰当的分析方法，参照判断标准，对有关资料进行分析，形成分析结论，提出相关建议

财务分析方法是很多的。在现代的财务分析中，大量使用数学方法和数学模型，以强化分析结果的可靠性，并尽量减少分析人员的主观影响。

5. 如有需要，编写并提交财务分析报告

四、财务报表分析的方法

财务分析的主要任务就是发现企业财务中存在的问题并找出问题产生的原因，为解决问题指明方向，而如何解决问题则不属于财务分析的范畴。相应地，财务分析方法也分成两类：一类是发现问题的方法；另一类是探求原因的方法。由于问题都是在相互比较中暴露出来的，所以发现问题的方法统称为比较分析法。企业的生产经营管理活动是一个有机的整体，每一个财务数据的形成都要受到若干因素的影响，因此，要探求问题产生的原因，就要从这些因素入手，所以探求问题产生的原因的方法统称为因素分析法。

（一）比较分析法

1. 含义

比较分析法是将分析对象数值与具有可比性的判断标准数值相比较，通过二者之间的差异，找出存在的问题的一种分析方法。比较分析法是财务报表分析中最常用的一种方法，也是财务分析过程的起点。

2. 比较分析的基本步骤

（1）计算差异额

差异额（增减额）＝分析对象数值－判断标准数值

（2）计算差异率

差异率（增减率）＝差异额÷判断标准数值×100％

差异额、差异率相互推算:

已知差异率,则　　　　　差异额=差异率×标准数

已知差异额,则　　　　　差异率=差异额÷标准数×100%

3. 比较分析法的种类和内容

(1) 比较分析法的种类

① 趋势分析法。趋势分析法是以本企业历史数据为判断标准,与分析对象相比较,观察其增减变动情况及变动幅度,用于考察发展趋势,预测发展前景。其又可分为定基比较和环比比较两种。

定基比较是以某一历史数据作为固定的判断标准,将作为分析对象的各期数值分别与之相比较,计算出一系列反映增减变动的比率,据此观察发展动态,预测未来的发展趋势。

定基发展速度=报告期数值÷基期指标值×100%

定基增长速度=(报告期数值-基期指标值)÷基期指标值×100%

环比比较是以上一期的历史数据作为判断标准,将作为分析对象的后一期数值与之相比较,计算出反映增减变动的比率,经过如此一系列的比较,据此观察发展动态,预测未来的发展趋势。

环比发展速度=报告期数值÷上期指标值×100%

环比增长速度=(报告期数值-上期指标值)÷上期指标值×100%

② 横向比较法。横向比较法是以国内外行业平均水平或先进水平作为判断标准,与本企业实际数据相比较,据以观察企业的相对规模和竞争地位。

③ 目标完成分析法。目标完成分析法是以企业目标数值为判断标准,与企业实际完成数值相比较,分析目标任务的完成情况。

(2) 比较分析法的内容

① 绝对额比较。如财务报表各项目的金额,包括总资产、流动资产、固定资产、流动负债、长期负债、负债总额、所有者权益(即净资产)、利润总额、净利润等。

② 结构(比重)比较。如对于资产负债表,可以用资产各项目除以资产总额,计算出各项资产占总资产的比重;用负债和所有者权益各项目金额除以负债和所有者权益合计数,计算出各项资金来源占全部资金来源的比重;再比如,利润表,可以用所有项目的金额分别除以主营业务收入的金额,计算出各项目占主营业务收入的比重。通过结构比较,常常能够发现有显著问题的异常数,为进一步分析指明方向,这是一种很有效的重要方法。

③ 比率比较。比率是两个有内在联系的数据相除的结果。财务分析涉及的比率叫作财务比率,是两个有内在联系的财务数据或会计数据相除的结果。因为财务比率是相对数,排除了规模的影响,使规模不同的企业之间具有可比性,所以比率分析是财务分析中最重要的分析方法之一。

4. 比较分析法的应用

例1:某股份有限公司本年实际完成总产值1 000万元,对其效益做出评价。

分析资料如表 1-33 所示。

表 1-33 计划完成情况比较分析表

指 标	实际	计划	上年同期	历史最高	同行先进
总产值/万元	1 000	900	800	1 200	1 400
定量分析		比计划增减额/%	比上年增减额/%	比历史增减额/%	比同行增减额/%
		+100(+11)	+200(+25)	−200(−16.7)	−400(−33.3)

根据 4 组定量差异数据，可以做出 4 个定性判断。

(1) 企业本年总产值超额完成计划目标，多完成 100 万元，超计划 11%。

(2) 比上年有很大增长，增长额 200 万元，增长率 25%。

(3) 但还未达到历史最高水平，比历史最高水平少 200 万元，差 16.7%。

(4) 距同行先进水平企业差距更远，相差 400 万元，差 28.6%。

综合评价：

根据分析情况，可以肯定该企业本年工作有成绩，但评价不能过高，要指出差距，看到增产还有潜力。

此例比较分析，由于联系了分析对象总产值纵横两向关系，纵向引入计划数、上年数、历史最高点资料，横向引入同行先进水平情报，扩展了比较的坐标参照系，体现了系统分析的要求，做出的评价结论，较之单项比较，即只比计划数或上年同期等，更加深刻、全面。

值得注意的是，作为比较基数，即判断标准，是可变、可选择的，可以根据分析目的、条件及要求，选择恰当的标准进行比较。可选择的标准主要有计划数、上年数、历史最好数、同行先进数和其他标准。

通过比较，可以确定同质指标的量差，取得比较效益或差别利益数据，说明计划执行和完成程度，说明本期生产经营达到的水平和发展趋势，说明先进和后进的差距等，供定性分析和综合分析参考。

(二) 因素分析法

1. 含义

因素分析法是在比较分析法的基础上，对于比较过程中发现的差异，进一步探求其形成原因而经常采用的方法。各种经济现象都是由一定的经济因素构成的，各因素之间，以及各因素与经济现象之间有着相互联系、相互影响的因果关系。运用因素分析法时，首先要研究分析对象的形成过程，从中找出分析对象的各个因素，再通过与相对应的判断标准的构成因素逐项对比，确定各个因素的变动对差异形成的影响程度，帮助分析者从中找出主要矛盾，为下一步解决问题指明主攻方向。因素分析法的基本方法是连环替代法，其他方法都是连环替代法的演化形式。

2. 连环替代法的分析程序

(1) 确定分析对象及其构成因素。

(2) 根据影响分析对象因素之间的内在联系，建立分析模型。

(3) 以判断标准各构成因素确立的模型作为计算基础，按因素顺序以实际指标的各个因素逐次替换判断标准的各个因素。

(4) 将每次替换后所得的结果与前一次的计算结果相比较,两者之差即为某个因素的变动对分析对象差异的影响数。

(5) 综合各个因素影响数之和,即为该分析对象的对比差异数。

3. 因素分析法的应用

例 2:根据某企业甲产品的下列资料(见表 1-34),试分析该产品 2014 年销售利润计划的完成情况,并运用因素分析法计算各有关因素对销售利润的影响数额。

表 1-34 甲产品 2014 年产销情况表

项 目	2014 年计划	2014 年实际
产品销售数量/台	100	80
单位产品售价/元	2 000	2 200
单位产品成本/元	1 500	1 450

首先,确定计划完成情况:

计划利润=100×(2 000−1 500)=50 000(元)

实际利润=80×(2 200−1 450)=60 000(元)

超额完成=60 000−50 000=10 000(元)

该公司甲产品 2014 年销售利润比计划增加了 10 000 元,很显然是由于销量、价格、产品成本共同作用的结果。需进一步采用因素分析法分别测定各因素对销售利润指标的影响数。

然后,根据差异,进行因素分析:

根据此例分析对象的特点,建立相应的分析模型如下:

销售利润=产品销售数量×单位产品售价−产品销售数量×单位产品成本

销售利润=产品销售数量×(单位产品售价−单位产品成本)

分析对象: 60 000−50 000=10 000(元)

(1) 计划数: 100×(2 000−1 500)=50 000(元)

(2) 替换销售量: 80×(2 000−1 500)=40 000(元)

销售量变动影响=40 000−50 000=−10 000(元)

(3) 替换成本: 80×(2 000−1 450)=44 000(元)

成本变动的影响=(1 500−1 450)×80=4 000(元)

(4) 替换价格: 80×(2 200−1 450)=60 000(元)

价格变动影响=60 000−44 000=16 000(元)

合计: −10 000+4 000+16 000=10 000(元)

分析结果表明:该企业销售利润实际比计划增加 10 000 元,其中,在成本单位和价格不变的情况下,销量减少 20 台引起销售利润减少 10 000 元;在实际产量和计划价格的基础上,单位产品成本降低 50 元,由于成本降低使利润增加 4 000 元;在实际产量和实际成本的基础上,销售价格提高 200 元使利润增加 16 000 元。

采用因素分析法，要注意以下几个问题。

(1) 指标构成因素的相关性。

(2) 因素替换顺序的规定性。

(3) 计算程序的连贯性。

(4) 计算结果的假定性。

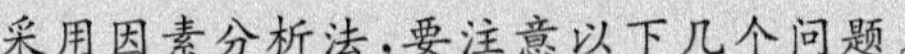

课后练习

一、判断题

1. 一套完整的财务报表至少应当包括资产负债表、利润表、现金流量表和附注。 ( )

2. 在资产负债表中存货跌价准备应作为存货的抵减额在存货项目中列示。 ( )

3. 企业编制财务报表的时候如果没有需要可以不编制报表附注。 ( )

4. "购买商品、接受劳务支付的现金"项目，反映企业本期购买商品、接受劳务实际支付的现金(包括增值税进项税额)，本期支付前期购买商品、接受劳务的未付款项和本期预付款项，不在该项目中反映。 ( )

5. 利润表中"营业税金及附加"项目应根据该科目的本期发生额填列。 ( )

6. 企业以现金支付给职工的工资、奖金、各种津贴和补贴等职工薪酬均应反映在"支付给职工以及为职工支付的现金"项目中。 ( )

7. 企业出售无形资产形成的净损失，应列入利润表的"营业外支出"项目，使得企业的营业利润增加。 ( )

8. 筹资决策的关键是决定各种资金来源在总资金中所占的比重，以使筹资风险和筹资成本相配合。 ( )

9. 将于一年内到期的应付债券，按照规定，应在资产负债表中作为流动负债反映。 ( )

10. 货币资金项目，反映企业库存现金、银行结算户存款、外埠存款、银行汇票存款、银行本票存款、信用证保证金存款等的合计数。本项目应根据"库存现金""银行存款"科目期末余额的合计数填列。 ( )

11. 所有者权益变动表是反映构成所有者权益各组成部分当期增减变动情况的报表。 ( )

12. 发行债券收到的现金属于投资活动产生的现金流量。 ( )

13. 财务报表提供的信息仅对外部的投资者和债权人有用。 ( )

14. 用银行存款偿还应付账款属于筹资活动的现金流出。 ( )

15. 资产负债表中的"无形资产"项目是根据"研发支出"科目中所属的资本化支出明

细科目的期末余额填列的。 （ ）

16. 资产负债表是反映企业在某一特定日期的财务状况的报表。资产负债表主要反映资产、负债和所有者权益三方面的内容，并满足“资产＝负债＋所有者权益”平衡式。 （ ）

17. 资产负债表中的“在建工程”项目应该根据“在建工程”科目的期末余额填列。 （ ）

18. 如果“应交税费”科目期末为借方余额，应在资产负债表“应交税费”项目中以负数列示。 （ ）

19. 企业年末“长期待摊费用”科目的余额为 200 万元，其中将于 1 年内摊销完的为 50 万元，那么资产负债表中的“长期待摊费用”项目的金额为 200 万元。 （ ）

20. 如果固定资产清理科目出现借方余额，应在资产负债表“固定资产清理”项目中以负数填列。 （ ）

二、单项选择题

1. 下列不属于财务报告的是（ ）。

A. 资产负债表　B. 利润表　C. 附注　D. 审计报告

2. 企业收益的主要来源是（ ）。

A. 投资活动　B. 经营活动　C. 筹资活动　D. 投资收益

3. 下列各资产负债表项目中，应根据有关科目余额减去其备抵科目余额后的净额填列的项目是（ ）。

A. 预收款项　B. 应付股利　C. 货币资金　D. 固定资产

4. 资产负债表中资产的排列依据是（ ）。

A. 项目重要性　B. 项目流动性　C. 项目时间性　D. 项目收益性

5. 某企业 2014 年 12 月 31 日固定资产账户余额为 6 000 万元，累计折旧账户余额 1 800 万元，固定资产减值准备账户余额 200 万元，工程物资账户余额 200 万元。该企业 2013 年 12 月 31 日资产负债表“固定资产” 项目的金额应为（ ）万元。

A. 6 400　B. 6 000　C. 4 400　D. 4 000

6.“应收账款”科目明细账中若有贷方余额，应将其记入资产负债表中的（ ）项目。

A. 应收账款　B. 预收款项　C. 预付款项　D. 其他应收款

7. 甲企业采用计划成本法核算材料，2014 年 12 月 31 日结账后有关科目的余额如下：材料采购科目借方余额为 100 万元，原材料科目借方余额为 2 600 万元，周转材料科目借方余额为 200 万元，库存商品科目借方余额为 5 000 万元，发出商品科目借方余额为 300 万元，委托代销商品科目余额为 400 万元，生产成本科目借方余额为 1 000 万元，材料成本差异贷方余额为 600 万元，存货跌价准备贷方余额为 400 万元，受托代销商品科目借方余额为 123 万元，受托代销商品款为 123 万元。则 2013 年 12 月 31 日，甲企业资产负债表中“存货”项目的金额是（ ）万元。

A. 8 600　B. 8 723　C. 7 600　D. 9 800

8. 下列资产负债表项目,需要根据相关总账所属明细账户的期末余额分析填列的是(　　)。

A. 应付账款　　B. 应收票据　　C. 应付票据　　D. 应付职工薪酬

9. 某企业“应付账款”科目月末贷方余额 40 000 元,其中:“应付甲公司账款”明细科目贷方余额 25 000 元,“应付乙公司账款”明细科目贷方余额 25 000 元,“应付丙公司账款”明细科目借方余额 10 000 元;“预付账款”科目月末贷方余额 20 000 元,其中:“预付 A 工厂账款”明细科目贷方余额 40 000 元,“预付 B 工厂账款”明细科目借方余额 20 000 元。该企业月末资产负债表中“预付款项”项目的金额为(　　)元。

A. 20 000　　B. 30 000　　C. −30 000　　D. −10 000

10. 某企业 2014 年 12 月 31 日无形资产账户余额为 500 万元,累计摊销账户余额为 200 万元,无形资产减值准备账户余额为 100 万元。该企业 2014 年 12 月 31 日资产负债表中“无形资产”项目的金额为(　　)万元。

A. 500　　B. 300　　C. 400　　D. 200

11. 在下列各项税金中,可以在利润表的“营业税金及附加”项目反映的是(　　)。

A. 土地使用税　　B. 营业税　　C. 增值税　　D. 房产税

12. 编制利润表的主要依据是(　　)。

A. 资产、负债及所有者权益各账户的本期发生额

B. 资产、负债及所有者权益各账户的期末余额

C. 损益类各账户的本期发生额

D. 损益类各账户的期末余额

13. 某企业 2014 年 11 月主营业务收入贷方发生额为 700 万元,借方发生额为 50 万元,主营业务成本为 300 万元,发生现金折扣 50 万元,管理费用为 60 万元,资产减值损失为 50 万元,公允价值变动损失为 25 万元,投资收益为 15 万元。假定不考虑其他因素,该企业当月的营业利润为(　　)万元。

A. 280　　B. 230　　C. 150　　D. 180

14. 某企业 2014 年实际支付工资 50 万元,各种奖金 5 万元,其中经营人员工资 40 万元,奖金 3 万元;在建工程人员工资 10 万元,奖金 2 万元。则该企业 2013 年现金流量表中“支付给职工以及为职工支付的现金”项目的金额为(　　)万元。

A. 43　　B. 38　　C. 50　　D. 55

15. 支付的在建工程人员的薪酬属于(　　)产生的现金流量。

A. 投资活动　　B. 不属于现金流量表中的内容

C. 筹资活动　　D. 经营活动

16. 下列经济业务所产生的现金流量中,属于“经营活动产生的现金流量”的是(　　)。

A. 变卖固定资产所产生的现金流量

B. 偿还债务所产生的现金流量

C. 支付经营租赁费用所产生的现金流量

D. 取得债券利息收入所产生的现金流量

17. 下列各项中,会引起现金流量净额发生变动的是(　　)。

A. 从银行提取现金　　B. 生产领用原材料

C. 以银行存款偿还应付账款　　D. 用设备抵偿债务

18. A公司2014年购买商品支付500万元（含增值税），支付2013年接受劳务的未付款项50万元，2014年发生的购货退回15万元，假设不考虑其他条件，A公司2014年现金流量表“购买商品、接受劳务支付的现金”项目中应填列（　　）万元。

A. 535　　B. 465　　C. 435　　D. 500

19. B企业于2014年12月31日分别借入两年期150 000元借款，五年期480 000元借款。两项借款均为单利计算利息，分次付息，到期还本，年利率为6%。该企业在2015年度资产负债表中，“长期借款”项目应为（　　）元。

A. 630 000　　B. 508 800　　C. 667 800　　D. 480 000

20. 下列各项中，不影响企业营业利润的是（　　）。

A. 营业外支出　B. 财务费用　　C. 资产减值损失　D. 公允价值变动损益

三、多项选择题

1. 下列交易和事项中，不影响当期经营活动产生的现金流量的有（　　）。

A. 用产成品偿还短期借款　　B. 支付管理人员薪酬

C. 收到被投资单位分配的利润　　D. 支付各项税费

2. 下列交易或事项中，属于投资活动产生的现金流量的有（　　）。

A. 为购建固定资产支付的耕地占用税

B. 为购建固定资产支付的已经资本化的利息费用

C. 火灾造成的固定资产的损失收到的保险赔款

D. 最后一次支付分期付款购买固定资产的价款

3. 下列选项中，应在“分配股利、利润或偿付利息支付的现金”项目中反映的有（　　）。

A. 企业实际支付的现金股利

B. 支付给其他投资单位的利润

C. 支付用于生产经营借款的利息

D. 为构建固定资产支付的专门借款利息

4. 不涉及现金收支的投资和筹资活动的项目有（　　）。

A. 发放股票股利

B. 公司发行的债券计提的利息

C. 用固定资产对外投资

D. 以现金偿还长期借款

5. 下列项目中，上市公司应在其财务报表附注中披露的有（　　）。

A. 重要会计政策和会计估计

B. 报表重要项目的说明

C. 与关联方交易的定价政策规定

D. 企业的业务性质和主要经营活动

6. 下列项目中，会影响企业利润表中“营业利润”项目填列金额的有（　　）。

A. 对外投资取得的投资收益

B. 出租无形资产取得的租金收入

C. 计提固定资产减值准备

D. 缴纳所得税

7. 下列资产减值准备相关科目余额中，不在资产负债表上单独列示的有（　　）。

A. 长期股权投资减值准备

B. 存货跌价准备

C. 坏账准备

D. 固定资产减值准备

8. 下列各项交易或事项所产生的现金流量中，不属于现金流量表中"投资活动产生的现金流量"的是（　　）。

A. 融资租入固定资产支付的租赁费

B. 为构建固定资产支付的专门借款利息

C. 企业以融资租入方式购建固定资产各期支付的现金

D. 因固定资产毁损而收取的保险公司赔偿款

9. 资产负债表的数据来源，可以通过以下什么方式获得？（　　）

A. 根据几个总账科目的余额合计获得

B. 根据有关科目的余额减去其备抵科目余额后的净额获得

C. 根据明细科目的余额分析获得

D. 直接从总账科目的余额获得

10. 企业对外报送的财务报表主表包括（　　）。

A. 资产负债表　　B. 利润表

C. 利润分配表　　D. 现金流量表

E. 所有者权益变动表　　F. 附注

11. 大明企业 2014 年发生的营业收入为 2 000 万元，营业成本为 1 200 万元，销售费用为 40 万元，管理费用为 100 万元，财务费用为 20 万元，投资收益为 80 万元，资产减值损失为 140 万元（损失），公允价值变动损益为 160 万元（收益），营业外收入为 50 万元，营业外支出为 30 万元。该企业 2014 年的营业利润和利润总额分别为（　　）万元。

A. 660　　B. 740　　C. 640　　D. 760

12. A 企业 2014 年年初未分配利润为借方余额 50 万元（该未弥补亏损已经超过 5 年），本年度实现净利润 200 万元，分别按 10%和 5%提取法定盈余公积和任意盈余公积。假定不考虑其他因素，A 企业 2014 年年末未分配利润的贷方余额不应为（　　）万元。

A. 127.5　　B. 212.5　　C. 220　　D. 250

13. 下列各项中，影响工业企业营业利润的有（　　）。

A. 计提的工会经费　　B. 发生的业务招待费

C. 收到退回的所得税　　D. 处置投资取得的净收益

14. 下列各项中，属于筹资活动产生的现金流量的有（　　）。

A. 支付的现金股利　　B. 取得短期借款

C. 增发股票收到的现金　　D. 偿还公司债券支付的现金

15. 现金流量表中现金所包括的范围是（　　）。

A. 库存现金　　B. 银行存款

C. 发行的三个月期的债券　　D. 发行股票

E. 其他货币资金

16. 下列各项中，在资产负债表中的“货币资金”项目中反映的有（　　）。

A. 库存现金　　B. 银行结算户存款

C. 信用卡存款　　D. 外埠存款

17. 下列各项中，应在资产负债表“预收款项”项目列示的有（　　）。

A.“预收账款”科目所属明细科目的贷方余额

B.“应收账款”科目所属明细科目的贷方余额

C.“应付账款”科目所属明细科目的借方余额

D.“预收账款”总账科目贷方余额

18. 下列各项中，不会引起现金流量总额变动的项目有（　　）。

A. 将现金存入银行

B. 用银行存款购买 1 个月到期的债券

C. 用固定资产抵偿债务

D. 用银行存款清偿 20 万元的债务

19. 下列会计科目中，期末余额反映在固定资产项目中的有（　　）。

A. 在建工程　　B. 工程物资

C. 固定资产减值准备　　D. 累计折旧

四、案例分析

（一）单项练习

1. 练习资产负债表中“货币资金”和“固定资产”项目的填制。

资料：光明公司某年 8 月份有关账户余额如表 1-35 所示。

表 1-35　账户余额表　　金额单位：元

科 目 名 称	期末借方余额	期末贷方余额
库存现金	5 200	
银行存款	532 800	
其他货币资金	61 000	
固定资产	360 800	
累计折旧		73 000
固定资产减值准备		5 800

要求：计算填列光明公司资产负债表中“货币资金”和“固定资产”。

2. 练习资产负债表中"应收账款"项目的填制。

资料:光明公司某年3月31日有关账户的余额,如表1-36所示。

表1-36 账户余额表 金额单位:元

月 份	科目名称	期末借方余额	期末贷方余额
3月	应收账款——甲	15 230	
	应收账款——乙		10 000
	预收账款——A	20 000	
	预收账款——B		30 000
	坏账准备	2 031	

要求:计算填列光明公司某年3月份资产负债表资产方"应收账款"项目的金额。

3. 练习资产负债表中"存货""长期借款"和"未分配利润"项目的填制。

资料:光明公司某年8月末有关账户的期末余额如表1-37所示。

表1-37 账户余额表 金额单位:元

科目名称	期末借方余额	期末贷方余额
原材料	55 240	
生产成本	22 350	
库存商品	50 380	
长期借款		280 000
其中:一年内到期的长期借款		60 000
本年利润		31 750
利润分配		8 000

要求:计算填制光明公司资产负债表中"存货""长期借款"和"未分配利润"3个项目的金额。

4. 练习资产负债表中"应收账款""预付账款""应付账款"和"预收账款"4个项目的填制。

资料:光明公司某年8月份有关账户的期末余额如表1-38所示。

表1-38 账户余额表 金额单位:元

科目名称	总账余额	明细账借方余额	明细账贷方余额
应收账款	11 040(借方)		
——A单位		12 340	
——B单位		6 000	
——C工厂			7 300
应付账款	10 200(贷方)		
——甲公司			15 600
——乙公司			3 800
——丙企业		1 200	
——丁企业		8 000	

要求:计算填制该公司8月末资产负债表中"应收账款"、"预付款项"、"应付账款"和"预收款项"4个项目的金额。

(二) 综合练习

练习一

1. 目的:练习资产负债表的编制。

2. 资料:光明公司2014年8月份有关账户资料如表1-39所示。

表1-39 总账期末余额表

2014年8月31日 金额单位:元

账 户 名 称	借方余额	贷方余额
库存现金	2 700	
银行存款	200 700	
应收账款	49 210	
其他应收款	3 000	
原材料	150 000	
库存商品	90 000	
生产成本	31 050	
长期待摊费用	9 200	
持有至到期投资	74 000	
其中:一年内到期的长期债券投资	7 000	
固定资产	3 100 000	
累计折旧		854 000
短期借款		600 000
应付账款		90 200
其他应付款		12 000
应交税费		10 000
应付利息		15 400
实收资本		1 000 000
盈余公积		430 000
资本公积		90 000
本年利润		838 260
利润分配	230 000	
合 计	3 939 860	3 939 860

3. 要求:根据资料编制光明公司2014年8月份的资产负债表。

练习二

1. 目的:练习利润表的编制。

2. 资料:光明公司2014年8月份有关利润表资料如表1-40所示。

表 1-40　损益类账户发生额表　　　　金额单位:元

账户名称	结转"本年利润"数额	
	借方	贷方
主营业务收入	506 000	
主营业务成本		283 000
销售费用		16 000
营业税金及附加		36 000
其他业务收入	20 000	
其他业务成本		15 000
管理费用		45 000
财务费用		18 000
营业外收入	61 000	
营业外支出		45 000
投资收益	18 000	
所得税费用		21 000

3. 要求:根据资料编制光明公司 2014 年 8 月份的利润表。

项目 2
Xiangmu 2

资产负债表的阅读与分析

技能目标

会独立阅读资产负债表，能运用所学的分析方法，解读资产负债表中对决策有用的信息。

知识目标

熟悉资产负债表的内容和结构，掌握资产负债表编制方法，掌握资产负债表阅读与分析中运用的分析方法，能够计算各种比率，进而分析各报表项目变化的情况，能够根据报表信息分析变动的趋势，整理出有关各方需要的信息。

案例导入

亿万“富”翁现形记

2003 年，年仅 29 岁的周益明凭借 10 亿元身价，名列福布斯富豪榜百名之位，3 年后，此人却因合同诈骗罪被判处无期徒刑。他是如何发家的，又是如何坠入犯罪深渊的呢？

周益明的深圳明伦集团，总资产 27 亿元，收购四川明星电力股份的 3.8 亿元都是现金支付，福布斯富豪榜中最年轻的富豪，身价 10 亿元，这一系列的数字，都显示着周益明的实力，可是为什么区区 5 000 万元都拿不出来呢？周益明究竟有没有实力，挪用四川明星电力的资金又到哪里去了？一时间，一个个谜团呈现在四川警方专案组面前。

警方发现，在周益明的深圳明伦集团中，除了明伦电脑公司拥有自己的业务和办公场所外，其他公司几乎都是空壳，而且整个深圳明伦集团又处在资不抵债的负资产状态中，那么当初他又是怎样在工商管理部门注册，并且拥有 3 亿元注册资本的呢？

周益明：很简单，就是我们在注册的时候，可以用银行的贷款。不用贷 3 个亿，你贷 5 000 万元，我注册好了，我 5 000 万元转走了吧，同样这个 5 000 万元我再去注册另一个公司，不就变成一个亿了，再去注册一个公司那就一亿五千万了。

记者：但是你一下子哪来那么多公司呢？

周益明：这个很简单，公司的获得有两种渠道，一种渠道是可以自己直接去验资注册；还有更简单的渠道，比如原来注册好的（公司）注册资本 100 万元，直接把注册资本增加到 5 000 万元。

记者：这些公司是空壳的。

周益明：说是空壳比较通俗一点儿，其实就是无资产，还有无资金，就是一个正负零的公司。

记者：这就是明伦集团，一个自称 27 亿元总资产的公司总部，看上去五脏俱全，从董事会、行政部门到生产厂房，但是在这儿生产的光电产品每年亏损 400 万元，而集团的其他子公司是花几十万元买来的空壳公司，2003 年明伦集团净资产是负数，也就是说当他们准备收购四川明星电力的时候，明伦除了负债一无所有。有的只是一份虚假的会计报告，就让深圳明伦集团成功收购了四川明星电力的股份。

启示

把一个资不抵债的公司，通过银行贷款、反复倒账、购买小公司等一系列运作，做成一个注册资本 3 亿元的集团公司，再把一个虚假注册的空壳集团，通过会计师事务所，包装成一个资产 27 亿元、净资产 12 亿元的颇具实力的大集团公司，这其中无论哪一个环节认真执法或按照法律要求履行职责，都不会出现如上惨痛的事件，作为各级各类财务报表的使用者，必须清醒地阅读、准确地分析相关报表资料，以期做出合理的决策。

任务 2.1 资产负债表的阅读

资产负债表的项目包括资产、负债、所有者权益三大类。对于资产负债表的阅读，我们也从 3 个方面展开。

2.1.1 资产类项目的阅读

按照资产负债表的结构，资产类项目按照流动性由强到弱的顺序进行依次排列，对于资产类项目的阅读，我们按照资产负债表的排列顺序依次阅读。

1. 流动资产类项目的阅读

（1）货币资金项目的阅读

“货币资金”项目由库存现金、银行存款、其他货币资金三部分构成，我们在阅读资产负债表时，其正表只提供了三者的和，而欲知每一个项目必须通过阅读资产负债表的附

注,才可知晓库存现金、银行存款、其他货币资金各自具体的数额。同时,在阅读时,注意报表中为我们提供了比较资料,对于一张年度资产负债表而言,提供了年初(即上年年末)和年末(本报告年度的年末)资料,通过比较年初与年末资料,可以知道报告年度报告企业的货币资金是增加了,还是减少了。若是增加了,对于债权人来说可能是好消息,意味着其债权收回有保障;对于投资者来说,可能会认为经营者目前是否未找到合适的投资项目,否则为何保有如此充足的现金流呢?但这些判断也只能是表面的、肤浅的,其真正的含义还需要借助相应的分析方法,进行深入细致的分析,才可以最终下结论。

以我们选用的星辉股份有限公司 2014 年资产负债表为例,资产负债表见表 1-3。

让我们来简单阅读一下该公司的货币资金项目。该公司 2014 年年初货币资金项目金额是 23 436 512.51 元,年末是 124 006 031.75 元,年度净增加 100 569 519.24 元,增加了一个亿之多的货币资金,从表面看,似乎是好事,但究竟如何,我们必须通过进一步的分析,才能得出结论。

(2) 以公允价值计量且其变动计入当期损益的金融资产项目的阅读

"以公允价值计量且其变动计入当期损益的金融资产"项目以公允价值计量,而且其价值变动产生的损溢亦应记入该项目,它反映的是企业持有的准备随时变现的有价证券的投资情况,通过阅读该项目可以知晓报告企业的流动资金的投向,能够部分反映该企业的短期变现能力,进而可以分析企业短期偿债能力。当然,我们也要通过对比年初与年末的数据变动,进而做出准确的分析和判断。星辉股份有限公司资产负债表中以公允价值计量且其变动计入当期损益的金融资产年初和年末数均为零,说明企业尚无该类投资。

(3) 应收票据项目的阅读

"应收票据"项目是根据该账户和坏账准备账户合并填制的,它反映的是报告企业持有的应收商业汇票的账面价值,而非面值。该项目的增加意味着企业短期的债权增加,其原因可能是赊销产生的应收债权,它表明企业已经确认了收入,但却未真正增加收益。它的增加,会降低资金周转速度。它的减少,其一可能是应收资金收回;其二可能是到期转账增加了应收账款;其三可能是办理了银行贴现业务。三种情况中若是第一、三种可能表明企业资金已经回笼,但第三种可能还要结合资产负债表附注部分进一步分析,是否实质上转移了所有权抑或是具有连带还款义务,若是实质上转移了所有权,则表明企业的资金收回;若是仍具有连带还款义务,则表明企业的该笔资金仍处于悬而未决的境遇;若是第二种可能则意味着资金仍未收回。此项目增加或减少是利好消息还是不利消息,还需通过进一步的报表分析来实现。仍以星辉股份有限公司来看,报告年度该企业应收票据由余额为 0 突然增加了4 000 000元之多,很可能是大量赊销的结果,具体情况还需进一步的分析和判断。

(4) 应收账款项目的阅读

"应收账款"项目也是企业的一项债权,该项目是源于企业采取赊销而形成的。它的增加意味着销售收入的增加,但货币资金并未增加,而且大量的应收债权很可能成为企业资金流转的障碍;它的减少通常是债权的收回,货币资金实现回笼,但也可能是发生坏账或抵偿其他债务。总之,该项目金额不宜过大。由星辉股份有限公司 2014 年度资产负债表资料显示应收账款由年初的 88 686 681.76 元,变为年末的 122 254 586.11 元,净增加

33 567 904.35元，这也应是企业大量赊销的结果，如果该企业不研究债权回收的措施，很可能导致资金流转困难。

(5) 预付款项项目的阅读

“预付款项”项目是企业的债权，它主要产生于企业先付款后购货的采购业务，这个项目的增减变动一般不会很大，反映的内容可能是所需货物属稀缺或紧俏商品等，对于整个企业的总资产而言，一般不会产生太大的影响。星辉股份有限公司在报告年度预付款项由年初的 38 714 700.45 元，减少到 30 460 751.81 元，减少了 8 253 948.64 元。一般认为是好的信息，因为债权的减少即意味着资金的回笼，实质问题需待进一步分析才可做出判断。

(6) 应收利息项目的阅读

“应收利息”项目反映的是企业对外投资购买债券等业务中应收而未收的利息，此项目不宜过多，过多就意味着企业虚增利息收入，一般而言少比多好。星辉股份有限公司无此项目。

(7) 应收股利项目的阅读

“应收股利”项目反映企业应收取的现金股利和应收取其他单位分配的利润。此项目的数额大，则表明被投资单位的利润较为丰厚，且现金充足，对投资者的回报率较高。本公司无此项目，说明被投资单位本年度未向该公司分配现金股利或利润。

(8) 其他应收款项目的阅读

“其他应收款”项目为企业的短期债权，反映的是企业应收或暂付的除应收账款、应收票据、预付款项等之外的应收款项，一般金额不大，变化亦不会很大。星辉股份有限公司此项目由年初的 4 596 432.16 元变为年末的 4 264 800.52 元，应属正常变化。

(9) 存货项目的阅读

“存货”项目为企业的流动资产，为实物资产，不宜过多，过多即意味着企业的存货可能滞销或者积压，资金不能迅速回笼，影响企业正常经营，长期维持此种情况，企业经营会出现问题，必须考虑转产或停产，因此，存货增加一般来说不是好消息，但小幅度变动影响不大，出现波动也属正常。星辉股份有限公司的存货项目由年初的 85 244 074.38 元，增加到年末的 133 372 898.66 元，净增 48 128 824.28 元，这种情况一般来说对企业是不利的，但也需要具体问题具体分析。

(10) 一年内到期的非流动资产项目的阅读

“一年内到期的非流动资产”项目一般为企业的对外长期债权投资(即持有至到期投资、可供出售金融资产等)将于一年内到期收回。此项目的阅读一般应结合非流动资产中的金融资产之持有至到期投资或可供出售金融资产共同阅读，可以分析企业的投资资金的投向及回笼情况。星辉股份有限公司无此项目。

(11) 其他流动资产项目的阅读

“其他流动资产”项目反映企业除以上流动资产项目外的其他流动资产。星辉股份有限公司本年度末无此项目。

(12) 流动资产合计项目的阅读

“流动资产合计”项目是前面各项的合计数，它的增减变动反映的是各流动资产项目

综合变动的结果。通过阅读此项目可以总体了解流动资产的规模及在总资产中的比率，总括地认识流动资产在报告企业中的地位。星辉股份有限公司此项目由年初的240 678 401.26元增加到年末的418 359 068.85元，增加了177 680 667.59元，这是企业的经营成果带来的资产增加，是好事，但最终的结论还需通过进一步分析得出。

2. 非流动资产项目的阅读

（1）可供出售金融资产项目的阅读

"可供出售金融资产"项目反映的是企业对外金融资产投资中划分为可供出售金融资产的部分，它是介于持有至到期投资和交易性金融资产之间的债券投资或是不准备长期持有但又准备近期出售的股票或基金等有公允报价的有价证券投资而未划分为交易性金融资产的那一部分，它是企业的对外长期性投资资金，能够提高企业长期偿债能力。星辉股份有限公司本报告年度无此项目。

（2）持有至到期投资项目的阅读

"持有至到期投资"项目反映企业在对外投资活动中所购入的到期日固定、回收金额固定或可确定，有明确的意图和能力持有至到期的长期债券。星辉股份有限公司本年度末无此项目。

（3）长期应收款项目的阅读

"长期应收款"项目反映企业的长期应收款项，包括融资租赁产生的应收款项、采用分期收款具有融资性质的销售商品和提供劳务等业务中产生的应收款项。长期应收款项目是企业的一项长期债权，在资产负债表中列示的是其账面价值，即扣除了坏账准备后的净额。这个项目不宜过多，过多则影响企业的资金流转。星辉股份有限公司本报告年度无此项目。

（4）长期股权投资项目的阅读

"长期股权投资"项目反映企业对外进行长期股权投资的账面价值，即对外的长期股权投资资金的变现能力。本项目反映企业对外进行长期投资的资金实力，对外投资多，说明企业资金充足；但若企业对外投资过多，可能意味着自身发展潜力的缺乏，这种情况不能一概而论。星辉股份有限公司的长期股权投资项目由年初的1 000 000.00元，增加到年末的19 600 000.00元，净增加18 600 000.00元，可能是企业的资本政策改变的结果。至于是否合理，需进一步分析才能得出结论。

（5）投资性房地产项目的阅读

"投资性房地产"项目核算的是企业持有的以投资为目的的房地产的账面价值，反映的是企业经营房地产业务的投资资金的流向，非主营房地产业务的企业如果将过多的资金投向房地产业务，在房地产行业景气的经营形势下可以获得超额回报；但若遇房地产业务经营不景气的情形，会使投资资金长期套牢，进而会导致企业资金周转困难、甚至可能陷入困境而不能脱身。因此，此项投资须谨慎。星辉股份有限公司本报告年度资产负债表资料中无投资性房地产项目。

（6）固定资产项目的阅读

"固定资产"项目核算的是企业拥有的厂房、机器、设备等可供企业长期使用的实物资产，资产负债表中列示的此项目反映的是固定资产的账面价值，即固定资产的账面余额与累计折旧、固定资产减值准备的差，反映企业固定资产的现实价值即现值。固定资产项目的增加或减少的变动是否合理，需根据企业的实际情况，结合未来的发展趋势做出合理的分析与判断。增加可能是企业欲扩大经营规模，减少可能是企业欲减小规模、缩减经营、可能转产或是其他情况。小幅变动亦属正常情况，切不能妄加评论。星辉股份有限公司资产负债表中显示固定资产由年初的 89 871 411.34 元，增加到年末的 150 780 119.53 元，净增加 60 908 708.19 元，可能是看好企业的产品销售前景，企业意欲扩大投资规模，进而增加固定资产资金的投入。具体情况还需结合利润表做出进一步的分析和判断。

（7）在建工程项目的阅读

"在建工程"项目核算的是企业基建、更新改造等在建工程发生的支出，在资产负债表中列示的是它的账面价值，即在建工程扣除在建工程减值准备后的净额。该项目反映的是企业各项基础设施建设的资金的现实价值。此项目变动大小不能以金额来衡量，因为每一项基础设施的建设涉及的资金都不是小数目。只要合理规划，变动大小或多少不是关键。星辉股份有限公司资产负债表中提供资料显示在建工程项目由年初的 2 519 095.54 元增加到年末的 5 242 208.91 元，净增加 2 723 113.37 元，翻了一番之多，这种变化可能与企业加大投资规模直接相关，因为该企业固定资产也是大大增加，具体情况仍需进一步分析才可得出结论。

（8）工程物资项目的阅读

"工程物资"项目核算的是企业为在建工程准备的各种物资的成本，应结合在建工程项目阅读和分析。星辉股份有限公司本报告年度无此项目。

（9）固定资产清理项目的阅读

"固定资产清理"项目核算的是企业因出售、报废、毁损、对外投资、非货币性资产交换、债务重组等原因转出的固定资产价值以及在清理过程中发生的清理费用等，应结合企业固定资产的使用情况及清理需要进行阅读，本项目可能是借方余额，可能是贷方余额，具体情况也需结合企业的实际情况和发展需要进一步分析和判断。星辉股份有限公司本报告年度无此项目。

（10）生产性生物资产项目的阅读

"生产性生物资产"项目核算的是企业尤其是农业企业持有的生产性生物资产的价值，在资产负债表中列示的是其账面价值，即账面余额与减值准备或累计折旧的差。为农业企业或经营农业业务的企业核算使用。为其固定资产或存货资产，具体根据实际情况而定。星辉股份有限公司本报告年度不涉及此项目。

（11）油气资产项目的阅读

"油气资产"项目核算的是企业主要是石油天然气开采企业持有的矿区权益和油气井及相关设施的价值，在资产负债表中本项目列示的是其账面价值，即油气资产与累计折耗、减值准备的差。油气资产是油气开发企业特有的资产项目，本书不涉及此项目。

（12）无形资产项目的阅读

"无形资产"项目核算的是企业持有的专利权、非专利技术、商标权、著作权、土地所有权等无形资产的成本。在资产负债表中以其账面价值列示，即无形资产的账面余额扣除

累计摊销和无形资产减值准备账户的账面余额的差额，对于高新技术企业而言，此项目一般金额较大。星辉股份有限公司的资产负债表显示无形资产在报告年度发生了较大变化，由年初的 8 120 137.61 元增加到年末的 46 528 999.27 元，净增加 38 408 861.66 元，显示了该公司属于高新技术企业的实力和发展的强劲势头，为利好消息。对于非高新技术企业而言，本项目不宜过多。对此，《公司法》也有明确规定。阅读时，应区分报告企业具体问题具体分析。若是土地使用权这类无形资产的投资，则不在国家法律的限制之列。

（13）开发支出项目的阅读

“开发支出”项目核算的是自行开发的无形资产能够予以资本化的部分，但尚未达到预定可使用或可销售状态的支出。这一项目是企业自主研发实力的证明，也是企业进行自主创新的写照。

（14）商誉项目的阅读

“商誉”项目反映企业合并中形成的商誉的价值。在资产负债表中以其账面价值列示，即商誉账面余额与商誉减值准备之差。本项目只有发生过合并业务的企业才会填制，阅读时结合合并业务的补充说明进行效果会更好。

（15）长期待摊费用项目的阅读

“长期待摊费用”项目核算的是企业已经发生但应由本期或以后各期负担的分摊期限在一年以上的各项费用，如以经营租赁方式租入的固定资产的改良支出等。本项目应注意结合相关业务比如经营租入固定资产的改良业务等阅读会更明了。

（16）递延所得税资产项目的阅读

“递延所得税资产”项目核算的是企业确认的可抵扣暂时性差异产生的递延所得税资产，为新公布的《企业会计准则第 18 号——所得税准则》新增科目，企业确认递延所得税资产应当以未来期间很可能取得用以抵扣可抵扣暂时性差异的应纳税所得额为限。企业在确定未来期间很可能取得的应纳税所得额时，应当包括未来期间正常经营活动实现的应纳税所得额，以及在可抵扣暂时性差异转回期间因应纳税暂时性差异的转回而增加的应纳税所得额，并应提供相关证据。阅读这一项目时应在领会新所得税准则的基础上结合报告企业具体情况做出判断。

（17）其他非流动资产项目的阅读

“其他非流动资产”项目核算的是企业持有的经国家批准的特准储备物资或涉及诉讼的财产、银行冻结的财产等资产。一般企业一般情况下无此项目，阅读时应具体问题具体分析。

（18）非流动资产合计项目的阅读

“非流动资产合计”项目反映的是企业所有非流动资产的总和，它的增减变动反映的是各项非流动资产合计项目综合变动的结果。通过阅读此项目可以总体了解非流动资产的规模及在总资产中的比率，总括地认识非流动资产在报告企业中的地位。星辉股份有限公司的资产负债表显示 2014 年非流动资产合计由年初的 103 070 090.30 元，增加到年末的 225 221 389.54 元，净增加 122 151 299.24 元，翻了一番还多。说明企业长期资金的占用规模显著提高，企业的经营规模急速扩大。

2.1.2 负债类项目的阅读

1. 流动负债项目的阅读

(1) 短期借款项目的阅读

"短期借款"项目核算的是企业向银行或其他金融机构等借入的期限在一年以下(含一年)的各种借款。资产负债表中此项目反映的是企业需要近期偿还的与金融机构的负债，也是需要付出利息代价的负债。阅读此项目可以知晓报告企业的金融负债，为金融企业发放贷款提供必要的信息。星辉股份有限公司资产负债表显示 2014 年该项目由年初的 43 196 019.80 元，减少到年末的 21 161 698.02 元，减少了 22 034 221.78 元，说明企业流动资金充足，近期偿还借款较多，这是利好消息。

(2) 以公允价值计量且其变动计入当期损益的金融负债项目的阅读

"以公允价值计量且其变动计入当期损益的金融负债"项目核算企业承担的交易性金融负债的公允价值，企业持有的直接指定为以公允价值计量且其变动计入当期损益的金融负债也在此项目核算。如企业发行的准备近期收回或回购的短期债券等，它也是企业的一种金融负债，一般需要支付利息，但与短期借款的区别是其计价是公允价值，短期借款是按面值计价，阅读时注意即可。星辉股份有限公司本报告年度无此项目。

(3) 应付票据项目的阅读

"应付票据"项目反映的是企业购买材料、商品和接受劳务供应等开出、承兑的商业汇票，包括商业承兑汇票和银行承兑汇票。一般不带息，此项目反映的是商业汇票的面值，若为带息票据，则利息通过应付利息项目反映。因为商业汇票最长期限为六个月，一旦超过六个月未支付，则应转入应付账款项目，所以这一项目在阅读时，应同时关注应付账款项目的变化，其中就可能有由应付票据结转而增加的。星辉股份有限公司资产负债表显示 2014 年应付票据由年初的 59 678 601.17 元，增加到年末的 88 007 638.80 元，增加了 28 329 037.63 元，一般而言为正常变化，具体情况仍需进一步分析探讨。

(4) 应付账款项目的阅读

"应付账款"项目核算企业因购买材料、商品和接受劳务供应等经营活动应支付的价、税等款项。为企业的不带息流动负债，是一种信用负债，过多则可能导致短期偿债风险或可能影响企业的信誉，阅读时关注其变动不宜过大，多少应依企业的采购规模等具体情况决定。星辉股份有限公司资产负债表显示 2014 年应付账款由年初的 79 894 849.41 元，增加到年末的 113 190 014.68 元，增加了 33 295 165.27 元，说明该公司本年度赊购规模有所扩大，但还需结合其他资料进一步分析增加的债务是否在企业合理偿债能力内。该项目金额是否合理还有待进一步分析。

(5) 预收款项项目的阅读

"预收款项"这一项目核算的是企业按照合同预收的购货等款项，一般是在销售过程中因企业经营的商品或物资短缺、畅销等而预先收取购货款，后发货的销售行为。因此，其偿还需通过提供商品、货物或劳务来实现，此项目不宜过多，过多可能使企业商品供应

不到位等,长期发展可能会影响企业的信誉。但仍需具体问题具体分析,阅读时比较多期数据和相关资料,运用财务分析方法进行科学而合理的分析判断。星辉股份有限公司资产负债表显示 2014 年预收款项由年初的 5 243 722.03 元,增加到年末的 9 417 196.00 元,增加了 4 173 473.97 元,一般而言为正常变化,说明该公司本年度销售态势良好,但应注意是否与企业的生产能力相匹配。

(6) 应付职工薪酬项目的阅读

"应付职工薪酬"项目核算的是企业根据有关规定应付给职工的各种薪酬,包括工资、职工福利、社会保险费、住房公积金、工会经费、职工教育经费、非货币性福利、辞退福利、股份支付等内容。应付职工薪酬属于企业的经营活动中的日常负债,一般各月变动不大。阅读时年末与年初比较若发生较大变动,则应注意是否企业有拖欠工资之嫌。星辉股份有限公司 2014 年资产负债表显示报告企业应付职工薪酬项目由年初的 9 986 680.23 元,降低到年末的 5 018 021.74 元,应是正常情况。如果提高,且提高过多则应引起注意。

(7) 应交税费项目的阅读

"应交税费"项目核算的是企业按照税法等规定计算应交纳的各种税费,包括增值税、消费税、营业税、所得税、资源税、土地增值税、城市维护建设税、房产税、土地使用税、车船使用税、教育费附加等税费。企业代扣的个人所得税也在此列报。这项负债也是企业正常经营产生的负债,增减变动属正常现象,增加可能是销售收入的增加所致,减少也与销售的减少等有关,具体还需结合利润表及相关附表进一步分析才能知晓。星辉股份有限公司2014 年资产负债表显示应交税费项目由年初的－7 048 039.69 元,变为年末的－12 181 159.21 元。所给数据为负数,说明企业无应交而未交的税费,而是多交了税费,说明企业预缴的多,而实际应交的少,根据财务报表附注资料表明,应交税费期末数较期初数下降 72.83%,主要系公司本期国产设备抵免企业所得税 7 263 851.08 元以及本期结转至下期继续抵扣的增值税进项税额增加 2 559 230.22 元所致。

(8) 应付利息项目的阅读

"应付利息"项目核算的是企业按照合同规定应支付的利息,包括吸收存款、分期付息到期还本的长期借款、企业债券等应支付的利息。作为一般企业而言,主要是长期借款和应付债券两项负债需要分期支付的利息,是企业借债的代价即筹资费用,一般变动不大。星辉股份有限公司 2014 年资产负债表显示应付利息项目由年初的 77 045.61 元,变为年末的 41 930.11 元,变动很小,为正常变动。

(9) 应付股利项目的阅读

"应付股利"项目反映企业应支付给投资者的现金股利和应支付给其他单位的利润。此项目的数额大,则表明本公司的利润较为丰厚,且现金充足,对投资者的回报率较高。本公司本年度未向投资者分配现金股利或利润。

(10) 其他应付款项目的阅读

"其他应付款"项目核算的是企业除应付票据、应付账款、预收账款、应付职工薪酬、应交税费、应付利息、长期应付款等以外的其他各项暂收或应付的款项。典型的比如收取押金这种情况,就属于其他应付款项目核算内容。本项目阅读时主要关注是否有异常变动,如变化不大,是正常现象。星辉股份有限公司 2014 年资产负债表显示其他应付款项目由年初的 3 000 000.30 元，变为年末的 5 073 992.41 元，对于该企业而言，变化不大，但也应进一步分析变化的原因。

(11) 一年内到期的非流动负债项目的阅读

"一年内到期的非流动负债"项目反映的是企业的非流动负债距到期日还有不到一年(含一年)，如长期借款还有不到一年到期等，这一项目提醒报表使用者注意近期需要偿还这些债务。星辉股份有限公司 2014 年资产负债表显示年初此项目为 14 024 640.00 元，年末为 0，说明报告企业非流动负债无近期到期的情况，而年初的部分年末已到期归还，所以无余额。

(12) 其他流动负债项目的阅读

"其他流动负债"项目反映的是企业除上述流动负债之外的流动负债，一般企业无此项目。

(13) 流动负债合计项目的阅读

"流动负债合计"项目反映的是企业流动负债的整体水平，通过阅读这一项目，可以总体把握企业的短期负债水平，对经营者而言，应及时调配资金，以及时还债；对债权人而言，可以衡量债务企业的短期还款能力，进而确定放债的规模；对股东而言，可以进一步了解企业的现金流量，进而做出投资决策。星辉股份有限公司 2014 年资产负债表显示该项目由年初的 208 053 518.86 元，变为年末的 229 729 332.55 元，净增加 21 675 813.69 元，说明随着企业本年度产销规模的逐渐扩大，流动负债呈现较为正常的增长趋势。

2. 非流动负债项目的阅读

(1) 长期借款项目的阅读

"长期借款"项目核算的是企业向银行或其他金融机构借入的期限在一年以上(不含一年)的各项借款，本项目只反映截至报告期末偿还期限超过一年的金融机构借款，至报告期末止偿还期限在一年以下(含一年)的借款已在流动负债中列示了，即本项目仅仅反映的是实质上的长期借款。阅读时必须注意这一点。这个项目可能因企业长期资产的增减而增减变动，但不一定同比例变动，这要依据企业自有资金的情况来决定，具体的增减变动是否合理，还需要借助进一步的分析才能得出结论。星辉股份有限公司 2014 年资产负债表显示长期借款项目年初为 16 033 110.00 元，年末无余额。说明企业原有的长期借款已经到期，本年未发生新的长期借款业务，说明企业仍有很大的借款空间；也可以认为该企业经营比较稳健，长期借入资金很少；或者说该企业自有资本实力雄厚。具体属于哪一种情况，待结合其他资料进一步分析才可知晓。

(2) 应付债券项目的阅读

"应付债券"项目核算的是企业为筹集(长期)资金而发行的债券本金和到期一次还本付息的债券利息。发行债券必须符合《公司法》的严格规定，且企业有确实的资金需求，同时企业有一定的还款能力。本项目如果金额较大，那么企业的财务风险将提高，企业的长期债务偿还压力同时增大。因此，应付债券业务在企业不是经常发生。本项目一般一经发生，年度内不会发生多大变化，一般变化体现为一次还本付息债券的利息计提而增加的金额。还有到期偿还本金会有较大变动，因发行债券筹集资金的金额较大。阅读时注意

这些即可。星辉股份有限公司 2014 年资产负债表显示本报告年度企业无此项目。

(3) 长期应付款项目的阅读

"长期应付款"项目核算的是企业除长期借款、应付债券以外的其他各种长期应付款项，包括应付融资租入固定资产的租赁费、以分期付款方式购入固定资产等发生的长期应付款项等。这一项目一经发生，一般金额较大，所以不是日常业务，年度内一般不会发生变化，不同年度因分期偿还而有可能减少，除非发生新的长期应付款业务，一般只会减少，不会增加。星辉股份有限公司 2014 年资产负债表显示长期应付款项目年初与年末金额相同，为 800 000.00 元，可能是未到还款期，也可能是其他情况，具体还有待进一步结合相关资料分析判断。

(4) 专项应付款项目的阅读

"专项应付款"项目核算的是提企业取得政府作为企业所有者投入的具有专项或特定用途的款项，如政府拨专款扶持企业搞大型的基础设施建设等，这类资金一般专款专用，国家还会有后续的配套检查，防止企业滥用资金，造成资金的损失和浪费。本项目一经发生，金额较大，年度内变化不大，一般在过程或项目结束时，该项目减少，除非再次拨款，否则一般不会增加。而且一般企业不会发生，只有国家重点扶持和发展的企业才可能发生。星辉股份有限公司无此项目。

(5) 预计负债项目的阅读

"预计负债"项目核算的是企业确认的对外提供担保、未决诉讼、产品质量保证、重组义务、亏损性合同等原因产生的预计负债，一般企业不会经常发生，如对外提供担保、未决诉讼、亏损性合同、重组义务等而确认的预计负债很少发生。对于产品质量保证而产生的预计负债若企业产品质量过硬，一般也不会发生。所以，本项目属非常规报表项目，阅读时应结合相关资料进行分析和判断。星辉股份有限公司无此项目。

(6) 递延所得税负债项目的阅读

"递延所得税负债"项目核算企业确认的应纳税暂时性差异产生的所得税负债。为 2007 年新所得税准则新增科目，具体规定也与旧准则不同。阅读时应结合资产、负债项目的计价等资料认真分析和领会。星辉股份有限公司 2014 年资产负债表无此项目。

(7) 递延收益项目的阅读

"递延收益"项目反映企业尚待确认的收入或收益，也可以说是暂时未确认的收益，它是权责发生制在收益确认上的运用。在我国，递延收益应用的范围非常有限，主要体现在租赁准则和收入准则等的相关内容中，如根据政府补助准则确认的应在以后期间计入当期损益的政府补助金额。本公司本年无此项目。

(8) 其他非流动负债项目的阅读

"其他非流动负债"项目反映的是企业除上述非流动负债之外的非流动负债项目，一般企业无此项目。若有，应结合相关资料认真分析和研读。星辉股份有限公司无此项目。

(9) 非流动负债合计项目的阅读

"非流动负债合计"项目是综合项目，总括反映企业非流动负债的金额，让相关报表信息使用者综合掌握报告企业的长期债务，进而做出相关决策。星辉股份有限公司 2014 年资产负债表显示非流动负债在 2014 年由年初的 16 833 110.00 元，减少到年末的

800 000.00 元，净减少 16 033 110.00 元。说明报告企业长期债务资金本年大幅度降低。

(10) 负债合计项目的阅读

"负债合计"项目是流动负债与非流动负债两项的合计，总体反映企业负债的规模与水平，也能反映出经营者的经营理念，同时相关信息使用者也可借此项目初步做出相关判断，最终决策必须通过进一步的多方分析和研究才能做出。星辉股份有限公司 2014 年资产负债表显示负债合计在 2014 年由年初的 224 886 628.86 元，增加到年末的230 529 332.55元，净增加 5 642 703.69 元，这一数字是流动负债净增加与非流动负债的减少共同影响的结果，说明流动负债在本年增加的幅度较大。

2.1.3 所有者权益类项目的阅读

1. 实收资本(或股本)项目的阅读

"实收资本(或股本)"项目核算的是企业接受投资者投入的实收资本以及股份有限责任公司发行的股票的面值总额。本项目一般不会减少，增加的情况也为数不多，一般在年度内变化不大。如有变化，应结合相关资料认真阅读和分析。星辉股份有限公司 2014 年资产负债表中此项目由年初的 56 280 000.00 元，增加到年末的 75 280 000.00 元，说明企业在 2014 年新增注册资本金。应结合具体资料进行认真分析和阅读。

2. 资本公积项目的阅读

"资本公积"项目核算的是企业收到投资者出资额超出其注册资本或股本中所占份额的部分。阅读这一项目时，应结合企业具体说明认真分析和研读，不能只关注资产负债表主表，还应关注附表和报表附注。结合财务分析方法，进行细致的分析与判断。星辉股份有限公司 2014 年资产负债表该项目由年初的 167 844.25 元，增加到年末的221 195 772.25元，增幅超过 1 000 倍。增加的具体原因应进一步结合相关资料分析。

3. 其他综合收益项目的阅读

"其他综合收益"项目反映企业根据企业会计准则规定未在损益中确认的各项利得和损失扣除所得税影响后的净额。属于其他综合收益的情况主要包括可供出售金融资产公允价值的变动、将持有至到期投资重分类为可供出售金融资产时公允价值与账面价值的差额等。在资产负债表中，此项目无数据，则表明本公司本年度无其他综合收益的业务。

4. 盈余公积项目的阅读

"盈余公积"项目反映的是企业从净利润中提取的盈余公积，包括法定盈余公积和任意盈余公积两部分，根据法律规定法定盈余公积达注册资本 50%时可不再提取，任意盈余公积是由企业股东大会或类似权力机构审议通过提取的盈余公积，不受法律法规的限制，因此对于一个经营平稳的企业而言，这一项目各年之间会平稳增加；盈余公积主要用于弥补亏损和转增资本，经股东会议等机构批准，也可用于发放现金股利。阅读时，

应注意结合利润分配表和相关资料来领会本项目提供的信息。星辉股份有限公司 2014 年资产负债表显示 2014 年盈余公积项目由年初的 9 203 030.41 元，增加到年末的 20 292 329.22 元，平稳增加，说明企业该年度经营情况较好，按照法律规定计提了相应比例和金额的盈余公积，是利好消息。

5. 未分配利润项目的阅读

“未分配利润”项目反映的是企业由净利润分配后历年滚存而形成的累计未分配利润（或待弥补的亏损），这一项目的平稳增加，一表明企业经营情况平稳上升，二表明企业经营稳健；这一项目的减少则意味着企业经营可能发生亏损，也可能企业多分配了以往留存的未分配利润。具体仍需通过阅读利润分配表及相关资料得出结论。星辉股份有限公司 2014 年资产负债表显示 2014 年本项目由年初的 53 210 988.04 元，增加到年末的 96 283 024.37 元，平稳增加，通过前面各项的阅读，初步判断系企业经营情况良好导致的平稳上升。

6. 所有者权益（或股东权益）合计项目的阅读

“所有者权益合计”项目反映的是企业各项所有者权益的综合，本项目总括反映企业权益中归属于投资者所有的部分，投资者据以了解自身投资应享有的权益。通过比较年初年末此项目的增加与减少的变动，来了解企业的经营情况。星辉股份有限公司 2014 年资产负债表显示所有者权益在 2014 年由年初的 118 861 862.70 元，增加到年末的 413 051 125.84 元，说明企业经营情况良好，所有者权益大幅度提高，为利好消息。投资者和债权人及其他报表信息使用者均希望看到这样的信息。

7. 负债和所有者权益（或股东权益）合计项目的阅读

“负债和所有者权益合计”项目与资产总计相应，通过阅读资产负债表比较其增减变动是信息使用者关注的信息。本项目增加说明企业运行平稳，经营形势不错；本项目减少，说明企业经营出现困境，需要注意谨慎决策。星辉股份有限公司 2014 年资产负债表显示 2014 年本项目由年初的 343 748 491.56 元，增加到年末的 643 580 458.39 元，属利好消息。

任务 2.2 资产负债表的分析

2.2.1 资产与负债的组成分析

1. 资产的组成分析

（1）资产的组成分析

企业资产按照资产负债表的结构分为流动资产与非流动资产两大类，而流动资产又包括货币资金、应收及预付款项、存货、其他非流动资产等内容；非流动资产包括长期投资、固定资产、无形资产、投资性房地产等。所谓资产组成分析，就是对企业的这些资产在总资产中所占的比例进行分析和评价。资产代表企业所能控制的资源，资源要充分发挥其功能，就必须以合理的配置为前提，而资源配置的合理与否，主要就是通过资产组成及变动分析予以反映。分析资产组成与变动情况通常采用垂直分析法。垂直分析法与水平分析法不同，它的基本点是通过计算报表中的各项目占总体的比重，反映报表中的项目与总体关系情况及其变动情况。

下面结合星辉股份有限公司资产负债表运用垂直分析法计算其资产构成比例。

资料：星辉股份有限公司2014年年末资产负债表沿用表1-3的资料。

根据资产负债表编制资产组成分析表如表2-1所示。

表2-1　星辉股份有限公司资产组成分析表　　　金额单位：元

资　　产	年　　末	年　　初	结构/%	
			年末	年初
流动资产：				
货币资金	124 006 031.75	23 436 512.51	19.27	6.8
以公允价值计量且其变动计入当期损益的金融资产				
应收票据	4 000 000.00		0.62	
应收账款	122 254 586.11	88 686 681.76	19	25.8
预付款项	30 460 751.81	38 714 700.45	4.73	11.26
应收利息				
应收股利				
其他应收款	4 264 800.52	4 596 432.16	0.66	1.34
存货	133 372 898.66	85 244 074.38	20.72	24.80
一年内到期的非流动资产				
其他流动资产				
流动资产合计	418 359 068.85	240 678 401.26	65	70
非流动资产：				
可供出售金融资产				
持有至到期投资				
长期应收款				
长期股权投资	19 600 000.00	1 000 000.00	3.05	0.30
投资性房地产				
固定资产	150 780 119.53	89 871 411.34	23.43	26.15
在建工程	5 242 208.91	2 519 095.54	0.81	0.74
工程物资				
固定资产清理				
生产性生物资产				
油气资产				
无形资产	46 528 999.27	8 120 137.61	7.23	2.36
开发支出				
商誉				
长期待摊费用	1 278 333.33		0.2	

续表

资　　产	年　　末	年　　初	结构/%	
			年末	年初
递延所得税资产	1 791 728.50	1 559 445.81	0.28	0.45
其他非流动资产				
非流动资产合计	225 221 389.54	103 070 090.30	35	30
资产合计	643 580 458.39	343 748 491.56	100	100

从表 2-1 中可以看出,星辉股份有限公司就总资产而言,从静态分析可分三个方面。

① 从流动资产与非流动资产的比例角度分析,2014 年流动资产占 65%,非流动资产占 35%;2013 年流动资产占 70%,非流动资产占 30%;可见该企业非流动资产所占比例较低,流动资产所占比例较高。说明星辉股份有限公司的资产保持了很高的流动性,同时也具有一定的生产规模。而且非流动资产的规模呈上升趋势,说明该公司正在扩大企业的规模。

② 从有形资产与无形资产的比例角度分析,该公司 2014 年无形资产的比例为 7.23%,2013 年为 2.36%,虽然比例都不高,但仍呈上升趋势,这说明星辉股份有限公司作为一家以出口为主的生产企业,已经认识到无形资产在企业中的重要性。

③ 从固定资产和流动资产比例分析,一般来说,固定资产存量与流动资产存量之间应保持合理的比例结构。星辉股份有限公司固定资产 2014 年占 23.43%,2013 年为 26.15%;2014 年流动资产占 65%,2013 年占 70%。流动资产与固定资产的比例结构 2014 年为2.66∶1,这种结构是否合理,还应结合该公司的行业特点等相关信息做出正确的判断。

基于以上对资产组成的分析,还应对流动资产、对外投资资产、固定资产、无形资产等资产进行分项目具体比较、分析,以便进一步查明原因,判断企业资产组成变动的合理性。在判断企业资产组成的各项目变动合理性时应结合其生产经营特点和实际情况来操作。

(2) 流动资产组成分析

流动资产组成分析,是指利用水平分析法和垂直分析法对流动资产的规模和结构分别进行分析,从而了解流动资产的规模变动和组成的变化趋势。根据星辉股份有限公司资产负债表对流动资产组成分析、资产负债变动分析如表 2-2 和表 2-3 所示。

表 2-2　星辉股份有限公司流动资产组成分析表　　金额单位:元

资　　产	年　　末	年　　初	结构/%	
			年末	年初
流动资产:				
货币资金	124 006 031.75	23 436 512.51	29.64	9.74
以公允价值计量且其变动计入当期损益的金融资产				
应收票据	4 000 000.00		0.96	
应收账款	122 254 586.11	88 686 681.76	29.22	36.85
预付款项	30 460 751.81	38 714 700.45	7.28	16.09

续表

资　　产	年　　末	年　　初	结构/%	
			年末	年初
应收利息				
应收股利				
其他应收款	4 264 800.52	4 596 432.16	1.02	1.91
存货	133 372 898.66	85 244 074.38	31.88	35.41
一年内到期的非流动资产				
其他流动资产				
流动资产合计	418 359 068.85	240 678 401.26	100	100

表 2-3　星辉股份有限公司资产负债变动分析表

2014 年 12 月 31 日　　　　金额单位:元

资　　产	年　　末	年　　初	变动额
流动资产:			
货币资金	124 006 031.75	23 436 512.51	100 569 519.24
以公允价值计量且其变动计入当期损益的金融资产			
应收票据	4 000 000.00		4 000 000.00
应收账款	122 254 586.11	88 686 681.76	33 567 904.35
预付款项	30 460 751.81	38 714 700.45	−8 253 948.64
应收利息			
应收股利			
其他应收款	4 264 800.52	4 596 432.16	−331 631.64
存货	133 372 898.66	85 244 074.38	48 128 824.28
一年内到期的非流动资产			
其他流动资产			
流动资产合计	418 359 068.85	240 678 401.26	177 680 667.59
非流动资产:			
可供出售金融资产			
持有至到期投资			
长期应收款			
长期股权投资	19 600 000.00	1 000 000.00	18 600 000.00
投资性房地产			
固定资产	150 780 119.53	89 871 411.34	60 908 708.19
在建工程	5 242 208.91	2 519 095.54	2 723 113.37
工程物资			
固定资产清理			
生产性生物资产			
油气资产			
无形资产	46 528 999.27	8 120 137.61	38 408 861.66
开发支出			
商誉			

续表

资　　产	年　　末	年　　初	变动额
长期待摊费用	1 278 333.33		1 278 333.33
递延所得税资产	1 791 728.50	1 559 445.81	232 282.69
其他非流动资产			
非流动资产合计	225 221 389.54	103 070 090.30	122 151 299.24
资产合计	643 580 458.39	343 748 491.56	299 831 966.83
负债和所有者权益	年　　末	年　　初	变动额
流动负债:			
短期借款	21 161 698.02	43 196 019.80	−22 034 221.78
以公允价值计量且其变动计入当期损益的金融负债			
应付票据	88 007 638.80	59 678 601.17	28 329 037.63
应付账款	113 190 014.68	79 894 849.41	33 295 165.27
预收款项	9 417 196.00	5 243 722.03	4 173 473.97
应付职工薪酬	5 018 021.74	9 986 680.23	−4 968 658.49
应交税费	−12 181 159.21	−7 048 039.69	−5 133 119.52
应付利息	41 930.11	77 045.61	−35 115.50
应收股利			
其他应付款	5 073 992.41	3 000 000.30	2 073 992.11
一年内到期的非流动负债		14 024 640.00	−14 024 640.00
其他流动负债			
流动负债合计	229 729 332.55	208 053 518.86	21 675 813.69
非流动负债:			
长期借款		16 033 110.00	−16 033 110.00
应付债券			
长期应付款	800 000.00	800 000.00	0.00
专项应付款			
预计负债			
递延所得税负债			
递延收益			
其他非流动负债			
非流动负债合计	800 000.00	16 833 110.00	−16 033 110.00
负债合计	230 529 332.55	224 886 628.86	5 642 703.69
所有者权益(或股东权益):			
实收资本(或股本)	75 280 000.00	56 280 000.00	19 000 000.00
资本公积	221 195 772.25	167 844.25	221 027 928.00
减:库存股			
其他综合收益			
盈余公积	20 292 329.22	9 203 030.41	11 089 298.81
未分配利润	96 283 024.37	53 210 988.04	43 072 036.33
外币报表折算差额			
归属于母公司所有者权益合计	413 051 125.84		413 051 125.84
少数股东权益			
所有者权益合计	413 051 125.84	118 861 862.70	294 189 263.14
负债和所有者权益合计	643 580 458.39	343 748 491.56	299 831 966.83

运用水平分析法，可以了解企业流动资产的增减变动情况和变动原因。根据表2-2和表2-3分析可以得出以下看法。星辉股份有限公司2014年与2013年流动资产比较大大增加，净增177 680 667.59元，增长了73.82%。对于流动资产的大幅度增长，还要结合流动资产内部各项目进一步深入分析，看是否存在不合理的流动资金占用。星辉股份有限公司的流动资产2014年比2013年大幅度增加，增加的原因主要是由货币资金、应收账款和存货三项引起的。其中2014年货币资金比2013年净增100 569 519.24元，应收账款2014年比2013年净增33 567 904.35元，存货2014年比2013年净增48 128 824.28元，这三项增加了182 266 247.87元，增幅达92.35%。

运用垂直分析法，对企业流动资产内部组成及组成变动进行分析。企业流动资产内部组成是看各项流动资产在全部流动资产中所占的份额或比例。由于不同流动资产的变现能力不同，通常将流动资产分为速动资产和存货两类进行分析，因此研究流动资产组成，可通过计算与分析流动资产中速动资产与存货比重来进行。

星辉股份有限公司2014年流动资产组成中，速动资产（包括货币资金、应收票据、应收账款、预付款项、其他应收款）占68.12%，存货占31.88%，这个比例是较高的。这一方面可能有助于提高该企业的资金流动性；另一方面可能表明企业将过多的资金滞留于速动资产上，使企业资金使用效率偏低。另外，该企业的存货资产占流动资产的比重由2013年的35.41%降到2014年的31.88%，说明企业进一步加强了对存货资金的管理。

（3）非流动资产组成分析

运用水平分析法，可以了解企业非流动资产的增减变动情况和变动原因。根据星辉股份有限公司资产负债表资料分析结果如表2-4所示。

表2-4　星辉股份有限公司非流动资产组成分析表　　金额单位：元

非流动资产	年　末	年　初	结构/%	
			年末	年初
非流动资产：				
可供出售金融资产				
持有至到期投资				
长期应收款				
长期股权投资	19 600 000.00	1 000 000.00	8.7	0.97
投资性房地产				
固定资产	150 780 119.53	89 871 411.34	66.95	87.19
在建工程	5 242 208.91	2 519 095.54	2.33	2.44
工程物资				
固定资产清理				
生产性生物资产				
油气资产				
无形资产	46 528 999.27	8 120 137.61	20.66	7.88
开发支出				
商誉				

续表

非流动资产	年　　末	年　　初	结构/%	
			年末	年初
长期待摊费用	1 278 333.33		0.57	
递延所得税资产	1 791 728.50	1 559 445.81	0.79	1.52
其他非流动资产				
非流动资产合计	225 221 389.54	103 070 090.30	100	100

根据表2-4所示进行分析如下：星辉股份有限公司2014年与2013年非流动资产比较大大增加，净增122 151 299.24元，增长了118.51%。对于非流动资产的大幅度增长，还要结合非流动资产内部各项目进一步深入分析，看是否存在不合理的长期资金占用。星辉股份有限公司的非流动资产2014年比2013年大幅度增加，增加的原因主要是由长期股权投资、固定资产和无形资产三项引起的。其中2014年长期股权投资比2013年净增18 600 000元，固定资产2014年比2013年净增60 908 708.19元，无形资产2014年比2013年净增38 408 861.66元，这三项增加117 917 569.85元，增幅达119.12%。

运用垂直分析法，对企业非流动资产内部组成及组成变动进行分析。企业非流动资产内部组成是看各项非流动资产在全部非流动资产中所占的份额或比例。由于不同非流动资产在企业中的作用不同，通常将其分成固定资产、无形资产、长期股权投资等类别分别进行分析，因此，研究非流动资产组成，可通过计算与分析非流动资产中固定资产、无形资产与长期股权投资等资产所占的比重来进行。

星辉股份有限公司2014年非流动资产组成中，固定资产占66.95%，无形资产占20.66%，长期股权投资占8.7%。三项加起来占96.31%，这个比例已经相当高了，而其中固定资产在非流动资产中占66.95%，说明该企业非流动资产主要投资于企业内部，也表明企业发展的势头正旺，企业内部需要大量长期资金投入的同时，无形资产比重也高达20.66%，比例也是相当高，表明企业比较重视培育无形资产，因为在知识经济时代，企业控制的无形资产越多，其可持续发展能力就越强。另外，该企业的长期股权投资占非流动资产的比重由2013年的0.97%增加到2014年的8.7%，说明企业对外投资的实力不断增强，企业对外扩张的势头正在形成。

2. 负债组成分析

负债是企业承担的现实义务，按照其偿还的期限不同划分为流动负债和非流动负债。负债组成分析是指对企业的负债义务中流动负债与非流动负债的结构及各负债义务在总负债义务中所占的比例关系进行的分析和评价。以便企业合理地安排和调度资金，达到以最小的代价取得最大的效益的目的。

（1）负债组成分析

结合星辉股份有限公司2014年资产负债表进行负债组成分析说明。表2-5是根据该公司2014年资产负债表编制的负债组成分析表。从负债总体来看，该公司流动负债在负债总额中的比例2014年为99.65%，2013年为92.51%，说明该公司流动资金充足，短期还款能力强。

表 2-5 星辉股份有限公司负债组成分析表　　金额单位:元

负　　债	年　　末	年　　初	结构/%	
			年末	年初
流动负债:				
短期借款	21 161 698.02	43 196 019.80	9.18	19.21
以公允价值计量且其变动计入当期损益的金融负债				
应付票据	88 007 638.80	59 678 601.17	38.17	26.54
应付账款	113 190 014.68	79 894 849.41	49.10	35.53
预收款项	9 417 196.00	5 243 722.03	4.09	2.33
应付职工薪酬	5 018 021.74	9 986 680.23	2.17	4.44
应交税费	−12 181 159.21	−7 048 039.69	−5.28	−3.13
应付利息	41 930.11	77 045.61	0.02	0.03
应付股利				
其他应付款	5 073 992.41	3 000 000.30	2.2	1.33
一年内到期的非流动负债		14 024 640.00		6.24
其他流动负债				
流动负债合计	229 729 332.55	208 053 518.86	99.65	92.52
非流动负债:				
长期借款		16 033 110.00		
应付债券				
长期应付款	800 000.00	800 000.00		
专项应付款				
预计负债				
递延所得税负债				
递延收益				
其他非流动负债				
非流动负债合计	800 000.00	16 833 110.00	0.35	7.48
负债合计	230 529 332.55	224 886 628.86	100	100

(2) 流动负债组成分析

我们仍结合星辉股份有限公司 2014 年资产负债表进行流动负债组成析说明。表 2-6 是根据该公司 2014 年资产负债表编制的流动负债组成分析表。从表中我们可以发现，流动负债中应付账款和应付票据所占比例较高，2014 年分别占 49.27%和 38.31%，两项合计占 87.58%，说明该企业的流动负债主要是进货业务中发生的无利息负担的债务。而短期借款比例则由 2013 年的 20.76%下降到 2014 年的 9.21%，说明企业流动资金充足，财务风险较低。

表 2-6 星辉股份有限公司流动负债组成分析表 金额单位:元

流动负债	年末	年初	结构/%	
			年末	年初
流动负债:				
短期借款	21 161 698.02	43 196 019.80	9.21	20.76
以公允价值计量且其变动计入当期损益的金融负债				
应付票据	88 007 638.80	59 678 601.17	38.31	28.68
应付账款	113 190 014.68	79 894 849.41	49.27	38.40
预收款项	9 417 196.00	5 243 722.03	4.10	2.52
应付职工薪酬	5 018 021.74	9 986 680.23	2.18	4.80
应交税费	−12 181 159.21	−7 048 039.69	−5.30	−3.39
应付利息	41 930.11	77 045.61	0.02	0.04
应收股利				
其他应付款	5 073 992.41	3 000 000.30	2.21	1.44
一年内到期的非流动负债		14 024 640.00		6.75
其他流动负债				
流动负债合计	229 729 332.55	208 053 518.86	100	100

(3) 非流动负债分析

结合星辉股份有限公司 2014 年资产负债表进行非流动负债组成分析说明。表 2-7 是根据该公司 2014 年资产负债表编制的非流动负债组成分析表。从表中我们可以发现，2014 年该公司只有长期应付款一项非流动负债,且与 2013 年相同,无新增非流动负债,才能说明企业经营稳健,流动资金充足。

表 2-7 星辉股份有限公司非流动负债组成分析表 金额单位:元

非流动负债	年末	年初	结构/%	
			年末	年初
非流动负债:				
长期借款	16 033 110.00			95.25
应付债券				
长期应付款	800 000.00	800 000.00		4.75
专项应付款				
预计负债				
递延所得税负债				
递延收益				
其他非流动负债				
非流动负债合计	800 000.00	16 833 110.00	100	100

2.2.2 融资结构分析

融资结构是企业各部分融资占融资总额的比重,或者是各部分融资的比例关系。融资结构与变动的分析，首先是将某期融资结构计算出来，与上期、计划或者是与同行业平均水平、标准水平进行比较，从中评价企业的融资政策，特别是资本构成或变动以及对投资者、债权人的影响；其次是将融资结构进行变化趋势分析，透过相应的变化趋势，了解企业的融资策略和融资重心，预计未来融资方向。

依据本书提供的星辉股份有限公司资产负债表为资料，进行融资结构变动分析。根据资料编制融资结构分析表如表2-8所示。

从表2-8中不难发现，2014年融资结构，负债占比为35.82%，流动负债占比为35.82%，自有资金占比为64.18%；而2013年的融资结构显示，负债占比为65.42%，流动负债占比为60.53%，自有资金占比为34.58%。相比之下，两年几乎完全相反。该公司的融资结构由2013年的负债资金主要是流动负债占比占绝对优势，转为2014年的自有资金占比占绝对优势，说明该企业融资策略由以流动负债资金为主、自有资金为辅调整为以自有资金为主、流动负债资金为辅的融资策略。表明该公司的赢利实力不断增强，投资者经营规模不断扩大，高成长性给企业带来丰厚的留存收益，用这部分资本再投资财务风险相对下降，形成投资效益的良性循环。此外，该公司于2014年发行了新股，自有资金充足，也是导致负债资金下降的原因。

表2-8 星辉股份有限公司融资结构分析表 金额单位:元

负债和所有者权益	年末	年初	结构/%	
			年末	年初
流动负债:				
短期借款	21 161 698.02	43 196 019.80	3.288	12.57
以公允价值计量且其变动计入当期损益的金融负债				
应付票据	88 007 638.80	59 678 601.17	13.675	17.36
应付账款	113 190 014.68	79 894 849.41	17.588	23.24
预收款项	9 417 196.00	5 243 722.03	1.463	1.53
应付职工薪酬	5 018 021.74	9 986 680.23	0.80	2.91
应交税费	−12 181 159.21	−7 048 039.69	−1.793	−2.05
应付利息	41 930.11	77 045.61	0.008	0.02
应收股利				
其他应付款	5 073 992.41	3 000 000.30	0.79	0.87
一年内到期的非流动负债		14 024 640.00		4.08
其他流动负债				
流动负债合计	229 729 332.55	208 053 518.86	35.819	60.53
非流动负债:				
长期借款		16 033 110.00	0.00	4.66
应付债券				
长期应付款	800 000.00	800 000.00	0.001	0.23
专项应付款				
预计负债				
递延所得税负债				

续表

负债和所有者权益	年　末	年　初	结构/%	
			年　末	年　初
递延收益				
其他非流动负债				
非流动负债合计	800 000.00	16 833 110.00	0.001	4.89
负债合计	230 529 332.55	224 886 628.86	35.82	65.42
所有者权益(或股东权益):				
实收资本(或股本)	75 280 000.00	56 280 000.00	11.70	16.37
资本公积	221 195 772.25	167 844.25	34.37	0.04
减:库存股				
其他综合收益				
盈余公积	20 292 329.22	9 203 030.41	3.15	2.68
未分配利润	96 283 024.37	53 210 988.04	14.96	15.48
外币报表折算差额				
归属于母公司所有者权益合计	413 051 125.84		64.18	
少数股东权益				
所有者权益合计	413 051 125.84	118 861 862.70	64.18	34.58
负债和所有者权益合计	643 580 458.39	343 748 491.56	100	100

2.2.3　企业偿债能力分析

企业偿债能力是企业偿还自身所欠债务的能力。企业偿债能力分析按负债的分类不同分为短期偿债能力分析和长期偿债能力分析。

1. 短期偿债能力分析

进行企业短期偿债能力的分析,首先必须明确影响企业短期偿债能力的因素,这是企业偿债能力分析的基础。影响企业短期偿债能力的因素有:可用于偿还流动负债的流动资产规模和构成项目,流动负债规模与流动资产规模的适应情况等。

(1) 企业短期偿债能力的影响因素分析

① 流动资产规模和构成项目。流动资产是指可在一年内或超过一年的一个营业周期内变现或者耗用的资产。企业流动负债的偿还往往需要在一年内变现流动资产,因此可以说,流动资产是偿还流动负债的物质保证,一般来说,流动资产越多,企业短期偿债能力越强。但是由于企业流动资产的变现能力不同,因此通常又将流动资产分为速动资产和存货资产两大类。速动资产包括货币资金、应收及预付款项、交易性金融资产;存货相对于其他流动资产而言流动性较差,变现时间较长,因此进行短期偿债能力分析时,考虑流动资产的规模和构成是非常必要的。星辉股份有限公司的 2014 年资产负债表(见表 1-3)中流动资产总额为 418 359 068.85 元,其中速动资产占 68.12%,存货占 31.88%,说明该公司短期偿债能力很强。

② 流动负债规模和构成项目。流动负债是企业可在一年内或超过一年的一个营业

周期内偿还的债务，流动负债规模是影响企业短期偿债能力的重要因素。流动负债规模越大，短期内企业需要偿还的债务负担就越严重。流动负债中有些是需要支付利息的，如短期借款、带息应付票据等；有些是不需要支付利息的，如应付票据、应付账款、预收账款、应付职工薪酬、应交税费等。根据表 1-3 所示，星辉股份有限公司流动负债总额为 229 729 332.55元，而其中需要支付利息的短期借款为 21 161 698.02 元，不足流动负债的 10%，说明企业短期偿债压力较轻。

（2）短期偿债能力指标的计算与分析

企业短期偿债能力指标包括流动比率、速动比率、货币资金率等。

① 流动比率的计算。流动比率＝流动资产÷流动负债×100%，这一比率是衡量企业短期偿债能力的重要指标，反映企业流动资产在流动负债到期时可变现用于偿还流动负债的能力。从债权人角度看，流动比率越高越好；但从经营者和投资者的角度考虑，并不尽然，在企业偿债能力允许的范围内，根据经营需要，进行负债经营也是企业的经营策略之一。一般而言，流动比率为 200%较为合适，此时企业的短期偿债能力较强，对企业的经营也是有利的。

根据表 1-3 所示，星辉股份有限公司流动比率计算如下：

2014 年流动比率＝418 359 068.85÷229 729 332.55×100%＝182%

2013 年流动比率＝240 678 401.26÷208 053 518.86×100%＝116%

计算结果表明，该公司的流动比率呈上升趋势，2014 年为 182%，说明该公司偿债能力是比较好的。

② 速动比率的计算。速动比率＝速动资产÷流动负债×100%，这一比率可用于衡量企业流动资产中可以立即用于偿还流动负债的能力，它是对企业流动比率的重要补充说明。因为当企业流动资产中的速动资产比重较低时，即使流动比率较高，但由于流动资产的流动性较低，偿债能力也同样不会高；反之，当流动资产中的速动资产比重较高时，即使流动比率不高，但由于速动资产流动性较强，企业的偿债能力也可能较好。根据星辉股份有限公司的资料（见表 1-3）进行计算如下：

2014 年速动比率＝284 986 170.19÷229 729 332.55×100%＝124%

2013 年速动比率＝155 433 327.88÷208 053 518.86×100%＝74.71%

计算结果表明企业速动比率较高，且呈上升趋势，说明该公司流动负债的偿债能力较好。

③ 货币资金率的计算。货币资金率是指企业货币资金与流动负债的比率。即货币资金率＝货币资金÷流动负债×100%，在企业的流动资产或速动资产中，货币资金的流动性最好，可直接用于偿还企业的短期债务。从稳健角度出发，货币资金率衡量企业短期偿债能力最为保险。根据星辉股份有限公司的资料（见表 1-3）进行计算如下：

2014 年货币资金率＝124 006 031.75÷229 729 332.55×100%＝53.98%

2013 年货币资金率＝23 436 512.51÷208 053 518.8×100%＝11.26%

计算结果表明，2014 年货币资金率与 2013 年相比，有较大提高，说明该公司短期偿债能力较强。

2. 长期偿债能力分析

进行企业长期偿债能力的分析，首先必须了解影响长期偿债能力的因素，而这些因素主要包括长期负债规模与结构、非流动资产的规模与结构、赢利能力等。

（1）企业长期偿债能力的影响因素分析

① 企业长期负债的规模与结构。企业的长期负债即非流动负债是除企业投资者投入企业资本以外，企业向债权人筹集可供企业长期使用的资金。与流动负债相比，非流动负债具有数额较大、偿还期限较长、利息负担较重等特点。其规模和结构直接影响企业的长期负债的偿债能力。根据表 1-3 所示资料，星辉股份有限公司的长期负债总额 2014 年为 800 000 元，2013 年为 16 833 110 元，2014 年非流动负债只有一项长期应付款，说明该公司非流动负债规模较小，长期偿债压力较小。

② 非流动资产的规模和构成项目。企业非流动资产的规模和结构对企业长期偿债能力有重要影响。因为大部分非流动负债在产生时，就用非流动资产作抵押，抵押资产的规模决定企业的偿还长期债务的能力。即使非抵押的长期负债，在到期时若无足够的赢利用于偿还债务时，则企业的流动资产与非流动资产均可用来偿还非流动负债。一般来说，在非流动负债一定的前提下，企业的资产越多，偿还债务的能力就越强，债权人的安全性就越好。

③ 赢利能力。企业赢利能力是企业在一定时期内取得利润的能力，它对偿还企业长期债务具有十分重要的作用。对于投资者而言，当企业的赢利能力较强，资产报酬率高于长期借款的利息率时，负债经营会使投资者获得更高利润；同样，对于债权人而言，较高的赢利能力是保证非流动负债本金与利息如期偿还的前提。

（2）长期偿债能力指标的计算与分析

① 资产负债率的计算。资产负债率是综合反映企业的偿债能力，尤其是反映企业长期偿债能力的重要指标。其计算公式为

$$资产负债率=负债总额\div资产总额\times100\%$$

这一指标既可用于衡量企业利用债权人的资金进行经营活动的能力，也可反映债权人发放贷款的安全程度。该指标对于债权人而言，越低越好；但对经营者和投资者而言，通常希望该指标高一些，因为这样可以发挥负债的财务杠杆作用，使投资者获得更好的回报。一般来说，该指标以 50％比较合适，有利于风险与收益的平衡；但若该指标大于 100％，表明企业已资不抵债，视为达到破产警戒线。根据表 1-3 所示资料，星辉股份有限公司的资产负债率计算如下：

$$2014\text{ 年资产负债率}=230\ 529\ 332.55\div643\ 580\ 458.39\times100\%=35.82\%$$

$$2013\text{ 年资产负债率}=224\ 886\ 628.86\div343\ 748\ 491.56\times100\%=65.42\%$$

计算结果表明，该比率 2013 年偏高，说明企业经营比较稳定；而 2014 年较低，说明企业的长期偿债能力很高，经营比较稳健。

② 净资产负债率的计算。净资产负债率是企业的净资产总额与负债总额的比率。其计算公式为

$$净资产负债率=负债总额\div净资产总额\times100\%$$

该指标也是衡量企业长期偿债能力的重要指标，它反映了企业清算时，企业所有者权益对债权人利益的保证程度。从偿债能力和债权人的角度看，该指标越低越好，因为该指标越低，所有者权益对负债偿还的保证程度就越大，债权人也就越安全；但从企业经营者和投资者角度看，为了扩大生产经营规模和取得财务杠杆利益，适当的负债经营是有益的。一般认为该指标为100%合适，即负债与所有者权益持平时较为稳健。根据表1-3所示的资料，星辉股份有限公司的净资产负债率计算如下：

2014年净资产负债率＝230 529 332.55÷413 051 125.84×100%＝55.81%

2013年资产负债率＝224 886 628.86÷118 861 862.70×100%＝189%

计算结果表明，该比率2013年偏高，说明企业经营比较稳定，但财务风险很高；2014年该指标接近正常，说明企业的长期偿债能力较强，经营比较稳健。

③ 长期负债率的计算。长期负债率是反映企业长期偿债能力的指标之一，通常是用企业的非流动负债与非流动资产的比率进行计算，计算公式为

长期负债率＝非流动负债÷非流动资产×100%

该指标反映了企业在清算时可用于偿还非流动负债的资产保证，该指标越低，企业的长期偿债能力越强，债权人的安全性也就越高。从稳健原则出发，计算该指标时，非流动资产中剔除无形资产部分，即

长期负债率＝非流动负债÷(非流动资产－无形资产)×100%

根据表1-3所示资料，星辉股份有限公司的长期负债率计算如下：

2004年长期负债率＝800 000÷225 221 389.54×100%＝0.36%

2013年资产负债率－16 833 110.00：103 070 090.30×100%＝16.33%

同时，计算稳健原则下的长期负债率如下：

2014年长期负债率＝800 000÷178 692 390.27×100%＝0.45%

2013年长期负债率＝16 833 110.00÷94 949 952.69×100%＝17.73%

计算结果表明，该比率2013年偏低，说明企业经营比较稳健，长期偿债能力很强；2014年该指标仍然较低，但有所提高，企业的长期偿债能力较强，经营比较稳健。

2.2.4 资产营运能力分析

资产营运能力主要指企业营运资产的效率或效益。企业营运资产的效率主要指资产的周转率或周转速度。企业营运资产的效益通常是指企业的产出额与资产占用额之间的比率。企业资产营运能力分析就是要通过对反映企业资产营运效率与效益的指标进行计算和分析，评价企业的资产营运能力，为企业提高经济效益指明方向。资产营运能力分析主要包括全部资产营运能力分析、流动资产营运能力分析、固定资产营运能力分析三方面。

1. 全部资产营运能力分析

企业全部资产营运能力，主要是指投入或使用的全部资产所取得的产出的能力。这里的产出我们通常用总收入来表示。反映企业全部资产营运能力的指标一般采用全部资

产周转率，全部资产周转率的计算公式为

全部资产周转率＝总收入÷平均总资产×100%
＝(总收入÷平均流动资产)×(平均流动资产÷平均总资产)×100%
＝流动资产周转次数×流动资产占总资产的比重

可见，全部资产周转率的快慢取决于两大因素：一是流动资产周转次数即流动资产周转率，因为流动资产的周转速度往往高于其他资产的周转速度，加速流动资产周转，就会使总资产周转速度加快；反之，则会使总资产周转速度变慢。二是流动资产占总资产的比重，因为流动资产周转速度快于其他资产的周转速度，所以企业流动资产所占比例越大，企业总资产的周转速度越快；反之，则越慢。

星辉股份有限公司 2014 年资产负债表如表 1-3 所示，2014 年利润表如表 1-6 所示。

资产负债表显示 2014 年的年末总资产为 643 580 458.39 元，年初总资产为 343 748 491.56 元，则

平均总资产＝(643 580 458.39＋343 748 491.56)÷2＝493 664 474.98(元)

根据表 2-9 显示 2014 年营业收入为 783 027 675.40 元，则

总资产周转率＝783 027 675.40÷493 664 474.98×100%＝158.62%

或者通过第二个公式计算如下：

$$\text{2014 年资产负债表中流动资产的平均余额}=\frac{418\ 359\ 068.85+240\ 678\ 401.26}{2}=329\ 518\ 735.06(\text{元})$$

流动资产周转次数＝783 027 675.40÷329 518 735.06＝2.38

流动资产占总资产的比重＝329 518 735.06÷493 664 474.98×100%＝66.75%

2. 流动资产营运能力分析

流动资产营运能力分析通过流动资产周转率的计算与分析来进行。流动资产的周转率既是反映流动资产周转速度的指标，也是综合反映流动资产利用效果的基本指标，它是一定时期流动资产平均余额和流动资产周转额的比率，是用流动资产的占有量和其所完成的工作量的关系，来表明流动资产的使用效益。

(1) 流动资产周转率的计算

流动资产周转率的计算，一般采取以下两种计算方式。

$$\text{流动资产周转次数}=\frac{\text{流动资产周转额}}{\text{流动资产平均余额}}$$

$$\text{流动资产周转天数或周转期}=\frac{\text{计算期天数}}{\text{流动资产周转次数}}=\frac{\text{流动资产平均余额}\times\text{计算期天数}}{\text{流动资产周转额}}$$

流动资产周转次数或周转天数，均表示流动资产的周转速度。流动资产在一定时期的周转次数越多，即每周转一次所用的天数越少，周转速度就越快，流动资产营运能力就越好；反之，周转速度越慢，流动资产营运能力就越差。

注意：其中的计算期天数在实际运用时，一年按 360 天，一季按 90 天，一月按 30 天计

算;其中的流动资产周转额通常用销售收入即利润表中的营业收入,也可用销售成本即利润表中的营业成本。

流动资产周转次数＝销售(营业)收入÷流动资产平均余额

流动资产垫支周转次数＝销售(营业)成本÷流动资产平均余额

流动资产周转天数＝流动资产平均余额×计算期天数÷销售(营业)收入

流动资产垫支周转天数＝流动资产平均余额×计算期天数÷销售(营业)成本

流动资产垫支周转次数＝销售(营业)成本÷流动资产平均余额

＝(销售成本÷平均存货)×(平均存货÷流动资产平均余额)

＝存货周转次数×存货构成率

(2) 流动资产周转率分析

下面结合资产负债表和利润表编制流动资产周转率分析表如表2-9所示。

表2-9 流动资产周转率分析表 金额单位:元

项目	2014年	项目	2014年
营业收入	783 027 675.40	流动资产周转次数	2.38
流动资产平均余额	329 518 735.06	流动资产垫支周转次数	1.92
其中:平均存货	109 308 486.52	存货周转次数	5.79
营业成本	633 224 765.34	存货构成率/%	33.17

星辉股份有限公司2014年流动资产周转次数为2.38,则流动资产周转天数＝360÷2.38＝152(天),说明周转速度较慢。2014年存货周转次数为5.79,存货周转天数＝360÷5.79＝63(天),经过两个多月才能周转一次,其周转速度的快慢还需结合同类企业的存货周转速度进行比较分析做出评价。

小提示

这里的流动资产周转率的分析可以进一步细化为流动资产各具体项目的周转率的分析,如存货周转率分析、应收账款周转率分析、应收票据周转率分析等,计算时只需将流动资产转化为具体的流动资产项目即可,如应收账款周转率＝销售收入(一般为赊销净额)÷应收账款平均余额,应收账款周转天数＝计算期天数÷应收账款周转率(次数),其他依此类推。

3. 固定资产营运能力分析

固定资产营运能力分析,我们也通过计算固定资产周转率来进行。固定资产周转率是指一定时期实现的收入总额与固定资产平均余额之间的比率。计算公式为

固定资产周转率＝销售收入(营业收入)总额÷固定资产平均余额×100%

仍以星辉股份有限公司资料为例(见表1-3资产负债表和表1-6利润表)。

2014年固定资产平均余额＝(150 780 119.53＋89 871 411.34)÷2＝120 325 765.44(元)

固定资产周转率＝783 027 675.40÷120 325 765.44×100%＝650.76%

固定资产周转率这一指标的数值越高,固定资产周转速度越快,同时反映一定时期固

定资产提供的收入越多,说明固定资产的利用效果好。

固定资产营运能力也可以通过计算固定资产周转次数和周转期(周转天数)来实现。其计算公式为

固定资产周转次数=一定时期销售收入(营业收入)总额÷固定资产平均余额

固定资产周转期(周转天数)=计算期天数÷固定资产周转次数

$$=\frac{\text{计算期天数}\times\text{固定资产平均余额}}{\text{一定时期销售(营业)收入总额}}$$

2014 年星辉股份有限公司固定资产周转次数=783 027 675.40÷120 325 765.44=6.51

2014 年星辉股份有限公司固定资产周转天数=360÷6.51=56(天)

通过上述计算,说明该公司固定资产营运能力强,周转期短,周转速度快,固定资产的创收能力强。

2.2.5 资产负债表的趋势分析

所谓资产负债表的趋势分析,是指通过对资产负债表各项目及结构比例的变化,分析研究其发展趋势的一种分析活动。分析资产负债表时,通常运用水平分析法和垂直分析法等进行。这里结合星辉股份有限公司资料来进行说明。

1. 资产负债表水平变动趋势分析

资料见表 1-3 资产负债表,根据资产负债表编制资产负债表水平分析表,如表 2-10 所示。

表 2-10 星辉股份有限公司资产负债表水平分析表

2014 年 12 月 31 日　　　　金额单位:元

资　　产	年　　末	年　　初	变　动　额	变动率/%
流动资产:				
货币资金	124 006 031.75	23 436 512.51	100 569 519.24	429.11
以公允价值计量且其变动计入当期损益的金融资产				
应收票据	4 000 000.00		4 000 000.00	
应收账款	122 254 586.11	88 686 681.76	33 567 904.35	37.85
预付款项	30 460 751.81	38 714 700.45	−8 253 948.64	−21.32
应收利息				
应收股利				
其他应收款	4 264 800.52	4 596 432.16	−331 631.64	−7.21
存货	133 372 898.66	85 244 074.38	48 128 824.28	56.46
一年内到期的非流动资产				
其他流动资产				
流动资产合计	418 359 068.85	240 678 401.26	177 680 667.59	73.82
非流动资产:				
可供出售金融资产				
持有至到期投资				

续表

资　　产	年　　末	年　　初	变　动　额	变动率/%
长期应收款				
长期股权投资	19 600 000.00	1 000 000.00	18 600 000.00	1 860
投资性房地产				
固定资产	150 780 119.53	89 871 411.34	60 908 708.19	67.77
在建工程	5 242 208.91	2 519 095.54	2 723 113.37	108.01
工程物资				
固定资产清理				
生产性生物资产				
油气资产				
无形资产	46 528 999.27	8 120 137.61	38 408 861.66	473.01
开发支出				
商誉				
长期待摊费用	1 278 333.33		1 278 333.33	
递延所得税资产	1 791 728.50	1 559 445.81	232 282.69	14.90
其他非流动资产				
非流动资产合计	225 221 389.54	103 070 090.30	122 151 299.24	118.51
资产合计	643 580 458.39	343 748 491.56	299 831 966.83	87.22
负债和所有者权益	年　　末	年　　初	变　动　额	变动率/%
流动负债：				
短期借款	21 161 698.02	43 196 019.80	−22 034 221.78	−51.01
以公允价值计量且其变动计入当期损益的金融负债				
应付票据	88 007 638.80	59 678 601.17	28 329 037.63	47.47
应付账款	113 190 014.68	79 894 849.41	33 295 165.27	41.67
预收款项	9 417 196.00	5 243 722.03	4 173 473.97	79.59
应付职工薪酬	5 018 021.74	9 986 680.23	−4 968 658.49	−49.75
应交税费	−12 181 159.21	−7 048 039.69	−5 133 119.52	−72.83
应付利息	41 930.11	77 045.61	−35 115.50	−45.58
应收股利				
其他应付款	5 073 992.41	3 000 000.30	2 073 992.11	69.13
一年内到期的非流动负债		14 024 640.00	−14 024 640.00	−100
其他流动负债				
流动负债合计	229 729 332.55	208 053 518.86	21 675 813.69	10.42
非流动负债：				
长期借款		16 033 110.00	−16 033 110.00	−100
应付债券				
长期应付款	800 000.00	800 000.00	0	0
专项应付款				
预计负债				
递延所得税负债				
递延收益				

续表

资　　产	年　　末	年　　初	变　动　额	变动率/%
其他非流动负债				
非流动负债合计	800 000.00	16 833 110.00	－16 033 110.00	－95.25
负债合计	230 529 332.55	224 886 628.86	5 642 703.69	2.51
所有者权益(或股东权益)：				
实收资本(或股本)	75 280 000.00	56 280 000.00	19 000 000.00	33.76
资本公积	221 195 772.25	167 844.25	221 027 928	1 316.86
减:库存股				
其他综合收益				
盈余公积	20 292 329.22	9 203 030.41	11 089 298.81	120.50
未分配利润	96 283 024.37	53 210 988.04	43 072 036.33	80.95
外币报表折算差额				
归属于母公司所有者权益合计	413 051 125.84		413 051 125.84	
少数股东权益				
所有者权益合计	413 051 125.84	118 861 862.70	294 189 263.14	247.51
负债和所有者权益合计	643 580 458.39	343 748 491.56	299 831 966.83	87.22

根据表 2-10 所示,可以看出,星辉股份有限公司资产总计在 2014 年增加了 299 831 966.83 元,增加幅度达到 87.22%,说明企业资产呈递增趋势,总资产增加的原因有:流动资产 2014 年净增 177 680 667.59 元,增加幅度达到 73.82%,非流动资产净增 122 151 299.24 元,增加幅度达到 118%,说明该公司的资产增幅很高,非流动资产增幅超过流动资产增幅,说明该公司的规模不断扩大,固定资产等投资规模大于流动资产的投资规模,反映了企业迅猛发展的态势。

再进一步分析我们发现,流动资产变化中,增幅最大的是货币资金,这一方面表明公司保持了很强的流动性;另一方面也表明企业资金利用率低。在流动资产中,增幅排第二位的是存货资产,存货资产的增加一方面可能是企业存货积压;另一方面也可能是企业特殊经营形式所致,但存货资产的大幅增加对企业流动资金周转速度是很大的障碍,会直接降低企业资金周转速度,降低资金利用率。

非流动资产的变化中,增幅最大的是长期股权投资,增幅达到 1 860%,即增加了 18.6 倍,说明公司对外投资力度加大。增幅排第二位的是无形资产,净增 38 408 861.66 元,增幅达到 73.01%,即增加 4.73 倍,说明企业重视无形资产的发展,对于一个有发展潜力的企业而言,大力增加无形资产投资,可以增强企业发展后劲,提升企业竞争实力。增幅排第三位的是在建工程,增幅达到 108.01%,可以说是翻了一番,表明企业正在扩大固定资产投资规模,增强企业发展实力,做大做强企业的决心和信心。由于增幅排第四位的是固定资产,增幅达到 67.77%,与在建工程增幅相加,合计增幅可达 175.87%,反映了企业雄厚的经济实力。

对于负债和所有者权益而言,从总体上看,负债本年增加 5 642 703.69 元,增幅 2.51%;所有者权益本年增加 294 189 263.14 元,增幅达到 247.50%。从总体来看,该公司资产增加的主要来源是所有者权益的增加所致，这表明企业的发展实力，同时也可能是企业经营稳健的表现。从具体项目来看，负债项目中流动负债本年增加 21 675 813.69 元，增幅 10.42%；非流动负债本年减少 16 033 110 元，减少幅度达到 95.25%。说明该公司负债以流动负债为主，非流动负债为辅，且非流动负债呈下降趋势，表明公司的经营比较稳健。所有者权益中本年增加最多的是资本公积，净增 221 027 928 元，增幅达到 1 316.86%，增加排第二位的是未分配利润，净增 43 072 036.33 元，增幅达到 80.95%；增加排第三位的是股本，净增 19 000 000 元，增幅达到 33.76%；但增幅排第二位的是盈余公积，增幅达到 120.50%。从以上数据看，该公司所有者权益增加的主要原因是资本公积和盈余公积，这表明企业经营成果卓著，而且经营比较稳健，当年实现的净利润较大部分用于提取盈余公积而增强企业发展后劲；而资本公积增加也从侧面反映企业的经营得到投资者的认可，从而甘愿以较高的出资来取得该公司的股权。

综合以上分析看出，该公司经营稳健，经营形势和经营前景乐观，企业的规模不断扩大，企业的经济实力不断提升，企业的发展后劲强；但同时也可能面临一定的问题，如货币资金持有过高，可能导致资金利用率低；存货增加较多，应加强管理，提高资金周转率；对外长期股权投资增加较多，是否会影响企业内部的经营实力等，具体情况还需要结合其他资料和同行业其他单位的相关指标进行综合而审慎的分析。同时在分析过程中，还要注意不能忽略定性分析，并结合自身需要，进行相关的分析。

2. 资产负债表垂直变动趋势分析

资料见表 1-3 资产负债表，运用垂直分析法编制垂直变动分析表如表 2-11 所示。

表 2-11 星辉星辉股份有限公司资产负债表垂直分析表

2014 年 12 月 31 日　　金额单位：元

资　　产	年　　末	年　　初	年末占比/%	年初占比/%
流动资产：				
货币资金	124 006 031.75	23 436 512.51	19.27	6.8
以公允价值计量且其变动计入当期损益的金融资产				
应收票据	4 000 000.00		0.62	
应收账款	122 254 586.11	88 686 681.76	19	25.8
预付款项	30 460 751.81	38 714 700.45	4.73	11.26
应收利息				
应收股利				
其他应收款	4 264 800.52	4 596 432.16	0.66	1.34
存货	133 372 898.66	85 244 074.38	20.72	24.80
一年内到期的非流动资产				
其他流动资产				
流动资产合计	418 359 068.85	240 678 401.26	65.00	70.00
非流动资产：				
可供出售金融资产				
持有至到期投资				

续表

资　　产	年　　末	年　　初	年末占比/%	年初占比/%
长期应收款				
长期股权投资	19 600 000.00	1 000 000.00	3.05	0.30
投资性房地产				
固定资产	150 780 119.53	89 871 411.34	23.43	26.15
在建工程	5 242 208.91	2 519 095.54	0.81	0.74
工程物资				
固定资产清理				
生产性生物资产				
油气资产				
无形资产	46 528 999.27	8 120 137.61	7.23	2.36
开发支出				
商誉				
长期待摊费用	1 278 333.33		0.2	
递延所得税资产	1 791 728.50	1 559 445.81	0.28	0.45
其他非流动资产				
非流动资产合计	225 221 389.54	103 070 090.30	35.00	30.00
资产合计	643 580 458.39	343 748 491.56	100.00	100.00
负债和所有者权益	年　　末	年　　初	年末占比/%	年初占比/%
流动负债：				
短期借款	21 161 698.02	43 196 019.80	3.288	12.57
以公允价值计量且其变动计入当期损益的金融负债				
应付票据	88 007 638.80	59 678 601.17	13.675	17.36
应付账款	113 190 014.68	79 894 849.41	17.588	23.24
预收款项	9 417 196.00	5 243 722.03	1.463	1.53
应付职工薪酬	5 018 021.74	9 986 680.23	0.80	2.91
应交税费	－12 181 159.21	－7 048 039.69	－1.793	－2.05
应付利息	41 930.11	77 045.61	0.008	0.02
应收股利				
其他应付款	5 073 992.41	3 000 000.30	0.79	0.87
一年内到期的非流动负债		14 024 640.00		4.08
其他流动负债				
流动负债合计	229 729 332.55	208 053 518.86	35.819	60.53
非流动负债：				
长期借款		16 033 110.00	0	4.66
应付债券				
长期应付款	800 000.00	800 000.00	0.001	0.23
专项应付款				
预计负债				
递延所得税负债				
递延收益				

续表

资　　产	年　　末	年　　初	年末占比/%	年初占比/%
其他非流动负债				
非流动负债合计	800 000.00	16 833 110.00	0.001	4.89
负债合计	230 529 332.55	224 886 628.86	35.82	65.42
所有者权益(或股东权益)：				
实收资本(或股本)	75 280 000.00	56 280 000.00	11.70	16.37
资本公积	221 195 772.25	167 844.25	34.37	0.04
减：库存股				
其他综合收益				
盈余公积	20 292 329.22	9 203 030.41	3.15	2.68
未分配利润	96 283 024.37	53 210 988.04	14.96	15.48
外币报表折算差额				
归属于母公司所有者权益合计	413 051 125.84		64.18	
少数股东权益				
所有者权益合计	413 051 125.84	118 861 862.70	64.18	34.58
负债和所有者权益合计	643 580 458.39	343 748 491.56	100	100

根据表2-11所示，我们进行逐项分析如下。

(1) 货币资金项目占比为19.27%，比2013年的6.8%增加了12.47%，说明企业有丰富的现金流，短期偿债能力强，但也说明企业资金的使用效率偏低。

(2) 应收票据项目占比为0.62%，2013年无此项目，说明企业销售收现率比2013年降低，企业应注意加强这方面的管理。

(3) 应收账款项目占比为19%，比2013年的25.8%降低了6.8%，说明企业加强了应收账款项目的管理，从而提高了企业的资金周转率。

(4) 预付款项目的占比为4.73%，比2013年的11.26%降低了6.53%，表明企业资金周转速度加快了。

(5) 其他应收款项目的占比为0.66%，比2013年的1.34%降低了0.68%，表明企业加强了该项目的管理，从而提高了流动资金的周转率。

(6) 存货项目的占比为20.72%，比2013年的24.8%降低了4.08%，说明企业已经意识到加强存货资金管理的重要性，开始加强存货资金的管理，这同样有助于提高流动资金周转率。

(7) 流动资产合计项目的占比为65%，比2013年的70%降低了5%，这应该是企业加大非流动资金投入的缘故，尤其是增加固定资产等项目的投资的结果。总体来看，流动资金的占比仍然不低。这一项目是流动资产各项综合变化的结果，进行分析时应具体项目具体分析。

(8) 长期股权投资项目的占比为3.05%，比2013年的0.3%提高了2.75%，提高的幅度很大，说明企业发生了重大的对外股权投资项目，同时也表明企业的资金闲置或企业进行战略投资以求达到某种经营目的。

(9) 固定资产项目的占比为23.43%，比2013年的26.15%降低了2.72%，这可能与

增加长期股权投资的占比有关，因为企业的资金是有限的，此项多则彼项一定会少，关键取决于经营者的投资决策的方向。

（10）在建工程项目的占比为0.81%，比2013年的0.74%提高了0.07%，说明企业加大了固定资产的投资力度。

（11）无形资产项目的占比为7.23%，比2013年的2.36%提高了4.87%，增幅较大，表明企业重视无形资产的投资，且加大了对其投资的力度，这是一个有发展潜力的企业的明智选择。

（12）长期待摊费用项目的占比为0.2%，是该公司新增项目，可能是发生了诸如经营租入固定资产的改良支出等资金的流出。

（13）递延所得税资产项目的占比为0.28%，比2013年的0.45%下降了0.17%，这一项目企业应根据具体情况进行分析，因为它是由于企业的资产或负债的计量与计税基础的差异引起的综合变化，因此不能仅仅依靠综合变化的结果来评价其优劣。

（14）非流动资产合计项目的占比为35%，2013年为30%，相比提高了5%，这是所有非流动资产项目综合变动的结果，一般来说这一比例可能偏低，具体情况应与同行业其他企业相比，或结合企业发展的机遇或时机才能得出最终结论。

（15）短期借款项目的占比为3.288%，比2013年的12.57%降低了9%还多，表明企业流动资金充足，短期的借款债务较少，企业的融资政策有所改变。

（16）应付票据项目的占比为13.675%，比2013年的17.36%降低了3.685%，企业应较多利用此项目的负债，因为它一般不带利息，但债务期限较短是其弊端，企业应根据实际情况做出选择。

（17）应付账款项目的占比为17.588%，比2013年的23.24%下降了5.652%，这可能与企业的货币资金充足有关，具体应结合企业经营的内外部环境而定，降低或提高的小幅波动亦是正常现象，欲研究其变动趋势还应取得多期数据进行分析和判断。

（18）预收款项目的占比为1.463%，与2013年的1.53%相比依然是降低了，这说明企业的融资政策较为稳健，降低了偿还短期债务的压力，这是企业流动资金充足的表现。

（19）应付职工薪酬项目的占比为0.80%，比2013年的2.91%下降了2.11%，表明企业重视员工的切身利益或可能是企业的裁员等所致，具体还应结合企业的实际情况做出判断。

（20）应交税费项目本期与上期均为负数金额，且本期比上期增加的金额较大，形式上说明企业多交了税金，实质上是因该公司本期销项税额不足以抵扣进项税税额继续大幅增加，以及本期购进国产设备可抵免所得税税额增加所致。

（21）应付利息项目的占比与2013年比较变动不大，但金额变动较大，因此应与水平分析法相结合做出评判。

（22）其他应付款项目的占比为0.79%，比2013年的0.87%略有下降，应结合具体项目进行详细分析。

（23）长期借款项目本年为零，说明企业今年既无新增长期借款，又不存在以前发生的未还借款，表明企业的自有资金充足，企业的经营稳健，融资策略稳健。

（24）负债合计项目的占比为35.82%，比2013年的65.42%降低了近30%，表明企业的融资以自有资金为主，经营形势乐观，自有资金充足。负债合计项目下降的主要原因还是由流动负债项目的下降直接导致的，因为流动负债占比与2013年相比下降了近25%。

(25) 实收资本或股本项目的占比为11.70%，比2013年的16.37%下降了4.67%，这一比例较高，因为这一项目的基数大，小幅波动带来的是大额的增减变化。应具体分析变化的原因，做出合理的评价。

(26) 资本公积项目的占比为34.37%，比2013年的0.04%增加了34.33%，这可能是企业溢价发行股票所致，说明企业经营前景广阔，经营形势良好，为投资者青睐，甘愿出大价钱取得公司的股权。

(27) 盈余公积项目的占比为3.15%，比2013年的2.68%增加了0.47%，表明企业经营效果好，经营赢利高而增加了盈余公积的提取。

(28) 未分配利润项目的占比为14.96%比2013年的略有降低，可能是企业利润分配的影响。

(29) 所有者权益合计项目的占比为64.18%，比2013年的34.58%提高了近30%，这是企业经营成果提高、增发新股等的综合影响的结果。

综上所述，企业资产的增加首先是企业的净利润增加所致，其次是增发新股等因素，而不是负债资金的增加所致，说明企业处在高速发展时期，经营形势乐观，经营成果喜人，保持了强势的增长实力。

知识链接 2-1　阅读和分析资产负债表应注意的问题

在阅读和分析资产负债表时，以下是值得注意的一些问题。

(1) 应以综合的、联系的眼光进行分析和评价。由于书中提供的这些指标是单一的、片面的，某些反映企业财务结构指标的高低往往与企业的偿债能力相矛盾，如企业净资产比率很高，说明其偿还债务的安全性较好，但同时也反映出其财务结构不尽合理。因此，需要读者或报表信息的使用者能够以综合的、客观的态度来分析和判断。

(2) 定性分析与定量分析相结合。本书提供的一些分析多是运用定量分析的方法，实践中不能忽略定性分析，因为某些定量指标是死板的，具有一定的局限性，阅读分析时还应结合所处的经济环境、结合阅读和分析的对象等资料分析，那样分析就是灵活的、有针对性的。

(3) 阅读和分析时应注意相关性和实用性。读者或报表信息的使用者的目的不同，对这些信息的评价亦会有所不同，如作为一个长期投资者，所关心的就是企业的财力结构是否健全合理；相反，如以债权人的身份出现，就会非常关心该企业的债务偿还能力。

(4) 阅读和分析时，应注意资产或负债的变动不仅应关注绝对变动，有时可能更应关注相对变动，从中找出规律或趋势性的资料，以方便决策参考。

(5) 注意选择适宜的分析方法。不同方法适用不同的分析项目和不同的分析目的，方法得当才能得出正确的结论。

（6）还要说明的是，由于资产负债表仅仅反映的是企业某一方面的财务信息，因此要对企业有一个全面的认识，还必须结合财务报告中的其他内容，如利润表、现金流量表等进行分析，以得出正确的结论。

课后练习

一、判断题

1. 资产负债率是负债总额占资产总额的百分比。其中资产总额应为扣除累计折旧后的净额，负债总额是扣除流动负债后的净额。（　　）
2. 为了评价一个企业的长期偿债能力，一般把各年的已获利息倍数的平均数作为评价指标。（　　）
3. 在销售利润率不变的情况下，提高资产利用率可以提高资产报酬率。（　　）
4. 某企业年末速动比率为 0.5，则该企业可能仍具有短期偿债能力。（　　）
5. 现金作为一项流动资产，同样存在估价的问题。（　　）
6. 已获利息倍数指标可以反映企业偿付利息的能力。（　　）
7. 净报酬率是所有比率中综合性最强的最具有代表性的一个指标，它也是杜邦财务分析体系的核心。（　　）
8. 在确定财产的价值来估计企业清偿债务的能力时，如果具有财产的账面历史成本，就不必再考虑其市价或变现价值。（　　）
9. 资产负债表反映会计期末财务状况，现金流量表反映现金流量。（　　）
10. 从股东角度分析，资产负债率高，节约所得税带来的收益就大。（　　）

二、单项选择题

1. 下列指标中，侧重于分析债务偿付安全性的物质保障程度的指标是（　　）。
   A. 资产负债率　　B. 产权比率
   C. 现金流动负债率　　D. 流动比率
2. 可用于企业财务状况趋势分析的方法为（　　）。
   A. 比较分析法　　B. 比率分析法
   C. 财务比率综合分析法　　D. 杜邦分析法
3. 下列财务比率中，（　　）可以反映企业的偿债能力。
   A. 平均收款期　　B. 销售利润率
   C. 权益乘数　　D. 已获利息倍数
4. 某企业 2014 年流动资产平均余额为 1 000 万元，流动资产周转次数 7 次。若企业 2014 年销售利润为 210 万元，则 2014 年销售利润率为（　　）。

A. 30%　　B. 50%　　C. 40%　　D. 15%

5. 在计算速动比率时，要从流动资产中扣除存货部分，再除以流动负债。这样做的原因在于流动资产中(　　)。

A. 存货的价值变动较大　　B. 存货的质量难以保证

C. 存货的变现能力最低　　D. 存货的数量不易确定

6. 对应收账款周转率速度的表达，正确的是(　　)。

A. 应收账款周转天数越长，周转速度越快

B. 计算应收账款周转率时，应收账款余额不应包括应收票据

C. 计算应收账款周转率时，应收账款余额应为扣除坏账准备后的净额

D. 应收账款周转率越小，表明周转速度越快

7. 一般而言，短期偿债能力与(　　)关系不大。

A. 资产变现能力　　B. 企业再融资能力

C. 企业获利能力　　D. 企业流动负债

8. 某零售商店主要采用现金销售，应收账款较少。该店的速动比率若保持在(　　)的水平上应当被认为是正常的。

A. 1∶1　　B. 4∶1　　C. 0.4∶1　　D. 2∶1

9. 可以分析评价长期偿债能力的指标是(　　)。

A. 存货周转率　　B. 固定支出偿付倍数

C. 保守速动比率　　D. 流动比率

10. 某企业2014年年末的流动资产为360 000元，长期资产为4 800 000元，流动负债为205 000元，长期负债为780 000元，则2014年年末的资产负债率为(　　)。

A. 15.12%　　B. 19.09%　　C. 16.25%　　D. 20.52%

三、多项选择题

1. 分析企业营运能力的指标有(　　)。

A. 存货周转率　　B. 流动资产周转率

C. 速动比率　　D. 资产净利润率

E. 净值报酬率

2. 应收账款的周转率越高，则(　　)。

A. 应收账款收回越迅速　　B. 应收账款周转天数越短

C. 资产流动性越强　　D. 短期偿债能力越强

E. 流动资产的收益能力越低

3. 造成流动比率不能正确反映偿债能力的原因有(　　)。

A. 季节性经营的企业销售不均衡量　　B. 存货计价方式发生改变

C. 大量的销售为现销　　D. 大量使用分期付款结算方式

E. 年末销售大幅下降

4. 应收账款周转率有时不能说明应收账款正常收回时间的长短，其原因有(　　)。

A. 销售的季节性变动很大　　B. 大量使用现销而非赊销

C. 大量使用赊销而非现销　　D. 年底前大力促销和收缩商业信用
E. 计算有错误

5. 对固定资产周转率的表述,正确的有(　　)。
A. 在销售收入净额一定的情况下,固定资产平均余额越高,固定资产周转率越高
B. 在销售收入净额一定的情况下,流动资产在总资产中占的比率越高,流动资产周转率越高,则固定资产周转率越高
C. 固定资产平均余额越低,销售收入净额越高,固定资产周转率越高
D. 流动资产周转率越高,则固定资产周转率越低
E. 如果企业资产总额及其构成都保持不变,则流动资产周转率越高,固定资产周转率越高

6. 企业长期债券的持有者关注的指标有(　　)。
A. 已获利息倍数　　B. 有形资产债务率
C. 有形净值债务率　　D. 应收账款周转率
E. 资产利润率

7. 分析企业资金周转状况的比率有(　　)。
A. 速动比率　　B. 已获利息倍数　　C. 应收账款平均收账期
D. 存货周转率　　E. 流动资产周转率

8. 影响资本保值增值的因素有(　　)。
A. 负债额的变动　　B. 固定资产的增减　　C. 经营盈亏
D. 股利支付情况　　E. 资本结构的变动

9. 计算存货周转率可以(　　)为基础来确定。
A. 主营业务收入　　B. 主营业务成本　　C. 其他业务收入
D. 销售费用　　E. 其他业务成本

10. 以下项目中应列示在资产负债表流动资产的项目包括(　　)。
A. 应收账款　　B. 待摊费用　　C. 预收账款
D. 预付账款　　E. 低值易耗品

四、案例分析

(一) 单项练习

1. 练习财务比率的计算

资料:某企业的全部流动资产为600 000元,流动比率为1.5,该公司刚完成以下两项交易。

(1) 购入商品160 000元以备销售,其中的80 000元为赊购。

(2) 购置运输车辆一部,价值50 000元,其中30 000元以银行存款支付,其余部分开出3个月期应付票据一张。

要求:计算每次交易后的流动比率。

2. 练习财务比率的计算

资料:某企业的全部流动资产为820 000元,流动比率为1.6,该公司购入商品

160 000 元以备销售，其中的 80 000 元为赊购，又购置运输车辆一部，价值 46 000 元，其中 18 000 元以银行存款支付，其余开出应付票据一张。

要求：

(1) 计算交易后的营运资本。

(2) 计算交易后的速动比率。

3. 练习资产营运能力指标的计算

资料：某公司流动资产由速动资产和存货构成，年初存货为 145 万元，年初应收账款为 125 万元，年末流动比率为 3，年末速动比率为 1.5，存货周转率为 4 次，年末流动资产余额为 270 万元。一年按 360 天计算。

要求：

(1) 计算该公司流动负债年末余额；

(2) 计算该公司存货年末余额和年平均余额；

(3) 计算该公司本年销货成本；

(4) 假定本年赊销净额为 960 万元，应收账款以外的其他速动资产忽略不计，计算该公司应收账款周转期。

(二) 综合练习

练习一

1. 目的：练习财务比率的计算，并评价相关指标。

2. 资料：大宇公司 2014 年 12 月 31 日的部分账户资料如表 2-12 所示。

表 2-12 部分账户资料表 金额单位：元

项　　目	期末余额
货币资金	1 503 600
以公允价值计量且其变动计入当期损益的金融资产——债券投资	29 160
应收票据	60 000
固定资产	24 840 000
其中：累计折旧	300 000
应收账款	210 000
其中：坏账准备	12 000
原材料	450 000
应付票据	90 000
应交税费	60 000
应付利息	1 000 000
长期借款——基建借款	1 800 000

要求：

(1) 计算该企业的营运资本；

(2) 计算该企业的流动比率；

(3) 计算该企业的速动比率；

(4) 计算该企业的现金比率；

(5) 简要分析其短期偿债能力的好坏。

练习二

1. 目的：练习财务比率的计算，并评价相关指标。

2. 资料：某企业连续三年的资产负债表中相关资产项目的数额如表 2-13 所示。

表 2-13　资产负债表部分项目资料　　金额单位：万元

项　　目	2012 年年末	2013 年年末	2014 年年末
流动资产	2 200	2 680	2 680
其中：应收账款	944	1 028	1 140
存货	1 060	928	1 070
固定资产	3 800	3 340	3 500
资产总额	8 800	8 060	8 920

已知 2014 年主营业务收入额为 10 465 万元，比 2013 年增长了 15%，其主营业务成本为 8 176 万元，比 2013 年增长了 12%。

3. 试计算并分析：

(1) 该企业 2013 年和 2014 年的应收账款周转率、成本基础计算存货周转率、流动资产周转率、固定资产周转率、总资产周转率。

(2) 对该企业的资产运用效率进行评价。

练习三

1. 目的：练习财务比率的计算，并评价相关指标。

2. 资料：某企业有关的财务比率如表 2-14 所示。

表 2-14　财务比率资料

项　　目	本企业	本行业平均水平	差　异
流动比率	1.5	1.11	+0.39
速动比率	0.4	0.55	−0.15
存货周转率/次	3.5	4	−0.5
应收账款周转率/次	6.25	6	+0.25
流动资产周转率/次	2.5	3.1	−0.6

3. 要求：请写出表 2-14 财务比率的计算公式，并通过对各指标的评价，说明存货周转率和应收账款周转率两个指标，在分析偿债能力和资产运用效率时所起的作用。

练习四

1. 目的：练习用水平分析法和垂直分析法对资产负债表进行分析。

2. 资料：某企业资产负债表如表 2-15 所示。

表 2-15 资产负债表 金额单位:元

项目	2014 年一季(20140331)	2014 年中期(20140630)	2014 年三季(20140930)	2014 年度(20141231)
流动资产	390 999 906.21	519 425 469.78	555 703 269.43	436 959 487.35
货币资金	69 787 962.09	78 074 980.99	116 730 095.42	142 606 450.25
应收账款	88 474 935.41	165 939 479.82	176 513 325.79	122 254 586.11
其他应收款	6 052 928.33	8 792 480.41	3 628 855.65	4 264 800.52
预付账款	91 043 480.47	83 820 828.61	62 037 706.25	30 460 751.81
存货	135 640 599.91	182 797 699.95	196 283 556.57	133 372 898.66
待摊费用	1 083 333.31	1 148 333.32	1 213 333.33	1 278 333.33
长期投资	21 000 000.00	1 000 000.00	1 000 000.00	1 000 000.00
固定资产	188 943 696.73	187 484 786.40	182 406 467.75	150 780 119.53
无形资产	48 338 891.26	55 163 769.08	55 457 588.39	46 528 999.27
资产合计	665 526 347.82	775 407 799.45	806 301 757.92	643 580 876.89
流动负债	176 606 867.77	333 504 712.07	374 206 800.52	229 729 751.05
应付账款	84 344 720.10	169 236 155.42	203 196 293.44	113 190 014.68
预收账款	12 665 161.43	13 420 483.54	11 184 338.04	9 417 196.00
长期负债	—	—	—	—
负债合计	177 406 867.77	334 304 712.07	375 006 800.52	230 529 751.05
股东权益	488 119 480.05	441 103 087.38	431 294 957.40	413 051 125.84
股本	150 560 000.00	150 560 000.00	75 280 000.00	75 280 000.00
资本公积	160 971 870.95	160 971 772.25	221 195 772.25	221 195 772.25
盈余公积	20 292 329.22	20 292 329.22	20 292 329.22	20 292 329.22
未分配利润	126 791 967.23	107 939 609.25	114 061 485.97	96 283 024.37
负债及股东权益合计	665 526 347.82	775 407 799.45	806 301 757.92	643 580 876.89

3. 要求:请分别用水平分析法和垂直分析法对所给企业的资产负债表进行分析。

利润表的阅读与分析

能运用财务报表分析的比率分析法等基本方法进行利润表的阅读和企业赢利能力分析。

知识目标

明确利润表的内容和结构；熟悉利润表的编制原理及编制方法；理解利润表项目蕴涵的经营信息；掌握利润表阅读和分析中运用的分析方法。

寅吃卯粮，透支未来收入

科龙电器(000921)发布未审计的半年报称：关于2004年本公司5.76亿元的货物销售事项的跟踪——前任审计师在其2004年度审计报告的审计意见中提出本公司对两家国内客户销售5.76亿元的货物，但未能从客户取得直接的回函确认，而且截至2004年12月31日该笔货款尚未收回。本公司董事会与管理当局对此事作了积极的跟踪，该事项的跟踪处理情况如下：经查证，前任审计意见中所提及的5.76亿元的销售，是依据本公司2004年向两家客户实际开具销售发票金额2.03亿元，加上本公司2004年年底向两家客户已出库未开票货物补记收入4.27亿元，再减去本公司2004年对两家客户确认的退货0.54亿元后计算得来的。而实际上本公司2004年向两家客户实际开具销售发票金额2.03亿元中有1.21亿元属于本公司对2003年度的已出库未开票货物补开发票，该笔销售本公司在2003年已经确认了销售收入，所以当中只有0.82亿元包含在本公司2004年度的收入中，本公司2004年度实际上向两家客户销售了4.27亿元加上0.82亿元总共5.09亿元的货物，其中已经收到货款的销售为0.78亿元，另外4.31亿元的货物由于两家客户到期未能付款，在本公司要求下已将货物陆续退回本公司，该批退回的货物大部分已经在2005年上半年销售给其他客户。对于该笔4.31亿元的退货，由于占2004年度对该客户的销售比例不正常，并且前任审计师对该笔销售的真实性提出怀疑，本公司管理层认为该笔4.31亿元的销售在2004年确认收入不正当，所以本公司按追溯调整法进行了处理，此项追溯调整法调减了本公司2005年年初未分配利润1.12亿元。

这个解释表明，科龙电器2004年度确实虚增巨额的收入和利润，而实际上从该解释我们也可以发现，计入2003年度1.21亿元收入确认也是有疑问的，怀疑计入2004年度更恰当；事实上，2003年度确认收入有多少属于2004年度可能还有待于进一步核查，这只是一份管理层没有变动情况下未审计的半年报，相信还有更多的财务舞弊手法还未为人所知。实际上，结合2004年报对提取退货准备的解释，可以判断科龙电器2003年度也犯了同样的错误，至少有1.21亿元收入怀疑是虚构的或有提前确认之嫌。

此前有网友在新浪网留言称：2002年12月份，科龙电器针对当月销售出台了一项销售政策，要点如下：①空调淡季当旺季；②经销商12月份打款享受9月份的贴息政策；③经销商用科龙电器账上金额提货，享受提货奖励和年度奖励；④经销商可以不把货提走，科龙电器的各分公司仓库调整出部分位置放经销商的货；⑤如2003年价格调整，享受补差政策；⑥如经销商所提之货，旺季不能销售，可换货；⑦12月份的客户发票全部留在科龙电器各分公司，用于退货冲账。

现在分析这段话的真假，笔者认为可信度非常高，调节经销商库存是企业最常用的会计数字游戏手法之一，填塞渠道极端表现是假销售及假退货，科龙电器2003年度退回2亿多元也怀疑有使用填塞渠道游戏的迹象；此外，还怀疑科龙电器使用了臭名昭著的开票持有方式，这种销售方式经销商连货都没提，还放在科龙电器的仓库中（当然这个仓库也可能是其秘密租赁的），科龙电器两家经销商2005年上半年发生4.31亿元的销售退回，怀疑根本就是虚构收入或未转移货物所有权的收入确认。

启示 诚信是根、真实为本

作为企业经济活动载体的会计信息必须真实、可靠。"诚信为本，不做假账"是前任国务院总理朱镕基在任期间对会计人员的中肯要求。诚信是做人之本，也是企业生存和发展之本，提供真实可靠的信息供报表使用者阅读与分析，对企业和报表信息使用者是一举多得的好事。欺上瞒下，采用移花接木的方式提供虚假的信息给决策者，最终将被淘汰出局。这样的事例不胜枚举，这里不再一一赘述。但有一点，必须注意，诚信是做人、做企业的根本，企业的生存离不开诚信，企业的发展更离不开诚信。客观真实反映企业的经济活动，是企业长期存续之根本。俗话说：己所不欲，勿施于人。没有任何一个人或一个企业希望得到虚假的信息，即大家都希望得到真实的信息、可靠的信息，而绝不是虚妄不实的信息，因此，欲求企业长远发展，必须以真实为本。这样企业才会有活力、有动力、有发展的潜力与发展的实力，才可能撑起百年老店、千年不朽的业绩。

任务 3.1 利润表的阅读

1. 营业收入项目的阅读

“营业收入”项目反映的是企业的主营业务收入和其他业务收入的总和，阅读时应结合利润表附表进行，从而了解营业收入中主营业务收入和其他业务收入各自的金额，帮助读者分析企业主营业务发展趋势，进而做出合理的决策。通过对比不同期间该项目的变化，可以掌握企业经营前景和未来发展态势。若与基期比较该项目增加，说明企业经营状况良好，经营前景乐观，投资者可以考虑投资计划。但具体决策还需要通过进一步分析做出。星辉股份有限公司 2014 年度利润表（沿用表 1-6 的资料）、利润表及变动情况表（见表 3-1）显示 2014 年营业收入总额为 783 027 675.40 元，比 2013 年的 618 147 466.27 元净增164 940 209.13元，说明该公司 2014 年经营情况平稳上升，经营前景广阔。

表 3-1 星辉股份有限公司利润表及变动情况表

2014 年度　　　　金额单位：元

项　　目	本　期　数	上年同期数	变动情况
一、营业收入	783 027 675.40	618 087 466.27	164 940 209.13
减：营业成本	633 224 765.34	500 938 948.94	132 285 816.40
营业税金及附加	2 550 720.65	1 753 126.38	797 594.27
销售费用	46 719 056.36	28 541 170.02	18 177 886.34
管理费用	28 325 883.65	28 921 141.19	−595 257.54
财务费用	7 389 036.46	5 641 656.50	1 747 379.96
资产减值损失	3 203 113.79	1 484 899.07	1 718 214.72
加：公允价值变动收益（损失以“—”号填列）			
投资收益（损失以“—”号填列）	−4 117 708.61	180 787.23	−4 298 495.84
其中：对联营企业和合营企业的投资收益			
二、营业利润（亏损以“—”号填列）	57 497 390.54	50 987 312.40	6 510 078.14
加：营业外收入	5 741 289.19	1 395 776.51	4 345 512.66
其中：非流动资产处置利得			
减：营业外支出	1 988 396.40	1 210 782.10	777 614.30
其中：非流动资产处置损失			
三、利润总额（亏损总额以“—”号填列）	61 250 283.33	51 172 306.81	10 077 976.52
减：所得税费用	13 392 465.19	14 009 085.25	−616 620.06
四、净利润（净亏损以“—”号填列）	47 857 818.14	37 163 221.56	10 694 596.58
五、其他综合收益的税后净额			
（一）以后不能重分类进损益的其他综合收益			
1. 重新计量设定受益计划净负债或净资产的变动			

续表

项　　目	本　期　数	上年同期数	变动情况
2. 权益法下在被投资单位不能重分类进损益的其他综合收益中享有的份额			
……			
（二）以后将重分类进损益的其他综合收益			
1. 权益法下在被投资单位以后将重分类进损益的其他综合收益中享有的份额			
2. 可供出售金融资产公允价值变动损益			
3. 持有至到期投资重分类为可供出售金融资产损益			
4. 现金流量套期损益的有效部分			
5. 外币财务报表折算差额			
……			
六、综合收益总额	47 857 818.14	37 163 221.56	10 694 596.58
七、每股收益			
（一）基本每股收益	0.69	0.66	0.03
（二）稀释每股收益	0.69	0.66	0.03

2. 营业成本项目的阅读

“营业成本”项目与“营业收入”项日相对应，反映的是企业的主营业务成本和其他业务成本的总和。阅读时应结合利润表附表进行，以了解营业成本中主营业务成本和其他业务成本各自的数额，看是否与营业收入相匹配。同时，还应比较报告期与基期的成本变化，分析成本变化的趋势则需要通过进一步借助财务分析方法才能进行。星辉股份有限公司2014年度利润表、利润表及变动情况表显示2014年营业成本为633 224 765.34元，比2013年的500 938 948.94元净增132 285 816.40元，与营业收入增加的幅度基本平衡，具体情况需要进一步分析解读。

3. 营业税金及附加项目的阅读

“营业税金及附加”项目反映的是企业主营业务和其他业务应交的营业税、消费税、城市维护建设税、教育费附加等税费，一般与营业收入成比例。通过阅读此项目的增加或减少即可知晓营业收入的增加或减少。星辉股份有限公司2014年度利润表、利润表及变动情况表显示2014年营业税金及附加为2 550 720.65元，比2013年的1 753 126.38元净增797 594.27元，与营业收入的增加基本保持平衡。具体详细的情况需待进一步分析解读。

4. 销售费用项目的阅读

“销售费用”项目反映的是企业销售商品和材料、提供劳务的过程中发生的各种费用，包括包装费、保险费、展览费、广告费、商品维修费、预计产品质量保证损失、运输费、装卸

费等，以及为销售本企业商品而专设的销售机构的职工薪酬、业务费、折旧费等经营费用，此外企业发生的与专设销售机构相关的固定资产修理等后续支出也在此项列示。阅读时应关注其变化情况，是否与营业收入成比例变动，至于导致变化的因素还需结合利润表附表进行收入的研读。星辉股份有限公司 2014 年度利润表、利润表及变动情况表显示 2014 年销售费用为 46 719 056.36 元，比 2013 年的 28 541 170.02 元净增 18 177 886.34 元，与营业收入的变化基本保持平衡。如果企业欲研究节约开支、提高效益的措施，仍需要进一步分析和研究。

5. 管理费用项目的阅读

"管理费用"项目反映的是企业为组织和管理企业生产经营活动发生的费用，包括企业在筹建期间内发生的开办费、董事会和行政管理部门在企业的经营管理中发生的或者应由企业统一负担的公司经费、工会经费、董事会费、诉讼费、业务招待费、房产税、车船使用税、土地使用税、印花税、技术转让费、矿产资源补偿费、研究费用、排污费等支出。阅读时一般通过比较掌握其变动情况，分析其变化是否合理，有无降低的空间。星辉股份有限公司 2014 年度利润表、利润表及变动情况表显示 2014 年管理费用为 28 325 883.65 元，比 2013 年的 28 921 141.19 元降低了 595 257.54 元，在企业营业收入持续上升的形势下，企业的管理费用反而下降，说明企业重视节约开支，至于具体是哪些因素的影响，还应进一步结合相关资料深入分析。

6. 财务费用项目的阅读

"财务费用"项目反映的是企业为筹集生产经营所需资金而发生的筹资费用，包括利息支出、汇兑损益，以及相关的手续费、企业发生的现金折扣或收到的现金折扣等。为购建或生产资本化条件的资产而发生的借款费用中不能资本化的部分也应在此列示。阅读时主要关注其变化情况，进而分析节约开支的可能性。星辉股份有限公司 2014 年度利润表、利润表及变动情况表显示 2014 年财务费用为 7 389 036.46 元，比 2013 年的 5 641 656.50 元净增 1 747 379.96 元。这一变化应结合企业资金筹集和资本市场综合分析是否属于合理变动。

7. 资产减值损失项目的阅读

"资产减值损失"项目反映的是企业计提各项资产减值准备所形成的损失。企业应提供减值损失的相关证明材料。对于其变化，必须结合相关证明材料进行相应的分析，才能解读其变化的具体原因，从而采取相应的对策。星辉股份有限公司 2014 年度利润表、利润表及变动情况表显示 2014 年该项目为 3 203 113.79 元，比 2013 年的 1 484 899.07 元增加了一倍多，应进一步取得相关证明材料深入分析，合理规划。

8. 公允价值变动收益项目的阅读

"公允价值变动收益"项目反映的是企业交易性金融资产、交易性金融负债，以及采用公允价值模式计量的投资性房地产、衍生工具、套期保值业务等公允价值变动形成的应计

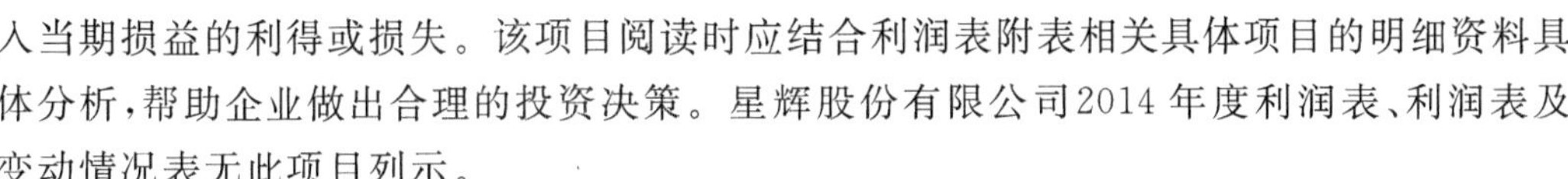
入当期损益的利得或损失。该项目阅读时应结合利润表附表相关具体项目的明细资料具体分析，帮助企业做出合理的投资决策。星辉股份有限公司2014 年度利润表、利润表及变动情况表无此项目列示。

9. 投资收益项目的阅读

“投资收益”项目反映的是企业进行对外投资发生的投资损失或投资收益。本项目应结合企业的具体投资项目进行阅读和分析，以便企业做出合理的投资决策。星辉股份有限公司2014 年度利润表、利润表及变动情况表显示 2014 年本项目为－4 117 708.61 元，说明是投资损失，企业应分析发生损失的原因，从而做出合理的投资决策。

10. 营业利润项目的阅读

“营业利润”项目等于营业收入减去各项营业成本和营业支出加投资收益等综合计算的结果。阅读时应通过对比不同期间的变化，找出节约增效的途径和措施。星辉股份有限公司 2014 年度利润表、利润表及变动情况表显示 2014 年营业利润为 57 497 390.54 元，比 2013 年的 50 987 312.40 元净增 6 510 078.14 元，说明企业经营顺畅，但是否有更大的利润空间，还应进行进一步分析和研究。

11. 营业外收入项目的阅读

“营业外收入”项目反映的是企业发生的营业外的收入，主要包括非流动资产处置利得、非货币性资产交换利得、债务重组利得、政府补助、盘盈利得、捐赠利得等。阅读时应结合利润表附表进行。星辉股份有限公司 2014 年度利润表、利润表及变动情况表显示 2014 年该项目为 5 741 289.19 元，应进行进一步的分析和研究。

12. 营业外支出项目的阅读

“营业外支出”项目反映的是企业发生的各项营业外支出，包括非流动资产处置损失、非货币性资产交易损失、债务重组损失、公益性捐赠支出、非常损失、盘亏损失等。阅读时应结合利润表附表进行。星辉股份有限公司 2014 年度利润表、利润表及变动情况表显示 2014 年该项目为 1 988 396.40 元，应根据利润表附表具体分析。

13. 利润总额项目的阅读

“利润总额”项目反映的是企业的营业利润与营业外收支净额的和，通过阅读此项目总括地了解企业利润的总量，并通过对比分析，找出进一步提高利润的途径和方法。星辉股份有限公司 2014 年度利润表、利润表及变动情况表显示 2014 年利润总额为 61 250 283.33 元，比 2013 年的 51 172 306.81 元净增 10 077 976.52 元，说明企业经营形势比较乐观，至于还是否能进一步提高，需要进行详细分析和研读。

14. 所得税费用项目的阅读

“所得税费用”项目是企业应纳税所得额与所得税税率的乘积，反映企业确认的应从当期利润总额中扣除的所得税费用。本项目实质上是应纳所得税税额的反映。阅读时应结合相关资料综合评价。星辉股份有限公司2014年度利润表、利润表及变动情况表显示2014年所得税费用为13 392 465.19元,可以结合所得税纳税申报表进行阅读与分析。

15. 净利润项目的阅读

"净利润"项目是利润总额与所得税费用的差,不需特别注意。但通过阅读该项目可以了解企业净利润的总体水平。星辉股份有限公司2014年度利润表、利润表及变动情况表显示2014年净利润为47 857 818.14元,与2013年比较有大幅度提高。至于提高的原因应进一步运用财务分析的专门方法查找。

16. 其他综合收益的税后净额项目的阅读

"其他综合收益的税后净额"项目反映企业根据企业会计准则规定未在损益中确认的各项利得和损失扣除所得税影响后的净额。企业在计算利润表中的其他综合收益时,应当扣除所得税影响,并在报表中列报其他综合收益各项目及其所得税影响。利润表中本公司无此项目,说明当年无此类业务发生。

17. 综合收益总额项目的阅读

"综合收益总额"项目反映企业净利润与其他综合收益的合计金额。由于本公司本年度无其他综合收益业务的发生数,因此,综合收益总额即为净利润数额47 857 818.14元,分析结论同净利润项目的阅读结论。

18. 每股收益项目的阅读

"每股收益"项目反映的是企业归属于普通股股东的净利润除以发行在外普通股股票的加权平均数。作为投资者来说,他们比较关注的首先应是这一项目,通过该项目股东可以计算自身在报告企业净利润中拥有的份额。星辉股份有限公司2014年度利润表、利润表及变动情况表显示2014年每股收益为0.69元,比2013年增加0.03元,这是相当不容易的事情,作为企业的管理者应该引以为荣。但仍需具体分析增加的真实因素,探讨持续增加的途径和方法。

任务3.2 利润表的分析

3.2.1 利润表的结构分析

现行利润表采用多步式结构,按照先计算营业利润、再计算利润总额、净利润、每股收益的先后顺序依次排列。利润表的格式如表1-4所示。利润表的这种排列顺序有助于报表信息使用者清晰明了地分析企业的利润形成及各部分利润在形成净利润中的地位。

(1) 首先列示的是营业收入。这一项告诉报表信息使用者报告企业在相应会计期间所取得的主营业务和其他业务收入的总和即全部营业收入，它是形成利润的保证和前提。

(2) 列示营业利润的形成过程。这一步让报表信息使用者了解取得营业收入的同时企业付出了多大的代价，包括营业成本、营业税金及附加、销售费用、管理费用、财务费用、资产减值损失、公允价值变动收益、投资收益等项目，详尽列示各项成本、费用和税金的数目，真实再现企业经营的总体过程，让人一目了然。

(3) 列示利润总额的形成过程。以营业利润为前提，加营业外收入，减营业外支出即得利润总额。它反映了利润总额与营业利润以及营业外收支的关系，是营业利润与营业外收支净额的和，让报表信息使用者知晓报告企业的经济实力和经营前景。因为营业利润是利润总额的生命，若利润总额中营业外收支净额占比颇高，则意味企业经营情况不理想，经营形势不乐观，经营前景不看好；反之，企业的经营形势乐观，经营前景光明，经营状况平稳。

(4) 列示净利润的形成。即利润总额减所得税费用，它反映的是报告企业按照现行企业所得税法的规定从利润总额中扣除的，应计入所得税费用的金额，两者的配合形成了报告企业的税后净利润，它是企业利润分配的源泉和基础，是投资者最关心的指标之一。

(5) 列示每股收益。即普通股股东享有的每股净利润，它亦是普通股股东关心和关注的指标之一。

利润表结构分析主要采用垂直分析法，即根据利润表中的资料，通过计算各利润构成因素占营业收入的比重，分析说明企业净利润的结构及增减变动的合理程度。

下面结合表 1-6 提供的利润表进行垂直分析如表 3-2 所示。

从表 3-2 可以看出星辉股份有限公司 2014 年度各项利润因素的构成情况，其中营业成本占比为 80.87%，比 2013 年的 81.05%有所下降；营业税金及附加、销售费用、财务费用、资产减值损失都不同程度地提高了在营业收入中的比重，这些项目的提高会对企业营业利润的提高产生抑制作用，若持续下去，则可能导致营业利润持续走低，最终影响企业的利润总额，甚至出现亏损；管理费用占比与 2013 年相比下降了 1.06%，下降的幅度较大，这对于提高企业的营业利润率是有利的影响，企业应积极探讨继续降低相关支出的策略，以期达到营业利润的持续增长；投资收益项目的占比为负数，说明企业的对外投资发生了损失，应分析投资失利的原因，将有限的资金投入到比较有发展空间和实力的企业，以增强自身实力；营业利润的占比为 7.34%，比 2013 年的 8.25%下降了近 1%，呈现下降的趋势，这对企业的成长不利；利润总额的占比为 7.82%，比 2013 年的 8.28%依然呈现下降趋势，这主要是由于营业利润的下降所致；净利润的占比为 6.11%与 2013 年度占比 6.01%相比反而提高了，这主要是所得税税率下降的原因所致，这从企业的长远发展来看并不乐观，因为企业的所得税作为企业取得应纳税所得额的一种必要支出，是企业应纳税所得增减变动的直接反映。总之，该企业的净利润占比最终是上升了，尽管其中存在不足，但作为企业的经营管理者和投资者来说，必须正视企业面临的问题，从中找到解决措施。

表 3-2　星辉股份有限公司利润垂直变动趋势分析表

2014 年度　　　　金额单位:元

项　　目	本　期　数	占比/%	上年同期数	占比/%
一、营业收入	783 027 675.40	100	618 087 466.27	100
减:营业成本	633 224 765.34	80.87	500 938 948.94	81.05
营业税金及附加	2 550 720.65	0.33	1 753 126.38	0.28
销售费用	46 719 056.36	5.97	28 541 170.02	4.62
管理费用	28 325 883.65	3.62	28 921 141.19	4.68
财务费用	7 389 036.46	0.94	5 641 656.50	0.91
资产减值损失	3 203 113.79	0.41	1 484 899.07	0.24
加:公允价值变动收益(损失以"—"号填列)				
投资收益(损失以"—"号填列)	—4 117 708.61	—0.52	180 787.23	0.03
其中:对联营企业和合营企业的投资收益				
二、营业利润(亏损以"—"号填列)	57 497 390.54	7.34	50 987 312.40	8.25
加:营业外收入	5 741 289.19	0.73	1 395 776.51	0.23
其中:非流动资产处置利得				
减:营业外支出	1 988 396.40	0.25	1 210 782.10	0.20
其中:非流动资产处置损失				
三、利润总额(亏损总额以"—"号填列)	61 250 283.33	7.82	51 172 306.81	8.28
减:所得税费用	13 392 465.19	1.71	14 009 085.25	2.27
四、净利润(净亏损以"—"号填列)	47 857 818.14	6.11	37 163 221.56	6.01
五、其他综合收益的税后净额				
(一)以后不能重分类进损益的其他综合收益				
1. 重新计量设定受益计划净负债或净资产的变动				
2. 权益法下在被投资单位不能重分类进损益的其他综合收益中享有的份额				
……				
(二)以后将重分类进损益的其他综合收益				
1. 权益法下在被投资单位以后将重分类进损益的其他综合收益中享有的份额				
2. 可供出售金融资产公允价值变动损益				
3. 持有至到期投资重分类为可供出售金融资产损益				
4. 现金流量套期损益的有效部分				

续表

项　　目	本　期　数	占比/%	上年同期数	占比/%
5. 外币财务报表折算差额				
……				
六、综合收益总额	47 857 818.14	6.11	37 163 221.56	6.01
七、每股收益				
（一）基本每股收益	0.69		0.66	
（二）稀释每股收益	0.69		0.66	

3.2.2 企业赢利能力分析

赢利能力通常是指企业在一定时期内赚取利润的能力，它是一个相对概念，即利润是相对于一定的资源投入、一定的收入而言的。利润率越高，赢利能力越强；利润率越低，赢利能力越差。企业经营业绩的好坏最终可通过企业的赢利能力来反映。无论是企业的经营管理人员，还是股东、债权人，都非常关心企业的赢利能力，并重视对利润率及其变动趋势的分析及预测。

衡量或反映企业赢利能力的指标有：反映资本经营赢利能力的指标，如总资产报酬率、负债利息率、净资产收益率等；反映资产经营赢利能力的指标，如总资产报酬率等；反映商品经营赢利能力的指标，如收入利润率等。

1. 资本经营赢利能力分析

资本经营赢利能力是指企业的所有者通过投入资本经营所取得的利润的能力。反映资本经营赢利能力的基本指标是净资产收益率，即企业本期净利润与本期净资产的比率，其计算公式为

$$净资产收益率=净利润\div 平均净资产\times 100\%$$

净资产收益率是反映企业赢利能力的核心指标。因为企业经营的根本目标是所有者权益或股东价值最大化，而净资产收益率既可直接反映资本增值能力，又影响企业股东价值的大小。该指标越高，反映企业赢利能力越强。评价时，参照指标一般选取社会平均利润率、行业平均利润率或资本成本率等。

(1) 影响资本经营赢利能力的因素

反映资本赢利能力的指标是净资产收益率，影响净资产收益率的因素有：总资产报酬率、负债利息率、企业资本结构、企业所得税率等。

(2) 资本经营赢利能力因素分析

总资产报酬率的影响体现为：总资产报酬率越高，净资产收益率越高。因为净资产是企业全部资产扣除负债后的余额，总资产报酬率必然影响净资产收益率，且呈正向变动关系。负债利息率、资本结构或负债与净资产之比对净资产收益率的影响体现为：当总资产报酬率高于负债利息率时，加大负债与净资产之比，对净资产收益率产生有利影响，即可以提高净资产收益率；反之，当总资产报酬率低于负债利息率时，加大负债与净资产之比

对净资产收益率产生不利影响即降低净资产收益率。因为当总资产报酬率高于负债利息率时,由于负债的抵税作用,会使净资产收益率提高,而负债与净资产之比加大则能更有效利用负债的抵税作用,提高净资产收益率。所得税税率对净资产收益率的影响体现为:所得税税率提高,净资产收益率下降;反之,所得税税率降低,净资产收益率上升。

注意:这里讲的资本结构是指负债与所有者权益之比,二者的比值反映了企业的融资结构和融资策略,资本结构的另一种表现形式是权益乘数,即资产与负债之比,这一内容后面会探讨。

综合以上因素对净资产收益率的影响表现为

净资产收益率=[总资产报酬率+(总资产报酬率-负债利息率)×负债÷净资产]×(1-所得税税率)

其中的所得税税率由[(利润总额-净利润)÷利润总额]推算得出;负债利息率由(财务费用中的利息支出÷负债)推算得出。

总资产报酬率见“2. 资产经营赢利能力分析”。

小提示

注意这里的负债利息率和所得税税率不是直接引用贷款的利息率或国家法律规定的所得税率,至于这样推算是否合理或有意义有待探讨。但从企业投资者的角度而言是重要的。因为两个项目最终均导致净利润下降,从而影响投资者的利益;相对于债权人和经营者来说,则另当别论。

2. 资产经营赢利能力分析

(1) 资产经营赢利能力及评价指标

资产经营赢利能力是指企业运营资产所产生的利润的能力。反映资产经营赢利能力的指标是总资产报酬率,即息税前利润与平均总资产之间的比率。利用资产负债表和利润表的相关资料即可计算出总资产报酬率,计算公式为

总资产报酬率=(利润总额+利息支出)÷平均总资产×100%

总资产报酬率指标为什么包括利息支出呢?因为企业经营的总资产取得的收入,最终增加净利润,但同时首先应承担利息支出,即总资产产生的利益先保障债权人的利益,再提供给投资者享有,债权人享有的部分表现为利息支出,投资者享有的部分表现为净利润。

评价这一指标时,应结合企业自身前期的比率、同行业其他企业的比率等进行比较,并进一步分析,找出有利和不利的因素,以提高企业的总资产报酬率,从而提高企业的资产经营赢利能力。

(2) 资产经营赢利能力因素分析

$$总资产报酬率=\frac{销售(营业)收入}{平均总资产}\times\frac{利润总额+利息支出}{销售(营业)收入}\times100\%$$

$$=总资产周转率\times销售息税前利润率$$

其中,销售(营业)收入÷平均总资产=总资产周转率,(利润总额+利息支出)÷销售

（营业）收入×100％＝销售息税前利润率，（利润总额＋利息支出）通常称作息税前利润。

可见，影响总资产报酬率的因素有两个：一是总资产的周转率，该指标是反映企业营运能力的指标，可用于说明企业资产的运用效率，是企业资产经营效果的直接体现；二是销售息税前利润率，反映了企业商品生产经营的赢利能力，产品赢利能力越强，销售利润率越高。

总之，总资产报酬率受到上述两个因素的综合影响。

3. 商品经营赢利能力分析

商品经营是相对资产经营和资本经营而言的。商品经营赢利能力不考虑企业的筹资或投资问题，只研究利润与收入或成本之间的关系。因此，反映商品经营赢利能力的指标可分为两类：一类是各种利润额与收入之间的比率，统称收入利润率；另一类是各种利润额与成本之间的比率，统称成本利润率。

（1）收入利润率分析

反映收入利润率的指标有主营业务利润率、营业收入利润率、息税前利润率、营业净利润率等。

其中，主营业务利润率是主营业务利润与主营业务收入之间的比率；营业收入利润率是营业利润与营业收入之间的比率；息税前利润率是利润总额与利息支出的和与营业收入之间的比率；营业净利润率是净利润与营业收入之间的比率。

收入利润率指标是正指标，指标值越高越好。分析评价时应参照行业平均值、企业目标值等进行判断，不可妄加判断。

（2）成本利润率分析

反映成本利润率的指标有营业成本利润率、营业成本费用利润率、全部成本费用利润率、全部成本费用净利润率等。

其中，营业成本利润率是营业利润与营业成本之间的比率；营业成本费用利润率是营业利润与营业成本费用总额之间的比率；全部成本费用利润率是营业利润与营业成本费用总额加营业外支出的和之间的比率；全部成本费用净利润率是净利润与全部成本费用总额加营业外支出的和之间的比率。

注意：营业成本费用总额是营业成本、营业税金及附加、销售费用、管理费用、财务费用、资产减值损失这些项目之和。成本费用利润率在分析时，可以分别对成本项目进行逐项分析。如销售成本利润率、销售费用利润率等。

成本费用利润率反映企业投入与产出之比，即所得与所费的比率，是正指标，指标值越高越好。分析评价时，可结合企业管理要求进行判断。

3.2.3 企业自身发展能力分析

企业的发展能力，也称企业的成长性，它是企业通过自身的生产经营活动，不断扩大积累而形成的发展潜能。企业能否健康发展取决于多种因素，包括外部经营环境，企业内在素质及资源条件等。企业发展能力分析指标有销售增长率、资产增长率、收益增长率和可持续增长率等。

1. 销售增长率分析

(1) 销售增长率的含义与计算

销售增长率是指企业本年销售增长额与上年销售额之间的比率,反映销售的增减变动情况,是评价企业成长状况和发展能力的重要指标。其计算公式为

销售增长率=本年销售增长额÷上年销售额

=(本年销售额-上年销售额)÷上年销售额

(2) 销售增长率指标分析

销售增长率是衡量企业经营状况和市场占有能力、预测企业经营业务拓展趋势的重要指标,也是企业扩张增量资本和存量资本的重要前提。该指标越大,表明其增长速度越快,企业市场前景越好。销售增长率的分析又分为销售增长率的趋势分析和同业分析,其中趋势分析一般选取三年或三年以上的数据进行分析。

2. 资产增长率分析

(1) 资产增长率的含义与计算

在企业销售增长的前提下,一般会导致企业资产的增长,而企业资产的增长体现为企业的投资规模的增长。对于一个健康成长的企业来说,其投资规模应该是呈不断增加的趋势。如企业处在成长期,通常存在许多良好的投资机会,此时企业会加大投资规模;如公司处在成熟期或衰退期,通常缺乏投资机会,此时企业一般不会考虑增加投资规模。

资产增长率是企业本年资产的增加额与上年资产总额之间的比率,其计算公式为

资产增长率=本年资产增加额÷上年资产总额×100%

资产增长率是用来考核企业资产规模增长幅度的财务指标,资产增长率为正数,说明企业本年度资产规模增加;资产增长率为负数,说明企业本年资产规模减少;资产增长率为零,说明企业资产规模没有发生变化。

(2) 资产增长率指标分析

常用的分析方法有以下两种。

① 可以分别计算负债的增加和所有者权益的增加占资产增加额的比重,并进行比较。如果所有者权益增加额所占比重大,就说明企业资产的增加主要来源于所有者权益的增加,说明企业资产的增长状况良好;反之,负债增加额所占比重大,说明企业资产增加主要来源于负债的增加,反映企业资产的增长状况不好。

② 可以采用所有者权益增长率即资本积累率来分析。资本积累率是用于衡量企业所有者权益增长幅度的指标,其计算公式为

资本积累率=本年所有者权益增加额÷年初所有者权益×100%

资本积累率越高,表明企业本年度所有者权益增加得越多,可以反映企业资产增长状况良好;资本积累率越低,表明企业本年度所有者权益增加得越少,反映资产增长状况不是很理想。

为全面认识企业资产规模的增长趋势和增长水平,应将企业不同时期的资产增长率加以比较,即进行增长率的趋势分析。因为一个健康成长的企业,其资产规模应是不断增

长的，若时增时减，则说明企业经营不稳定，也说明企业并不存在良好的发展能力。

3. 收益增长率分析

一个企业的价值主要取决于企业的赢利及其增长能力，企业的赢利即收益的增长是反映企业增长能力的重要方面。而企业的收益通常表现为营业利润、利润总额、净利润等指标，据此，收益增长率也有不同的表现形式。在实践中，一般选择营业利润增长率和净利润增长率两个指标。

（1）营业利润增长率

一般来说，企业的创立或发展总是从单一产品开始，而处于成长期的企业多数都是主营业务突出、经营比较单一的企业。当企业进入成熟期时，其经营格局就会逐步由单一经营向多元化经营发展。因此，利用企业的主营业务利润增长率和营业利润增长率可以反映企业不同时期的成长性。在成长初期，采用主营业务利润率较为恰当；而在成长即将进入成熟期或已进入成熟期时采用营业利润率来考察企业的成长性则较为合适。

$$\text{主营业务利润增长率}=\frac{\text{本年主营业务利润增长额}}{\text{上年主营业务利润}}\times 100\%$$

$$\text{营业利润增长率}=\frac{\text{本年营业利润增长额}}{\text{上年营业利润}}\times 100\%$$

主营业务利润增长率或营业利润增长率越高，表明企业主营业务利润或营业利润增长越快，表明企业的主营业务突出或表明企业的日常经营稳定增长，企业的成长顺利。主营业务利润或营业利润增长率越低，表明企业主营业务发展停滞或日常经营不稳定，企业的业务扩展能力弱，成长不顺利。

要分析主营业务利润增长率或营业利润增长率的优劣，应结合企业的主营业务收入与主营业务成本、主营业务税金及附加或营业收入与营业成本、营业税金及附加、销售费用、管理费用、财务费用等期间费用进行具体分析。对于主营业务利润增长率而言，若通过分析发现主营业务利润增长率低于主营业务收入增长率则表明企业的主营业务成本、主营业务税金及附加等超过了主营业务收入的增长率，说明企业的主营业务能力不强，企业发展潜力值得怀疑。对于营业利润而言，若通过计算分析发现企业的营业利润增长率低于营业收入增长率，表明企业的营业成本、营业税金及附加、期间费用等增长超过了营业收入的增长，企业的发展能力令人质疑，应进一步分析，找出制约企业发展能力的因素，以提高企业的自身发展能力，增强竞争实力。

（2）净利润增长率

由于净利润是企业经营业绩的成果，因此净利润的增长是企业成长性的基本表现。净利润增长率的计算公式为

$$\text{净利润增长率}=\text{本年净利润增长额}\div\text{上年净利润}\times 100\%$$

净利润增长率越高，表明企业的收益增长得越多，说明企业的业绩突出，市场竞争能力越强；相反，净利润增长率越低，企业收益增长得越少，说明企业的经营业绩不佳，市场竞争能力越弱。

欲全面衡量一个企业的净利润增长率的优劣，全面分析其净利润的增长趋势和增长水平，仅仅计算和分析企业一个时期的净利润增长率是不够的，因为企业某个时期的净利

润可能会受一些偶然因素或非正常因素的影响，从而无法反映出企业净利润的总体增长趋势。正确分析企业净利润的增长趋势应该选取企业多年净利润的资料，进行净利润增长率指标的分析，才能发现其变化的趋势，从而得出企业是否具有良好的净利润发展趋势或是企业净利润发展不稳定。若通过多年资料的分析发现净利润增长率一直平稳上升，则说明企业具有良好的净利润发展趋势，企业具有良好的自我发展趋势；若其中或增或减或不增长等情况出现，则表明企业净利润增长不稳定，说明企业的赢利能力不稳定，不具备良好的增长趋势。

4. 可持续增长率

（1）可持续增长率的概念

由于企业要以发展求生存，销售增长是任何企业都无法回避的问题。企业增长的财务意义是资金增长。在销售增长时企业往往需要补充资金，这主要是因为销售增长通常会引起存货和应收账款等资产的增加。销售增长得越多，需要的资金越多。

从资金来源上看，企业增长的实现方式有三种：一是完全依靠内部资金增长。有些小企业无法取得借款，有些大企业不愿意借款，它们主要是靠内部积累实现增长。完全依靠内部来源支持的增长率就是所谓的“内涵增长率”。可是一个企业内部的财务资源是有限的，这往往会限制企业的发展，无法充分利用扩大企业财富的机会。二是主要依靠外部资金增长。从外部来源筹资，包括增加债务和股东投资，也可以提高增长率。主要依靠外部资金实现增长是不能持久的。增加负债会使企业的财务风险增加，筹资能力下降，最终会使借款能力完全丧失；增加股东投入资本，不仅会分散控制权，而且会稀释每股盈余，除非追加投资有更高的回报率；否则不能增加股东财富。三是平衡增长。平衡增长就是保持目前的财务结构和与此有关的财务风险，按照股东权益的增长比例增加借款，以此支持销售增长。这种增长率一般不会消耗企业的财务资源，是一种可持续的增长速度。

可持续增长率是指不增发新股并保持目前经营效率和财务政策条件下公司销售所能增长的最大比率。为了更好地研究可持续增长率，一般提出一些假设条件。

可持续增长率包括以下假设条件。

① 公司目前的资本结构是一个目标结构，并且打算继续维持下去。

② 公司目前的股利政策是一个目标股利政策，并且打算继续维持下去。

③ 不愿意或者不打算发售新股，增加债务是其唯一的外部筹资来源。

④ 公司的销售净利率将维持当前水平，并且可以涵盖负债的利息。

⑤ 公司的资产周转率将维持当前的水平。

在上述假设条件成立时，销售的实际增长率与可持续增长率相等。

虽然企业各年的财务比率总会有些变化，但上述假设基本上符合大多数公司的情况。大多数公司都不能随时增发新股。据国外有关统计资料显示，上市公司平均 20 年出售一次新股。我国上市公司增发新股亦有严格的审批程序，并且至少要间隔一定年限。改变经营效率（体现于资产周转率和销售净利率）和财务政策（体现于资产负债率和收益留存率），对于一个理智的公司来说是件非常重大的事情。当然，对于根本就没有明确的经营和财务政策的企业除外。

可持续增长的思想，不是说企业的增长不可以高于或低于可持续增长率，问题在于企业管理人员必须事先预计并且加以解决在公司超过可持续增长率之上的增长所导致的财务问题。超过部分的资金只有两种解决办法：提高经营效率，或者改变财务政策。提高经营效率并非总是可行的，改变财务政策是有风险和极限的，因此超常增长只能是短期的。尽管企业的增长时快时慢，但从长期来看总是受到可持续增长率制约的。

(2) 可持续增长率的计算

根据期初股东权益计算可持续增长率。限制销售增长的是资产，限制资产增长的是资金来源（包括负债和股东权益）。在不改变经营效率和财务政策的情况下（即企业平衡增长），限制资产增长的是股东权益的增长率。因此可持续增长率的计算公式可推导如下。

若假定总资产周转率不变，销售增长率＝资产增长率；若同时假定资产负债率不变，资产增长率＝净资产增长率，因此

可持续增长率＝资产增长率＝净资产增长率（股东权益增长率）
＝股东权益本期增加额÷期初股东权益
＝本期净利润×本期收益留存比率÷期初股东权益
＝期初净资产收益率×本期收益留存比率
＝期初总资产收益率×期初权益乘数×本期收益留存比率
＝期初总资产周转率×本期销售净利率×期初权益乘数
×本期收益留存比率

小提示

权益乘数是资产与所有者权益之比，这一指标值越大，表明企业的负债率越高。计算时，一般选用平均值，此处借用权益乘数公式，选用的是“期初股东权益”计算的，而未用平均权益或期末权益计算。

【例 3-1】

A 公司 2011—2014 年的主要财务数据如表 3-3 所示。

表 3-3　A 公司历年主要财务数据表　　金额单位：万元

年　　度	2011	2012	2013	2014
销售收入	1 000	1 100	1 430	1 352.46
净利润	50	55	71.5	67.62
留存收益	30	33	42.9	40.57
股东权益	330	363	405.9	446.47
总资产	390	429	557.7	527.46
期初净资产收益率/%		55/330＝16.67	71.5/363＝19.70	67.62/405.9＝16.66
收益留存比率/%		60	60	60
可持续增长率/%		10(16.67×60)	11.82	10
实际增长率/%		10	30.00	－5.42

① 根据期初股东权益计算的可持续增长率。

可持续增长率(2012 年)=期初净资产收益率×本期收益留存比率

=16.67%×60%=10%

实际增长率(2012 年)=(本年销售额－上年销售额)÷上年销售额×100%

=(1 100－1 000)÷1 000×100%=10%

其他年份的计算方法与此相同。

② 根据期末股东权益计算的可持续增长率。

可持续增长率也可以全部用期末数和本期发生额计算,而不使用期初数。其推导过程如下。

由于企业增长所需资金的来源有增加负债和增加股东权益两个来源

所以资产增加额=股东权益增加额+负债增加额 (3-1)

假设:资产周转率不变即资产随销售成正比例增加

则有: 资产增加额÷期末资产总额=销售增加额÷本期销售额

资产增加额=期末资产总额×(销售增加额÷本期销售额) (3-2)

假设:销售净利率不变

则有:股东权益增加额=留存收益增加额

=(基期销售额+销售增加额)×销售净利率×收益留存率 (3-3)

假设:财务结构不变即负债和所有者权益同比例增加

$$\text{则有:负债增加额}=\text{期末负债}\times\frac{\text{股东权益增加额}}{\text{期末股东权益}}$$

$$=\text{基期销售额}+\text{销售增加额}\times\text{销售净利率}\times\text{收益留存率}\times\frac{\text{期末负债}}{\text{期末股东权益}} \quad (3\text{-}4)$$

将式(3-2)~式(3-4)代入式(3-1):

期末资产总额×(销售增加额÷本期销售额)

=(基期销售额+销售增加额)×销售净利率×收益留存率

+(基期销售额+销售增加额)×销售净利率×收益留存率×期末负债÷期末股东权益

=(基期销售额+销售增加额)×销售净利率×收益留存率

×(1+期末负债÷期末股东权益)

$$\text{销售增加额}=\frac{\left(\begin{matrix}\text{基期}\\\text{销售额}\end{matrix}+\begin{matrix}\text{销售}\\\text{增加额}\end{matrix}\right)\times\begin{matrix}\text{期末总资产}\\\text{周转率}\end{matrix}\times\begin{matrix}\text{销售}\\\text{净利率}\end{matrix}\times\begin{matrix}\text{收益}\\\text{留存率}\end{matrix}\times\begin{matrix}\text{期末}\\\text{总资产}\end{matrix}}{\text{期末股东权益}}$$

令 A=期末总资产周转率×销售净利率×收益留存率×期末总资产÷期末股东权益

销售增加额=(基期销售额+销售增加额)×A

$$\text{销售增加额}=\frac{\text{基期销售额}\times A}{1-A}$$

$$\text{因此,可持续增长率}=\frac{\text{期末总资产周转率}\times\text{销售净利率}\times\text{收益留存率}\times\text{期末权益乘数}}{1-\text{期末总资产周转率}\times\text{销售净利率}\times\text{收益留存率}\times\text{期末权益乘数}}$$

使用上例的数据根据本公式计算的可持续增长率如表 3-4 所示。

表 3-4 计算得出的可持续增长率 金额单位:万元

年 度	2011	2012	2013	2014
销售收入	1 000	1 100	1 430	1 352.46
净利润	50	55	71.5	67.62
留存收益	30	33	42.9	40.57
股东权益	330	363	405.9	446.47
总资产	390	429	557.7	527.46
期末总资产周转率	2.564 1	2.564 1	2.564 1	2.564 1
销售净利率/%	5	5	5	5
期末权益乘数	1.181 8	1.181 8	1.374 0	1.181 4
期末净资产收益率/%	15.15	15.15	17.62	15.15
本期收益留存比率/%	60	60	60	60
可持续增长率/%	10	10	11.82	10
实际增长率/%	10	10	30	−5.42

根据可持续增长率公式(期末股东权益)计算如下:

$$\text{可持续增长率(2012 年)} = \frac{\text{期末净资产收益率} \times \text{本期收益留存比率}}{1 - \text{期末净资产收益率} \times \text{本期收益留存比率}}$$

$$= \frac{15.15\% \times 60\%}{1 - 15.15\% \times 60\%}$$

$$= 10\%$$

通过比较可以看出,两个公式计算的可持续增长率是一致的。

(3) 可持续增长率与实际增长率

通过上面的举例可以看出,可持续增长率与实际增长率是两个概念。可持续增长率是企业当前经营效率和财务政策决定的内在增长能力,而实际增长率是本年销售额比上年销售额的增长百分比。它们之间有一定联系。①如果某一年的经营效率和财务政策与上年相同,则实际增长率等于上年的可持续增长率。例如,2012 年的经营效率和财务政策与 2011 年相同,2012 年的实际增长率(10%)与根据 2011 年有关财务比率计算的可持续增长率(10%)相同。这种增长状态,在资金上可以永远持续发展下去,称为平衡增长。当然,外部条件是公司不断增加的产品能为市场接受。②如果某一年的公式中的 4 个财务比率有一个或多个数值增加,则实际增长率就会超过上年的可持续增长率。例如,2013 年期末权益乘数提高(其他比率不变)使得实际增长率上升到 30%,超过上年的可持续增长率(10%)。由此可见,超常增长是"改变"财务比率的结果,而不是持续当前状态的结果。企业不可能每年提高这 4 个财务比率,也就不可能使超常增长继续下去。③如果某一年的公式中的 4 个财务比率有一个或多个数值比上年下降,则实际销售增长率就会低于上年的可持续增长率。例如,2014 年权益乘数下降(其他比率不变)使得实际增长率下降到 −5.42%,低于上年的可持续增长率(10%)。即使该年的财务比率恢复到 2011 年和 2012 年的历史正常水平,下降也是不可避免的。超常增长之后,低潮必然接踵而来,对此事先要有所准备。如果不愿意接受这种现实,继续勉强冲刺,现金周转的危机很快就会来临。

可持续增长率的高低，取决于公式中的 4 项财务比率。销售净利率和资产周转率的乘积是资产净利率，它体现了企业运用资产获取收益的能力，决定于企业的综合实力。至于采用“薄利多销”还是“厚利少销”的方针，则是政策选择问题。收益留存比率和权益乘数的高低是财务政策选择问题，取决于决策人对收益与风险的权衡。企业的实力和承担风险的能力，决定了企业的增长速度。因此，实际上一个理智的企业在增长率问题上并没有多少回旋余地，尤其是从长期来看更是如此。一些企业由于发展过快陷入危机甚至破产；另一些企业由于增长太慢遇到困难甚至被其他企业收购，这说明不当的增长速度足以毁掉一个企业。

3.2.4 利润表的趋势分析

利润表的趋势分析，即通过对比多期利润表中的相关数据，找出形成利润的各个项目的变动趋势，进而探讨节约开支、增加收入以提高投入产出率、销售利润率和不断增加利润的分析活动。

利润表的趋势分析，应综合运用因素分析法、水平分析法、垂直分析法等多种方法实现。

下面仍以星辉股份有限公司资料为例进行说明。

1. 根据利润表，运用水平分析法进行利润表趋势分析

以表 1-6 利润表为资料，运用水平分析法，编制利润水平变动趋势分析如表 3-5 所示。

表 3-5 星辉股份有限公司利润水平变动趋势分析表

2014 年度　　　　金额单位：元

项　　目	本　期　数	上年同期数	变动情况	变动率/%
一、营业收入	783 027 675.40	618 087 466.27	164 940 209.13	26.69
减：营业成本	633 224 765.34	500 938 948.94	132 285 816.40	26.41
营业税金及附加	2 550 720.65	1 753 126.38	797 594.27	45.50
销售费用	46 719 056.36	28 541 170.02	18 177 886.34	63.69
管理费用	28 325 883.65	28 921 141.19	−595 257.54	−2.06
财务费用	7 389 036.46	5 641 656.50	1 747 379.96	30.97
资产减值损失	3 203 113.79	1 484 899.07	1 718 214.72	115.71
加：公允价值变动收益(损失以“－”号填列)				
投资收益(损失以“－”号填列)	−4 117 708.61	180 787.23	−4 298 495.84	−2 378.00
其中：对联营企业和合营企业的投资收益				
二、营业利润(亏损以“－”号填列)	57 497 390.54	50 987 312.40	6 510 078.14	12.77
加：营业外收入	5 741 289.19	1 395 776.51	4 345 512.66	311.33

续表

项　　目	本　期　数	上年同期数	变动情况	变动率/%
其中:非流动资产处置利得				
减:营业外支出	1 988 396.40	1 210 782.10	777 614.30	64.22
其中:非流动资产处置损失				
三、利润总额(亏损总额以"—"号填列)	61 250 283.33	51 172 306.81	10 077 976.52	19.69
减:所得税费用	13 392 465.19	14 009 085.25	−616 620.06	−4.4
四、净利润(净亏损以"—"号填列)	47 857 818.14	37 163 221.56	10 694 596.58	28.78
五、其他综合收益的税后净额				
(一)以后不能重分类进损益的其他综合收益				
1. 重新计量设定受益计划净负债或净资产的变动				
2. 权益法下在被投资单位不能重分类进损益的其他综合收益中享有的份额				
……				
(二)以后将重分类进损益的其他综合收益				
1. 权益法下在被投资单位以后将重分类进损益的其他综合收益中享有的份额				
2. 可供出售金融资产公允价值变动损益				
3. 持有至到期投资重分类为可供出售金融资产损益				
4. 现金流量套期损益的有效部分				
5. 外币财务报表折算差额				
……				
六、综合收益总额	47 857 818.14	37 163 221.56	10 694 596.58	28.78
七、每股收益				
(一)基本每股收益	0.69	0.66	0.03	4.54
(二)稀释每股收益	0.69	0.66	0.03	4.54

借助表 3-5,我们按照利润形成过程进行分析。

(1) 营业收入与 2013 年相比,本年净增 164 940 209.13 元,增幅达到 26.69%,它是企业营业利润增加的前提和基石。

（2）营业成本项目，与2013年相比净增132 285 816.40元，增幅达到26.41%，它的增幅基本与营业收入保持一致。若此项目的增幅超过营业收入的增幅对营业利润的增加将造成不利的影响。

（3）营业税金及附加项目，与2013年相比净增797 594.27元，增幅达到45.5%，超过了营业收入的增幅，对净利润的增加具有不利影响。但此项目也应结合当年的国家税收政策进行分析。它的增加可能是宏观调控的结果，非企业所能控制。

（4）销售费用项目，与2013年相比净增18 177 886.34元，增幅达到63.69%，远远超过了营业收入的增幅，为不利因素，但具体情况还需进一步分析其大幅度增加的原因，进而提高企业营业利润率。

（5）管理费用项目，与2013年相比减少595 257.54元，减幅达到2.06%，为有利变动，有助于提高企业营业利润率。说明企业重视节约开支，只有在增加收入的同时减少开支，才能实现利润的增加。

（6）财务费用项目，与2013年相比净增1 747 379.96元，增幅达到30.97%，超过了当年的营业收入增幅，为不利变化。企业应进一步分析上升的原因，以提高营业利润率。

（7）资产减值损失项目，与2013年相比净增1 718 214.72元，增幅达到115.71%，即翻了一番还多，这可能是由于企业采取了更为稳健的会计政策，也可能是企业资产的陈旧过时而致，具体情况需进一步分析。

（8）投资收益项目，与2013年相比减少4 298 495.84元，减幅达到2 378%，主要是由投资收益转为投资损失，说明企业对外投资效益较差，外部投资不仅未给企业带来额外的收益，反而降低了收益，因此企业对外投资需谨慎。

（9）营业利润项目，与2013年相比净增6 510 078.14元，增幅达到12.77%，低于营业收入的增幅，这也是通过前面各项的分析得出的结论，是营业收入的增加与各可抵扣项目的大幅度增加和小幅降低（只有管理费用降低了）以及对外投资收益项目大幅度损失等因素综合变化的结果。

（10）营业外收入项目，与2013年相比净增4 345 512.66元，增幅达到311.33%，超过两倍。作为偶然项目的营业外收入的增加虽然对利润总额的增加具有积极作用，但它是不稳定的，不经常发生的，因此，应当正确认识这一项目的增加，它并不能带来企业利润的长期增加。

（11）营业外支出项目，与2013年相比净增777 614.3元，增幅达到64.22%，远低于营业外收入的增幅，它与营业外收入两者的净额会导致利润总额大幅度增加。但必须保持清醒的认识，此项目对利润总额的不利影响，并通过相应的措施来降低不利影响，提高企业利润率。

（12）利润总额项目，与2013年相比净增10 077 976.52元，增幅达到19.69%，超过了营业利润的增幅，原因是营业外收支净额净增加的缘故。

（13）所得税费用项目，与2013年相比减少了616 620.06元，减幅达到4.4%，这主要是因为从2014年开始企业所得税税率由33%调低至25%所致。

（14）净利润项目，与2013年相比净增10 694 596.58元，增幅达到28.78%，超过了利润总额的增长幅度，比营业收入的增幅高2.09%，比营业利润的增幅12.77%高一倍还多，原因一是营业外收入的增幅过高；二是所得税费用的减少。

(15) 每股收益项目，与2013年相比净增0.03元，增幅达到4.54%，低于净利润的增幅，可能是企业发行新股所致。

2. 根据利润表，运用垂直分析法进行利润表趋势分析

利润表垂直分析表如表3-2所示。根据表3-2所示，我们进行逐项分析如下。

(1) 营业成本占营业收入的比重为80.87%，比2013年的81.05%降低了0.18%，说明企业营业成本率呈下降趋势。

(2) 营业税金及附加项目占营业收入的比重为0.33%，比2013年的0.28%上升了0.05%，可能是国家税收政策所致。

(3) 销售费用项目占营业收入的比重为5.97%，比2013年的4.62%增加了1.35%，可能是企业在销售的宣传方面投入较多的缘故，是否有继续提高的趋势还应根据具体情况进一步分析才能清楚。对于理性的经营管理者来说，应分析探讨如何使销售费用的上升低于营业收入的上升，这样的促销才是有意义的，才会有助于提高企业的利润增长率。

(4) 管理费用项目占营业收入的比重为3.62%，比2013年的4.68%下降了1.06%，说明企业已经逐渐重视节约日常管理支出，以求提高经济效益，管理支出呈现下降趋势，这对于企业提供营业利润增长率是有利的。

(5) 财务费用项目占营业收入的比重为0.94%，比2013年的0.91%提高了，可能是企业带息负债增加的原因所致。是否呈现上升趋势，还需进一步分析和了解具体情况，并结合企业的融资策略进行判断。若融资成本过高，对企业的投资者而言则是不利的，同时也会给企业的经营带来巨大的财务风险，进而影响营业利润的持续增长。

(6) 资产减值损失项目占营业收入的比重为0.41%，比2013年的0.24%增加了0.17%，可能是企业采取了更为稳健的会计政策，也可能是企业的资产陈旧过时等原因所致。但现实是此项目呈上升趋势对营业利润的增长是不利的，企业应进一步分析原因，研究解决对策，以提高营业利润率。

(7) 投资收益项目占营业收入的比重为－0.53%，比2013年的0.03%下降了0.56%，可能是企业的对外投资发生了较大的损失，这可能是企业所处的投资环境发生了不利的变化或其他情况。具体还有待进一步探讨和研究。

(8) 营业利润项目占营业收入的比重为7.34%，比2013年的8.25%降低了0.91%，这是上述各项目的增减变化综合影响的结果。其中，营业成本、管理费用的下降对营业利润的提高具有正面的促进作用；而营业税金及附加、销售费用、财务费用、资产减值损失的增加与投资收益的下降则对营业利润具有负面的制约作用，最终导致企业的营业利润的比重比2013年下降近1%，这种情形延续下去对企业未来发展将产生不利的影响。因为利润总额增加的源泉是营业利润的增加，保持企业持续增长依靠的就是营业利润的持续增长。

(9) 营业外收入项目占营业收入的比重为0.73%，比2013年的0.23%提高了0.5%，但是我们应注意这一项目非企业正常经营的所得，为偶然事件，若企业的利润总额的提高是依赖营业外收入的增加而致，企业的发展形势不容乐观。从2014年的该项目的

占比与2013年该项目的占比比较结果看,已经显示出了这种局面,因此企业的利润增长趋势令人怀疑。

(10) 营业外支出项目占营业收入的比重为0.25%,比2013年的0.20%提高了0.05%,虽然它的增加最终会导致利润总额的降低,但因为这个项目为偶发事项的支出,不具有多大的威胁。但因其已引起利润总额的下降,仍需要进一步分析具体情况,找出解决问题的对策。防止不利因素影响企业利润的持续增长。

(11) 利润总额项目占营业收入的比重为7.82%,比2013年的8.28%降低了0.46%。这主要是营业利润项目的占比下降所致。因此,应进一步探讨增加营业利润率的方法和举措,以求企业利润保持持续增长的态势。

(12) 所得税费用项目占营业收入的比重为1.71%,比2013年的2.27%下降了0.56%,主要是因为从2014年起企业所得税税率由33%调低至25%,同时由于企业的经营活动充分享受了国家对税收优惠政策,双重作用导致所得税费用率下降。

小讨论

现代企业尤其是大公司大都探讨在不违反政策法规的前提下如何合理避税或节税,这或许可能是企业提高净利润的一种途径。但笔者不赞同这种做法,将所得税作为企业的一种费用来核算这一规定实际告诉人们所得税是企业赢利的一种代价,有所得必有所费,其中的所费即包括了所得税费用这一项目。企业应探讨其他降低开支的方法和举措,以求企业获得长效的增长,而不是研究如何钻法律的漏洞,合理避税其中的避不是逃避的意思吗?既然是逃避,又怎能说是合理呢?笔者认为这个问题值得企业深思,也值得学者探讨其是否可行。

(13) 净利润项目占营业收入的比重为6.11%,比2013年的6.01%增加0.1%,这是所得税费用率下降的原因所致,但从企业长远发展来看,企业的生命不是研究如何避税,而应是非常积极地提高收入,节约开支从而提高利润总额,最终以多交税为荣,因为多交税才是企业经营效益不断提高的有力证明。因为税收主要是所得税费用,其与利润是直接相关的。

综上所述,该企业在2014年营业收入比2013年的营业收入有大幅度的提高的前提下,营业利润率反而降低,因此作为经营管理者应深刻分析原因,研究解决对策。

任务3.3 上市公司利润表的特殊分析

近年来,我国上市公司发展很快,但上市公司的经营目标是追求企业价值的最大化,即股东财富最大化,上市公司股东对企业价值的衡量要通过对其赢利能力的分析来实现,而对上市公司赢利能力的分析需借助一系列特有的指标来进行。诸如每股收益、每股净资产、市盈率、市净率、每股股利、股利发放率、股利报酬率、普通股权益报酬率、股利保障倍数、留存赢利比率等指标对上市公司进行评价,进而做出是否投资的决策。

3.3.1 每股收益

1. 每股收益的含义与计算

每股收益是指净利润扣除优先股股息后的余额与发行在外的普通股的平均股数之比，它反映了每股发行在外的普通股所能分摊到的净收益额。这一指标对普通股股东的利益关系极大，他们往往据此进行投资决策。其计算公式为

$$每股收益=\frac{净利润-优先股股息}{发行在外的普通股加权平均数(流通股数)}$$

注意：公式中分子从净利润中扣除优先股股息是因为优先股股东对股利的受领权优于普通股股东，计算普通股每股收益时应将其剔除；公式中分母采用普通股加权平均数是因为在报告期内发行在外的普通股股数只能在增加以后的这一段时期内产生权益，减少的普通股股数在减少以前的期间内仍产生收益，所以需要采用加权平均数。

每股收益指标是正指标，指标值越大，表明企业的赢利能力越强。但在判断企业赢利能力时应参照同行业其他企业或本企业的不同期间的指标值进行分析和评价。

2. 每股收益因素分析

为了能够准确分析每股收益的变动，应确定影响每股收益波动的因素，并对各个因素进行分析，测算各个因素的变动对每股收益的影响的程度。

影响每股收益的因素有每股账面价值、普通股权益报酬率。

其中

$$每股账面价值=\frac{普通股权益}{流通股数}$$

$$普通股权益报酬率=\frac{净利润-优先股股息}{普通股权益}$$

因此

$$每股收益=每股账面价值\times普通股权益报酬率$$

从上述公式中可以看出，每股收益受每股账面价值和普通股报酬率双重因素的影响，其中的每股账面价值又称每股净资产是指股东权益总额减去优先股权益后的余额与发行在外的普通股平均股数的比值。该指标可帮助投资者了解每股的权益，并有助于潜在的投资者进行投资分析。其中的普通股权益报酬率是影响每股收益的另一个重要因素，它的变动会使每股收益发生同方向的变动，对它的分析将在下面的问题中讲述。

小提示

每股收益这一指标往往只用于在同一企业不同时期的纵向比较，以反映企业赢利能力的变动，而很少用于不同企业之间的比较，因为不同企业由于所采用的会计政策的不同会使这一指标产生较大的差异。

3.3.2 每股净资产

每股净资产是指股东权益总额减去优先股股息后的余额与发行在外流通股的加权平均数之间的比率。其计算公式为

$$每股净资产=\frac{股东权益总额-优先股股息后的余额}{发行在外普通股的加权平均数}$$

这一指标反映每股股票所拥有的资产现值。每股净资产越高，股东拥有的资产现值越多；每股净资产越少，股东拥有的资产现值越少。通常每股净资产越高越好。

注意：若流通股股数当年无变化，普通股的加权平均数是公司发行普通股股票的总股数。企业若无优先股，分子即股东权益总额即所有者权益的账面价值。此时，每股净资产又可以成为每股账面价值。

公司净资产代表公司本身拥有的财产，也是股东们在公司中的权益。因此，又称作股东权益。在会计计算上，相当于资产负债表中的总资产减去全部债务后的余额。公司净资产除以发行总股数，即得到每股净资产。例如，某公司净资产为 15 亿元，总股本为 10 亿股，它的每股净资产值为 1.5 元(即 15 亿元/10 亿股)。

每股净资产值反映了每股股票代表的公司净资产价值，是支撑股票市场价格的重要基础。每股净资产值越大，表明公司每股股票代表的财富越雄厚，通常创造利润的能力和抵御外来因素影响的能力越强。净资产收益率是公司税后利润除以净资产得到的百分比率，用以衡量公司运用自有资本的效率。还以上述公司为例，其税后利润为 2 亿元，净资产为 15 亿元，净资产收益率为 13.33%。

“净资产”是指企业的资产总额减去负债以后的净额，也叫“股东权益”或“所有者权益”，即企业总资产中，投资者所应享有的份额。“每股净资产”则是每一股份平均应享有的净资产的份额。

从财务报表上看，上市公司的净资产主要由股本、资本公积金、盈余公积金和未分配利润组成。根据《公司法》的有关规定，股本、资本公积金和盈余公积金在公司正常经营期内是不能随便变更的，因此每股净资产的调整主要是对未分配利润进行调整。

每股净资产的计算公式为

$$每股净资产=\frac{股东权益总额-优先股股息}{发行在外普通股的加权平均数}$$

该项指标显示了发行在外的每一普通股股份所能分配的公司账面净资产的价值。这里所说的账面净资产是指公司账面上的公司总资产减去负债后的余额，即股东权益总额。每股净资产指标反映了在会计期末每一股份在公司账面上到底值多少钱，如在公司性质相同、股票市价相近的条件下，某一公司股票的每股净资产越高，则公司发展潜力与其股票的投资价值越大，投资者所承担的投资风险越小。

小提示

每股净资产这一指标因为受现行会计制度谨慎性原则的限制，部分会计核算方式与国际惯例尚有一定的距离，应该进行适当调整。根据国际通行《会计准则》，企业的支出有收益性支出和资本性支出之分，收益性支出的效益仅与本会计年度相关，资本性支出的效益则与几个会计年度相关。对每股净资产指标的调整，实际上是扣除了资产中的一些潜在费用或未来费用，无疑是更加适应了国际惯例，并结合我国企业的实际情况，为投资者提供了一个有价值的参考指标。

3.3.3 市盈率

市盈率指在一个考察期(通常为12个月的时间)内，股票的价格和每股收益的比例。投资者通常利用该比例值估量某股票的投资价值，或者用该指标在不同公司的股票之间进行比较。市盈率通常用来作为比较不同价格的股票是否被高估或者低估的指标。然而，用市盈率衡量一家公司股票的质地时，并非总是准确的。一般认为，如果一家公司股票的市盈率过高，那么该股票的价格具有泡沫，价值被高估。然而，当一家公司增长迅速以及未来的业绩增长非常看好时，股票目前的高市盈率可能恰好准确地估量了该公司的价值。需要注意的是，利用市盈率比较不同股票的投资价值时，这些股票必须属于同一个行业，因为此时公司的每股收益比较接近，相互比较才有效。其计算公式为

市盈率＝普通股每股市场价格÷普通股每年每股赢利

市盈率越低，代表投资者能够以较低价格购入股票以取得回报。每股赢利的计算方法，是该企业在过去12个月的净收入除以总发行已售出股数。假设某股票的市价为24元，而过去12个月的每股赢利为3元，则市盈率为24/3＝8。该股票被视为有8倍的市盈率，即每付出8元可分享1元的赢利。投资者计算市盈率，主要用来比较不同股票的价值。理论上，股票的市盈率愈低，愈值得投资。比较不同行业、不同国家、不同时段的市盈率是不大可靠的。只有比较同类股票的市盈率较有实用价值。

市盈率把股价和利润联系起来，反映了企业的近期表现。如果股价上升，但利润没有变化，甚至下降，则市盈率将会上升。市盈率作为衡量上市公司价格和价值关系的一个指标，其高低标准并非绝对的。事实上，市盈率高低的标准和本国货币的存款利率水平是有紧密联系的。因为，如果市盈率过高，投资不如存款，大家就会放弃投资而把钱存在银行吃利息；反之，如果市盈率过低，大家就会把存款取出来进行投资以取得比存款利息高的投资收益。市盈率高，虽在一定程度上反映了投资者对公司增长潜力的认同，但同时也表明投资净利率低，收回投资所需的时间长，投资风险也可能大；反之，投资风险可能较小。由此可见，市盈率反映股票投资的风险。

小提示

市盈率是一个非常粗略的指标，考虑到其可比性，对同一股价指数不同阶段的市盈率进行比较有意义，而对不同市场的市盈率进行横向比较时应特别小心。

3.3.4 市净率

市净率是每股股票市价与每股净资产之间的比率。其计算公式为

市净率＝股票市价÷每股净资产

股票净值即净资产是公司资本金、资本公积金、法定盈余公积金、任意盈余公积金、未分配盈余等项目的合计，它代表全体股东共同享有的权益，也称净资产。净资产的多少是由股份公司经营状况决定的，股份公司的经营业绩越好，其资产增值越快，股票净值就越高，因此股东所拥有的权益也越多。

股票净值是决定股票市场价格走向的主要根据。上市公司的每股内含净资产值高而每股市价不高的股票，即市净率越低的股票，其投资价值越高；相反，其投资价值就越小。但在判断投资价值时还要考虑当时的市场环境以及公司经营情况、赢利能力等因素。

市净率能够较好地反映出“有所付出，即有所回报”，它能够帮助投资者寻求哪个上市公司能以较少的投入获得较高的产出，对于大的投资机构，它能帮助其辨别投资风险。市净率比较适合用于投资者进行投资分析。每股净资产是股票的账面价值，它是用成本计量的，而每股市价是这些资产的现在价值，它是证券市场上交易的结果。市价高于账面价值时企业资产的质量较好，有发展潜力；反之则资产质量差，没有发展前景。优质股票的市价都超出每股净资产许多，一般来说，市净率达到 3 可以树立较好的公司形象。市价低于每股净资产的股票，就像售价低于成本的商品一样，属于“处理品”。当然，“处理品”也不是没有购买价值，问题在于该公司今后是否有转机，或者购入后经过资产重组能否提高获利能力，从而提高市价与每股净资产之间的比值，其比值越低意味着投资风险越低。

小提示

市净率不适用于短线炒作，提高获利能力。对于市净率要从长远的动态的角度来看，因为市净率指的是市价与每股净资产之间的比值，比值越低意味着风险越低。短期市价的波动不能反映真实的比价，只有长期关注，才能动态地分析其风险，发现投资机遇。

对市净率我们要动态地看，因为会计制度的不同往往使得净资产与境外企业的概念存在一定的差别。对于研究境外上市公司的情况，采用市净率便会出现偏差。更为重要的是，净资产仅仅是企业静态的资产概念，存在一定的变数。去年赢利会增加每股净资产，但如果今年亏损就会减少每股净资产。比如说某航空公司，在 2013 年每股净资产是 3.26 元，到了 2014 年因为每股亏损 1.74 元，就变成了 1.52 元，跌幅超过 50%。

同时，每股净资产的构成基数不同往往也会造成不同结果。比如说神马实业，每股净资产高达 5.989 元，不可谓不高，但是其净资产构成中拥有 12.11 亿元的应收账款，折合成每股 2.14 元，一旦计提坏账准备，其每股净资产就会大幅下降。

3.3.5 每股股利

每股股利是公司股利总额与公司流通股数的比值，反映的是上市公司每一普通股获取股利的大小。它是衡量每份股票代表多少现金股利的指标，每股股利越大，则公司股本获利能力就越强；每股股利越小，则公司股本获利能力就越弱。但须注意，上市公司每股股利发放多少，除了受上市公司获利能力大小影响以外，还取决于公司的股利发放政策。

如果公司为了增强公司发展的后劲而增加公司的公积金，则当前的每股股利必然会减少；反之，则当前的每股股利会增加。

每股收益是公司每一普通股所能获得的税后净利润，但上市公司实现的净利润往往不会全部用于分派股利。每股股利通常低于每股收益，其中一部分作为留存利润用于公司自我积累和发展。但有些年份，每股股利也有可能高于每股收益。比如在有些年份，公司经营状况不佳，税后利润不足支付股利，或经营亏损无利润可分。按照规定，为保持投资者对公司及其股票的信心，公司仍可按不超过股票面值的一定比例，用历年积存的盈余公积金支付股利，或在弥补亏损以后支付。这时每股收益为负值，但每股股利却为正值。每股股利的高低，首先受制于每股收益的高低，其次取决于企业的股利政策和融资政策。对于股利政策和融资政策来说，在每股收益既定的情况下，每股股利越低，意味着企业的融资策略以内部融资为主，股利政策是少发股利，这一般是企业的比较稳健的多融资策略。

其计算公式是：

每股股利＝当期发放的现金股利总额 ÷ 流通股总股数

小提示

在公司分配方案的公告中每股股利通常表述为“每10股发放现金股利××元”，所以投资者需要将分配方案中的现金股利再除以10才可以得到每股股利。此外，如果公司一年中有两次股利发放，需要将两次股利相加后除以总股本得出年度每股股利。计算每股股利一是可能衡量公司股利发放的多寡和增减；二是可以作为股利收益率指标的分子，计算股利收益率是否诱人。每股股利与每股收益一样，由于分母是总股本，所以也会有因为股本规模扩大导致的摊薄效应。对于投资者而言，不论公司股本是否扩大，都希望每股股利保持稳定，尤其对于收益型股票，每股股利的变动是投资者选股的重要参考指标。

3.3.6 股利发放率

股利发放率又称派息率，是计算公司净利润中有多少用于给股东发放股利的比例，其计算公式为

股利发放率＝股利发放总额÷净利润×100％

或

股利发放率＝每股股利÷每股收益×100％

投资者会根据公司股利发放率的多少和持续性来推测管理层的信心和诚意。在实际操作中，通常保持30％以上的股利发放率可以被认为公司是“慷慨”的，愿意回报股东，且表明公司对未来业绩有把握。对于那些在快速扩张，资金需求巨大的行业或公司，较低的股利发放率甚至长期不发放股利也属正常，只要业绩能保持快速增长即可。

3.3.7 股利报酬率

股利报酬率亦称股息赢利率、获利率，也是通常被广泛采用来衡量股价的方法。所谓

获利率并不是指发行公司的获利能力,而是指投资者用以评估投入的资金,所能得到利益的百分比率,即按市价计算,投资人实际可获得的赢利率。获利率的计算公式为

股利报酬率=每股股利÷每股市价×100%

一般来说,股票市价上涨,获利率偏低,因为股价已经上涨,再升高的幅度毕竟有限;而在低挡时计算,其获利率则较高。因此获利率的计算,也只能作为投资者投资的参考,因为衡量股价的方法很多,而且股价是受各种内在及外在因素的综合影响。在正常的投资环境中,计算获利率作为投资的参考是很有必要的。但在不正常的投资环境下,如在长期持续的通货膨胀等情况下,获利率的计算反而显得没有意义,因为在这种情况下,股价不断上涨是自然的趋势。

3.3.8 普通股权益报酬率

普通股权益报酬率是指净利润扣除应发放的优先股股息的余额与普通股权益之比。如果公司未发行优先股,那么普通股权益报酬率就等于股东权益报酬率或自有资本报酬率。其计算公式为

普通股权益报酬率=(净利润-优先股股利)÷普通股权益平均额×100%

或

股东权益报酬率=净利润÷平均股东权益总额×100%

股东权益报酬率是杜邦分析体系的核心内容,它代表了投资者净资产的获利能力。

该指标从普通股东的角度反映企业的赢利能力,指标值越高,说明赢利能力越强,普通股东可得收益也越多,或者用于扩大再生产的潜力越大。

从计算公式中可知,普通股权益报酬率的变化受净利润、优先股股息和普通股权益平均额三个因素的影响。一般情况下,优先股股息比较固定,因此应着重分析其他两个因素,即净利润和普通股权益平均余额。

例如,红星公司 2013 年和 2014 年度有关资料如表 3-6 所示。

表 3-6 红星公司 2013 年和 2014 年度有关资料 金额单位:元

项　　目	2013 年	2014 年
净利润	2 000 000	2 500 000
优先股股息	500 000	500 000
普通股股利	1 500 000	2 000 000
发行在外普通股股数	3 000 000	3 500 000
每股账面价值	5	5.14

根据所给资料,2013 年度该企业的普通股权益报酬率为

$$\frac{1\ 500\ 000}{15\ 000\ 000}\times 100\%=10\%$$

2014 年度普通股权益报酬率为

$$\frac{2\ 000\ 000}{18\ 000\ 000}\times 100\%=11.11\%$$

可见,2014 年度普通股权益报酬率比 2013 年度增加了 1.11%,对于其变动原因,可

作如下分析：

（1）由于净利润变动对普通股权益报酬率的影响

$$\frac{2\ 500\ 000-2\ 000\ 000}{15\ 000\ 000}\times 100\%=3.33\%$$

（2）由于普通股权益平均额变动对普通股权益报酬率的影响

$$\frac{2\ 000\ 000}{15\ 000\ 000}-\frac{2\ 000\ 000}{18\ 000\ 000}\times 100\%=2.22\%$$

两因素共同作用的结果，即 3.33%－2.22%＝1.11%，使普通股权益报酬率升高了 1.11%。

3.3.9 股利保障倍数

股利保障倍数又称现金股利保障倍数，是指经营活动净现金流量与现金股利支付额之比。其计算公式为

现金股利保障倍数＝（每股营业现金净流量÷每股现金股利）×100%

该指标表明企业用年度正常经营活动所产生的现金净流量来支付股利的能力，比率越大，表明企业支付股利的现金越充足，企业支付现金股利的能力也就越强。支付现金股利率越高，说明企业的现金股利占结余现金流量的比重越小，企业支付现金股利的能力越强。

对于这一指标的评价，仅仅以 1 年的数据很难说明该指标的好坏，实践中通常利用 5 年或者更长时间的平均数计算更能说明问题。同时，对这一指标进行分析时还应注意与同行业其他企业的指标进行比较，以便做出客观的评价。

该指标还体现支付股利的现金来源及其可靠程度，是对传统的股利支付率的修正和补充。由于股利发放与管理当局的股利政策有关，因此，该指标对财务分析只起参考作用。由于我国很多公司（尤其是 ST 公司）根本不支付现金股利，导致这一指标的分母为零，所以在预测我国上市公司财务危机时该指标可不作考虑。

举例说明：假设 D 公司每股营业现金净流量为 0.076 元，每股现金股利为 0.05 元，则

现金股利保障倍数＝0.076÷0.05×100%＝152%

若同业平均现金股利保障倍数为 3，相比之下，D 公司的股利保障倍数不高。如果遇有不景气，可能没有现金维持当前的股利水平，或者要靠借债才能维持。

3.3.10 留存赢利比率

留存赢利比率是企业留存赢利（税后净利润减去全部股利的余额）与企业净利润的比率。其计算公式为

留存赢利比率＝（净利润－全部股利）÷净利润×100%

上式中，留存赢利是指企业的税后留利，包括法定盈余公积金、任意盈余公积金和未分配利润等，它不是指每年累计下来的赢利，而是指当年利润中留下的部分。全部股利则

包括发放的优先股股利和普通股股利。

企业的税后利润经常要提留一部分用于扩展经营规模、弥补以后年度亏损等用途，余下的才可用于发放股利。留用的利润便称为留存赢利，包括法定盈余公积金和任意盈余公积金。留用赢利直接关系到股利分派的大小，因此投资人必然要对留存赢利占税后利润的比例，即留存赢利率进行分析。

留存赢利比率用于衡量当期净利润总额中有多大的比例留存在企业用于发展，它体现了企业的经营方针。从长远利益考虑，为积累资金扩大经营规模，留存赢利比率应该大些。如果认为可以通过其他方式筹集资金，那么为了不影响投资人的当前收益，留存赢利比率应该小些。此外还有其他一些因素会导致赢利留存率的变化，例如法律、行政法规强制性规定的赢利留存比例的变动。

知识链接 3-1 利润分配表阅读

利润分配表如表 3-7 所示。

表 3-7 利润分配表

会企 02 表附表 1

编制单位： ________年度 金额单位:元

项　　目	行次	本年实际	上年实际
一、净利润	1		
加:年初未分配利润	2		
其他转入	4		
二、可供分配的利润	8		
减:提取法定盈余公积金	9		
提取公益金	10		
提取职工奖励及福利基金	11		
提取储备基金	12		
提取企业发展基金	13		
利润归还投资	14		
三、可供投资者分配的利润	16		
减:应付优先股股利	17		
提取任意盈余公积金	18		
应付普通股股利	19		
转作资本(或股本)的普通股股利	20		
四、未分配利润	25		

企业负责人： 主管会计： 制表： 报出日期： 年 月 日

1. 净利润项目的阅读

“净利润”项目直接源自利润表中的净利润项目，阅读时的方法与利润表相同，这里不再赘述。

2. 年初未分配利润项目的阅读

“年初未分配利润”项目反映的是报告年度企业年初未分配利润，该项目是企业以前年度滚存下来的累计未分配利润，通过该项目的阅读可以了解企业过去的经营成果，通过对比本年实际与上年实际，又可知道报告年度上一年的经营成果。从而可以进一步分析企业经营的潜力及发展的前景。

3. 其他转入项目的阅读

"其他转入"项目反映企业由盈余公积金弥补亏损等转增的未分配利润的金额，除盈余公积金弥补亏损外，还有也可以用资本公积金弥补亏损，本项目反映用净利润之外的其他自有资金弥补亏损而转入的资金。

4. 可供分配的利润项目的阅读

"可供分配的利润"项目反映企业在报告年度可供投资者分配的利润，由年度净利润加年初未分配利润和其他转入计算得出。通过阅读这一项目股东可以了解企业能够支配的留给投资者的净利润。并通过比较本年实际与上年实际，了解报告年度企业新增净利润。进而对是否继续投资或增加投资做出决策。但更为细致的分析，还应结合其他相关资料进行。

5. 提取法定盈余公积金项目的阅读

"提取法定盈余公积金"项目反映企业以报告年度净利润为依据按照一定比例计算提取的法定盈余公积金的数额。按照现行公司法的规定，盈余公积金达注册资本的50%时，可不再提取，这是一个非强制性规定，企业可以结合自身情况做出选择，所以在达到上述标准后企业是否提取法定盈余公积金完全取决于企业的需要，但未达标之前，必须按规定计提。阅读时，应结合相关资料分析理解。

6. 提取职工奖励及福利基金项目的阅读

"提取职工奖励及福利基金"项目反映的是外商投资企业从当年实现的净利润中提取的用于职工奖励和福利方面的基金，一般根据企业的规定按照一定的比例提取。阅读时，可对比其他相关企业资料，但还是应针对企业自身情况而定。

7. 提取储备基金项目的阅读

"提取储备基金"项目反映的是外商投资企业从当年实现的净利润中提取的用于企业储备方面的基金，一般根据企业的规定按照一定的比例提取的。阅读时，可对比其他相关企业资料，但还是应针对企业自身情况而定。

8. 提取企业发展基金项目的阅读

"提取企业发展基金"项目反映的是外商投资企业从当年实现的净利润中提取的用于企业储备方面的基金，一般根据企业的规定按照一定的比例提取的。阅读时，可参照其他相关企业资料，但还是应针对报告企业自身情况而定。

9. 利润归还投资项目的阅读

"利润归还投资"项目反映的是中外合作企业以企业实现的利润归还外方投资者的投资金额，本项目应根据合作各方的协议而定。

10. 可供投资者分配的利润项目的阅读

"可供投资者分配的利润"项目是由上述项目进行计算得出的，反映企业的净利润中能够直接分配给投资者的部分。对于投资者而言，一般希望越多越好。对于经营者

而言,可能不尽然。尤其当在企业筹集资金不畅的情况下,经营者更希望将净利润留存下来,以降低筹资风险。

11. 应付优先股股利项目的阅读

"应付优先股股利"项目反映的是企业根据约定的条件或公司的章程的规定,应分配给优先股股东的股利。优先股股东希望这一指标越多越好,但只能按照相关规定享有应得的部分;普通股股东希望此项目越少越好。因此,阅读时应结合公司章程和相关协议进行。

12. 提取任意盈余公积金项目的阅读

"提取任意盈余公积金"项目反映的是企业根据公司章程的规定,由股东大会表决通过的按照当年实现的净利润的一定比例计算提取的非法定盈余公积金。

13. 应付普通股股利项目的阅读

"应付普通股股利"项目反映的是企业进行上述分配后留待普通股股东享有的按照股东大会表决通过的比例应得的股利部分。

14. 转作股本的普通股股利项目的阅读

"转作股本的普通股股利"项目反映的是企业在利润分配时发放的股票股利部分。

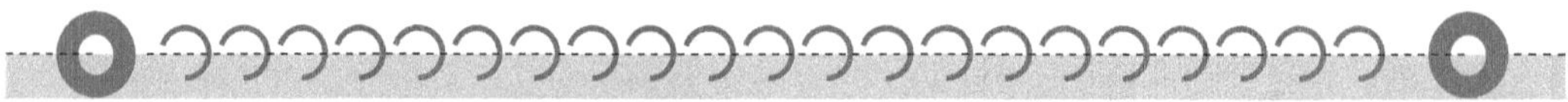

课后练习

一、判断题

1. 现金比率可以反映企业的即时付现能力,因此在评价企业变现能力时都要计算现金比率。 ( )

2. 计算每股收益使用的净收益,既包括正常活动损益,也包括特别项目收益,其中特别项目不反映经营业绩。 ( )

3. 当负债利息率大于资产的收益率时,财务杠杆将产生正效应。 ( )

4. 在销售利润率不变的情况下,提高资产利用率可以提高资产报酬率。 ( )

5. 净资产报酬率是所有比率中综合性最强的最具有代表性的一个指标,它也是杜邦财务分析体系的核心。 ( )

6. 股票市场效率越低,财务报表分析对投资者的价值越大。 ( )

7. 上市公司的成本费用利润率越低,表明公司的获利能力越强。 ( )

8. 每股收益越高,意味着股东可以从上市公司分得越高的股利。 ( )

9. 企业能否持续增长,对投资者、经营者至关重要,而对债权人相对不重要,因为他们更关心企业的变现能力。 ( )

10. 可持续增长率是企业收益在未来时期所能够达到的最大增长速度。 ( )

二、单项选择题

1. 营业利润与营业利润率的关系是(　　)。
   A. 正比例关系　　B. 反比例关系　　C. 相等关系　　D. 无关

2. 企业利润总额中属于最基本、最经常同时也是最稳定的因素是(　　)。
   A. 其他业务收入　　B. 营业收入　　C. 投资收益　　D. 营业利润

3. 假设某公司普通股2014年的平均市场价格为17.8元,其中年初价格为16.5元,年末价格为18.2元,当年宣布的每股股利为0.25元。则该公司的股票获利率是(　　)。
   A. 25%　　B. 0.08%　　C. 10.96%　　D. 1.7%

4. 假设某公司2014年普通股的平均市场价格为17.8元,其中年初价格为17.5元,年末价格为17.7元,当年宣布的每股股利为0.25元。则股票获利率为(　　)。
   A. 1.40%　　B. 2.53%　　C. 2%　　D. 3.1%

5. 以下对市盈率表述正确的是(　　)。
   A. 过高的市盈率蕴涵着较高的风险　　B. 过高的市盈率意味着较低的风险
   C. 市盈率越高越好　　D. 市盈率越低越好

6. 以下(　　)指标是评价上市公司获利能力的基本核心指标。
   A. 每股收益　　B. 净资产收益率　　C. 每股市价　　D. 每股净资产

7. 股票获利率中的每股利润是(　　)。
   A. 每股收益　　B. 每股股利
   C. 每股股利+每股市场利得　　D. 每股利得

8. 不会分散原有股东的控制权的筹资方式是(　　)。
   A. 吸收权益投资　　B. 发行长期债券
   C. 接受固定资产捐赠　　D. 取得经营利润

9. 在正常情况下,如果同期银行存款利率为4%,那么市盈率应为(　　)。
   A. 25%　　B. 30%　　C. 40%　　D. 50%

10. 资本结构具体是指企业的(　　)的构成和比例关系。
   A. 权益资本与长期负债　　B. 长期债权投资与流动负债
   C. 长期应付款与固定资产　　D. 递延资产与应付账款

11. 要想取得财务杠杆效应,资本利润率与借款利息率应满足(　　)关系。
   A. 资本利润率大于借款利息率　　B. 资本利润率小于借款利息率
   C. 资本利润率等于借款利息率　　D. 两者毫无关系

12. 能够反映企业发展能力的指标是(　　)。
   A. 总资产周转率　　B. 资本积累率
   C. 已获利息倍数　　D. 资产负债率

三、多项选择题

1. 分析企业投资报酬情况时,可使用的指标有(　　)。
   A. 市盈率　　B. 股票获利率

C. 市净率　　D. 销售利润率

E. 资产周转率

2. 影响每股收益的因素包括(　　)。

A. 优先股股数　　B. 可转换债券的数量

C. 净利润　　D. 优先股股利

E. 普通股股数

3. 能够引起企业市盈率发生变动的因素有(　　)。

A. 企业财务状况的变动　　B. 同期银行存款利率

C. 上市公司的规模　　D. 待业发展

E. 股票市场的价格波动

4. 下列事项中,能导致普通股股数发生变动的是(　　)。

A. 企业合并　　B. 库藏股票的购买

C. 可转换债券转为普通股　　D. 股票分割

E. 增发新股

5. 下列项目中,不属于企业资产规模增加的原因的是(　　)。

A. 企业对外举债　　B. 企业发放股利

C. 企业发行股票　　D. 企业实现赢利

E. 企业偿还贷款

6. 可以用来反映企业增长能力的财务指标有(　　)。

A. 资产增长率　　B. 销售增长率

C. 资本积累率　　D. 净利润增长率

E. 主营业务利润增长率

7. 反映企业赢利能力的指标有(　　)。

A. 净利润　　B. 净资产收益率

C. 利息保障倍数　　D. 成本利润率

E. 营业利润

8. 反映上市公司赢利能力的指标有(　　)。

A. 每股收益　　B. 普通股权益报酬率

C. 股利发放率　　D. 总资产报酬率

E. 价格与收益比率

9. 反映商品经营赢利能力的指标是(　　)。

A. 总资产报酬率　　B. 销售收入利润率

C. 净资产收益率　　D. 销售成本利润率

E. 营业利润

10. 发放股票股利,可能产生下列影响(　　)。

A. 引起每股收益下降　　B. 使公司留存大量资金

C. 股票价格下跌　　D. 股东权益总额发生变化

E. 股东权益各项目的比例发生变化

四、案例分析

(一)单项练习

1. 练习每股收益的计算

资料:已知华夏公司2014年的净利润额为824万元,应付优先股股利为30万元。假设该公司流通在外普通股股数情况如表3-8所示。

表3-8 华夏公司普通股情况表

时 间	股 数
1~5月	1 468 700
7~12月	1 136 550
合 计	—

要求:试计算公司的每股收益。

2. 练习每股收益、市盈率的计算

资料:某上市公司上年年末股本总额为1亿元(全为普通股,每股面值1元),实现销售收入3亿元,净利润5 000万元,预计今年比去年销售收入增长5%,净利润增长10%,股本不变。另外,该公司最近三年的平均市盈率为30倍。

要求:

(1)计算上年的每股收益。

(2)计算今年预计的每股收益。

(3)运用市盈率估价法计算今年该上市公司股票的市价。

3. 练习每股净收益的计算

资料:甲、乙、丙三个企业的资本总额相等,均为20 000 000元,息税前利润也都相等,均为1 200 000元。但三个企业的资本结构不同,其具体组成如表3-9所示。

表3-9 各公司资本结构情况表 金额单位:元

项 目	甲公司	乙公司	丙公司
总资本	20 000 000	20 000 000	20 000 000
普通股股本	20 000 000	15 000 000	10 000 000
发行的普通股股数	2 000 000	1 500 000	1 000 000
负债(利率8%)	0	5 000 000	10 000 000

要求:假设企业所得税税率为25%,试计算各公司的财务杠杆系数及每股净收益。

(二)综合练习

练习一

1. 资料:以下是天力公司2013年度和2014年度的利润表(见表3-10)。

表3-10 利润表

编制单位:天力公司 金额单位:万元

项 目	2013年	2014年
一、营业收入	41 438	48 401
减:营业成本	26 991	33 230
营业税金及附加	164	267

续表

项　　目	2013 年	2014 年
销售费用	1 380	1 537
管理费用	2 867	4 279
财务费用	1 615	1 855
资产减值损失		51
加:投资收益	990	1 250
二、营业利润	9 411	8 332
加:营业外收入	694	365
减:营业外支出	59	33
三、利润总额	10 046	8 664
减:所得税费用	3 315	2 455
四、净利润	6 731	6 209

天力公司董事长认为,2014 年度销售收入上升而利润下降不是正常情况,同时管理费用大幅度增加也属异常,要求有关人士进行解释。

2. 要求:

(1) 编制结构百分比财务报表,计算百分比至小数点后两位;

(2) 简要评述两年的各项变动,并分析其原因。

练习二

1. 资料:表 3-11 是某企业 2011—2014 年有关的会计资料。

表 3-11　某企业 2011—2014 年有关的会计资料　　金额单位:万元

项　　目	2011 年	2012 年	2013 年	2014 年
资产总额	1 711	2 061	2 759	3 879
所有者权益	996	1 235	1 679	2 394
主营业务收入	5 720	7 742	10 839	15 516
净利润	498	688	991	1 516

2. 要求:分析评价该企业的增长能力。

练习三

1. 资料:某公司 2011 年、2012 年、2013 年、2014 年的资产总额分别为 200 万元、296 万元、452 万元、708 万元;四年的负债分别为 78 万元、120 万元、179 万元、270 万元。

2. 要求:分析该公司资产增长能力。

练习四

1. 资料:某公司 2014 年度有关经营成果资料如表 3-12 所示。

表 3-12　利润表

编制单位:某公司　　2014 年　　金额单位:万元

项　　目	本期金额	上期金额
一、营业收入	1 396 902	1 253 496
减:营业成本	1 153 535	1 052 033
营业税金及附加	15 450	7 334

续表

项　　目	本期金额	上期金额
销售费用	3 143	2 148
管理费用	133 513	117 624
财务费用	−25 485	114 732
资产减值损失	5 283	2 341
加:公允价值变动收益(损失以"−"号填列)		
投资收益(损失以"−"号填列)	26 876	75 008
其中:对联营企业和合营企业的投资收益		
二、营业利润(亏损以"−"号填列)	138 339	32 292
加:营业外收入	19	
其中:非流动资产处置利得		
减:营业外支出	4 553	2 184
其中:非流动资产处置损失		
二、利润总额(亏损总额以"−"号填列)	133 805	30 108
减:所得税费用	25 477	4 609
四、净利润(净亏损以"−"号填列)	108 328	25 449
五、其他综合收益的税后净额		
(一)以后不能重分类进损益的其他综合收益		
1. 重新计量设定受益计划净负债或净资产的变动		
2. 权益法下在被投资单位不能重分类进损益的其他综合收益中享有的份额		
……		
(二)以后将重分类进损益的其他综合收益		
1. 权益法下在被投资单位以后将重分类进损益的其他综合收益中享有的份额		
2. 可供出售金融资产公允价值变动损益		
3. 持有至到期投资重分类为可供出售金融资产损益		
4. 现金流量套期损益的有效部分		
5. 外币财务报表折算差额		
……		
六、综合收益总额	108 328	25 449
七、每股收益		
(一)基本每股收益		
(二)稀释每股收益		

2. 要求:

(1)分析企业本期利润比上期增减变动情况。

(2)对企业利润结构进行分析。

(3)评价企业经营成果完成的情况。

项目4
Xiangmu 4

现金流量表的阅读与分析

技能目标

会阅读现金流量表的主表；能初步运用财务报表分析的基本方法对现金流量进行增减变动、结构和比率等方面的分析。

知识目标

掌握现金流量表的内容和结构；理解现金流量表的编制原理和主表项目蕴含的经营信息；了解现金流量表的作用，熟悉现金流量表的编制基础。

案例导入

安然公司破产的教训

2001年12月2日，美国上演了历史上最大规模的破产申请案，在财富杂志2000年世界500强排名中位居第16位的安然公司，根据美国《破产法》第11章的规定，向纽约破产法院申请了破产保护。从表面上看，这是一家模范公司，在过去的几年里一直保持着赢利的持续增长，股价高企，为众多著名的银行及投资基金所青睐，被誉为新经济时代砖头加鼠标模式的典范。究竟是哪一个环节出了问题，难道所有的人都被它的表象所蒙骗了吗？这其中固然有相关机构因收取安然公司高额的股票交易佣金收入及咨询费以致很难保持中立的因素，但传统的滞后的财务报告模式掩盖了其存在的问题才是根本的原因。目前美国国内通行的会计制度太过程序化，反应太慢，它告诉人们的永远只是过去发生的事情，而投资者关注的重点也仍然集中在一贯沿用下来的每股赢利数字上。这种报告模式产生于工业时代，当时的资产都是有形且可以量化的，报表可以真实地反映企业的财务状况，不会产生偏差。但是随着技术的不断更新，出现了许多新型的商业模式、金融工具，在创造更多价值的同时，也增加了与之相关联的风险，而现行的会计报告制度却无法对此进行衡量及控制。安然公司正是利用了这个漏洞，运用最正宗的会计标准，做出了一份极其复杂，却使众多投资者难于理解其业务真相的报表。管理层知道大众所关心的只是每股收益、股票价格等问题，因此，他们利用调整长期交易的市场价值来保持公司赢利的表面增长，而与之相应的不受监控的资产负债表外负债及亏损则被巧妙地掩盖了起来，过度的融资和授权交易使得公司账内账外负债急剧增加，虽然根据市值调整而产生的账面利润在持续稳定的增长，但实质性业务所带来的现金流量却与赢利的提高极不匹配，直到有一天，其中间的某一环节没有衔接上，整座大厦就这样在顷刻间倒塌了。

启示　现金流比利润更重要

现金是企业经营的血液，是企业最基本的流动资产之一。然而，一个赢利丰厚的企业却可能因为现金不足而陷入困境乃至破产倒闭。现金流净额是经营活动产生的现金净流量、投资活动产生的现金净流量、筹资活动产生的现金净流量三者总和。现金流是企业生存和发展的基础，有人甚至指出，在“现金为王”的时代，现金流比利润更重要。如果一家上市公司现金流为负或非常低，则往往显示公司财务状况不乐观。因此，上市公司现金流吃紧问题需引起投资者的密切关注。

任务4.1　现金流量表的阅读

4.1.1　现金流量表主表项目的阅读

现金流量表的主要项目共有六项，分别是经营活动产生的现金流量、投资活动产生的现金流量、筹资活动产生的现金流量、汇率变动对现金及现金等价物的影响、现金及现金等价物净增加额、期末现金及现金等价物余额。沿用表1-8的资料将前四项主要项目予以解释。

1. 经营活动产生的现金流量

经营活动中包括三个指标，即现金流入量、现金流出量和净额。现金流入量和现金流出量又包括许多项目。

(1) 现金流入量

现金流入量包括许多项目，把这些项目加总在一起，就是经营活动的现金流入小计。这些指标主要包括下列一些项目。

① 销售商品、提供劳务收到的现金。本项目反映企业本年销售商品、提供劳务收到的现金，以及以前年度销售商品、提供劳务本年收到的现金(包括应向购买者收取的增值税销项税额)和本年预收的款项，减去本年销售本年退回商品和以前年度销售本年退回商品支付的现金。企业销售材料和代购代销业务收到的现金，也在本项目反映。表中数据当期为793 626 195.61元，而上年同期为635 778 331.73元，表明比上年有所增长。

② 收到的税费返还。本项目反映企业收到返还的所得税、增值税、营业税、消费税、关税和教育费附加等各种税费返还款。如所得税，在我国通常是按季预交，年终清算，多退少补。一旦企业的所得税多交了，在该年度内要退回，对于企业来讲，这笔钱也属于现金流入。表中数据当期为62 531 381.20元，而上年同期为23 736 275.95元，表明比上年增长近3倍。

③ 收到的其他与经营活动有关的现金。本项目反映企业经营租赁收到的租金等其他与经营活动有关的现金流入，金额较大的应当单独列示。也就是说，在现金流量表中，重要的项目必须有一个名称，不重要的项目一般归纳为收到的其他与经营活动有关的现金。表中该项目数据当期为53 432 632.43元，而上年同期为25 045 191.80元，表明比上年增长2倍多。

（2）现金流出量

现金流出量包括许多项目，把这些项目加总在一起，就是经营活动的现金流出量小计。这些指标主要包括下列一些项目。

① 购买商品、接受劳务所支付的现金。本项目反映企业本年购买商品、接受劳务实际支付的现金（包括增值税进项税额），以及本年支付以前年度购买商品、接受劳务的未付款项和本年预付款项，减去本年发生的购货退回收到的现金。企业购买材料和代购代销业务支付的现金，也在本项目反映。这个项目说明企业在采购环节花了多少钱，包括本期采购付款和本期为上期采购还债，还包括本期为下期采购预付的款项。表中该项目数据当期为713 988 981.96元，而上年同期为521 857 913.41元，表明比上年也有所增长。

② 支付给职工以及为职工支付的现金。本项目反映企业本年实际支付给职工的工资、资金、各种津贴和补贴等职工薪酬（包括代扣代缴的职工个人所得税）。企业支付给职工的现金，不管是哪个时期的，只要钱在本期支出的就算本期的流出。表中该项目数据当期为55 361 569.82元，而上年同期为38 405 408.81元，表明比上年也有所增长。

③ 支付的各项税费。依据国家的现行法律和制度规定，企业在经营活动中必须依法缴纳各项税费。本项目反映企业本年发生并支付、以前各年发生本年支付以及预交的各项税费，包括所得税、增值税、营业税、消费税、印花税、房产税、土地增值税、车船使用税、教育费附加等。表中该项目数据当期为45 047 454.80元，而上年同期为15 207 155.54元，表明比上年增长近3倍。

④ 支付其他与经营活动有关的现金。这项现金支付是反映除了前面提到的项目之外的现金支出，包括企业经营租赁支付的租金、支付的差旅费、业务招待费、保险费、罚款支出等其他与经营活动有关的现金流出，金额较大的应当单独列示。表中该项目数据当期为81 701 358.90元，而上年同期为62 438 374.10元，表明比上年有所增长。

（3）净额

经营活动的总流入量减去经营活动的总流出量，就是经营活动给企业带来的最终结果，即净额。如果净额是正数，表示这个企业增加了现金；如果是负数，表示从期初到期末，这个企业不但没有增加现金，反而减少了现金。表中该项目数据显示当期经营活动带来的现金增量为13 490 843.67元，但上年同期为46 650 947.62元，表明比上年大幅减少，需要进一步展开分析。

2. 投资活动产生的现金流量

企业的投资活动有对内投资和对外投资。投资活动中也包括三个指标，即现金流入量、现金流出量和净额。同样，每个指标又包含几个项目。

(1) 现金流入量

① 收回投资所收到的现金。本项目反映企业出售、转让或到期收回除现金等价物以外的对其他企业长期股权投资而收到的现金，但处置子公司及其他营业单位收到的现金净额除外。表中该项目数据显示当期投资收到的现金为 27 802 291.39 元，而上年同期为 3 083 999.67 元，表明比上年增加近 9 倍，意味着不少投资项目在本期到期。

② 取得投资收益所收到的现金。取得投资收益所收到的现金是指企业投资期间每年在投资收益上获得了多少钱，反映企业当年除现金等价物以外的对其他企业的长期股权投资等分回的现金股利和利息等。例如某一个企业搞联营，联营期限是 20 年，每年企业从联营中拿回的钱，即取得投资收益所收到的现金。表中该项目数据显示当期投资收益收到的现金为 180 000.00 元，与上年同期相同。

③ 处置固定资产、无形资产和其他长期资产收回的现金净额。本项目反映企业出售、报废固定资产、无形资产和其他长期资产所取得的现金(包括因资产毁损而收到的保险赔偿收入)，减去为处置这些资产而支付的有关费用后的净额。现金流量表在披露时要遵循一个事实重要性原则，对于重要的业务要披露它的过程，对于相对不太重要的业务，只需告诉结果。固定资产、无形资产和长期投资等业务在企业当中不算是主要业务，因此，报表的设计者对于这些项目只需告诉结果而不需要告诉过程。表中该项目数据当期为 783 576.25 元，而上年同期为 996 799.24 元，表明比上年略有减少。

④ 处置子公司及其他营业单位收到的现金净额。本项目反映企业处置子公司及其他营业单位所取得的现金，减去相关处置费用以及子公司及其他营业单位持有的现金和现金等价物后的净额。表中该项目没有发生额，表明该公司近两年均没有发生处置子公司及其他营业单位的经济活动。

⑤ 收到其他与投资活动有关的现金。本项目反映企业在投资活动方面收到的除上面 4 项以外所取得的现金。表中该项目没有发生额，表明该公司近两年均没有发生其他方面的投资活动的现金流入。

(2) 现金流出量

① 购建固定资产、无形资产和其他长期资产所支付的现金。本项目反映企业购买、建造固定资产、取得无形资产和其他长期资产所支付的现金(含不得抵扣的增值税款等)，以及用现金支付的应由在建工程和无形资产负担的职工薪酬。表中该项目数据当期为 72 678 156.29 元，而上年同期为 66 331 071.41 元，表明比上年略有增加。

② 投资支付的现金。本项目反映企业取得除现金等价物以外的对其他企业的长期股权投资所支付的现金以及支付的佣金、手续费等附加费用，但取得子公司及其他营业单位支付的现金净额除外。表中该项目数据当期为 32 100 000.00 元，而上年同期为 500 000.00 元，表明比上年有较大幅度的增加。

③ 取得子公司及其他营业单位支付的现金净额。本项目反映企业购买子公司及其

他营业单位购买出价中以现金支付的部分 减去子公司及其他营业单位持有的现金和现金等价物后的净额。表中该项目数据当期为 18 600 000.00 元，而上年同期没有发生此项行为。

④ 支付其他与投资活动有关的现金。本项目反映企业除上述 3 个项目外支付的其他与投资活动有关的现金，金额较大的应当单独列示。表中该项目数据为空，表明当年该企业没有其他与投资活动有关的现金流出事项。

（3）净额

投资活动的现金流入量减去投资活动的现金流出量，所得到的结果就是投资活动给企业增加的现金量，即净额。表中该项目数据当期为－94 612 288.65元，而上年同期为－62 570 272.50元，两年的数据均为负数，表明投资活动产生的现金流量为净流出。

3. 筹资活动产生的现金流量

（1）现金流入量

① 吸收投资收到的现金。本项目反映企业以发行股票、债券等方式筹集资金实际收到的款项，减去直接支付的佣金、手续费、宣传费、咨询费、印刷费等发行费用后的净额。表中该项目数据当期为 246 104 500.00 元，而上年同期没有发生吸收投资的活动。

② 取得借款所收到的现金。本项目反映企业举借各种短期、长期借款而收到的现金。表中该项目数据当期为 182 088 321.78 元，而上年同期为 330 501 188.20 元，表明当期继续有借款行为发生，但借款金额比上期有所减少。

③ 收到的其他与筹资活动有关的现金。不属于吸收投资者入资，也不属于借款但属于筹资活动的，就是收到的其他与投资活动有关的现金。表中该项目数据为空，表明近两年没有其他筹资活动的现金流入。

（2）现金流出量

① 偿还债务所支付的现金。本项目反映企业为偿还债务本金而支付的现金。表中该项目数据当期为 234 180 393.56 元，而上年同期为 310 005 147.40 元，比上年略有减少。

② 分配股利或偿付利息所支付的现金。本项目反映企业实际支付的现金股利、支付给其他投资单位的利润或用现金支付的借款利息、债券利息。表中该项目数据当期为 1 580 569.44 元，而上年同期为 3 557 783.93 元，比上年有所减少。

③ 支付的其他与筹资活动有关的现金。反映企业除上述两个项目外支付的其他与筹资活动有关的现金，金额较大的应当单独列示。表中该项目数据当期为 6 076 572.00 元，而上年同期没有发生其他与筹资活动有关的现金流出。

（3）净额

筹资活动的流入量总和减去筹资活动的流出量总和，就得到了筹资活动产生的现金流量净额。表中该项目数据当期为 186 355 286.78 元，而上年同期为 16 938 256.87 元，都是正数，表明近两年均为筹资活动产生的现金流量为净流入，且当期比上年增加幅度很大。

4. 汇率变动对现金及现金等价物的影响

该项目反映外币现金流量以及境外子公司的现金流量折算为人民币时，所采用的现金流量发生日的即期汇率或按照系统合理的方法确定的、与现金流量发生日即期汇率近似的汇率折算的人民币金额与“现金及现金等价物净增加额”中外币净增加额按期末汇率折算的人民币金额之间的差额，即反映下列项目之间的差额：①企业外币现金流量折算为记账本位币时，采用现金流量发生日的即期汇率近似的汇率折算的金额(编制合并现金流量表时折算境外子公司的现金流量，应当比照处理)；②企业外币现金及现金等价物净增加额按年末汇率折算的金额填列。表中当期数据为－4 827 412.56元，上年同期为－2 160 471.54元，均为负数，表示汇率变动对应时期现金及现金等价物的影响为负面影响，且当期的影响额比上年同期有所扩大。

为帮助大家理解汇率变动对现金的影响，现举例说明。

【例 4-1】

某企业本期发生如下外币业务。

(1) 出口商品一批，售价 210 万美元，收汇当日汇率为 1∶8.22。

(2) 收到以前客户欠款 65 万美元，收汇当日汇率为 1∶8.26。

(3) 当期进口货物一批，支付 145 万美元，当日汇率为 1∶8.28。

(4) 支付前期欠款 15 万美元，当日汇率为 1∶8.27。

该企业一直按照当日汇率作为外币折算汇率。年末编表日的汇率为 1∶8.29。假设当期再无其他外币业务。

要求：计算汇率变动对现金的影响额。

分析：

(1) 首先计算汇率变动对现金流入的影响额：

$$\begin{aligned}\text{汇率变动对现金流入的影响额} &= \sum(\text{经营活动流入的现金}\times\text{汇率变动})\\ &= 2\,100\,000\times(8.29-8.22)+650\,000\times(8.29-8.26)\\ &= 166\,500(\text{元})\end{aligned}$$

(2) 其次计算汇率变动对现金流出的影响额：

$$\begin{aligned}\text{汇率变动对现金流出的影响额} &= \sum(\text{经营活动流出的现金}\times\text{汇率变动})\\ &= 1\,450\,000\times(8.29-8.28)+150\,000\times(8.29-8.27)\\ &= 17\,500(\text{元})\end{aligned}$$

(3) 最后计算汇率变动对现金的影响额：

$$\begin{aligned}\text{汇率变动对现金的影响额} &= \text{汇率变动对现金流入的影响额}-\text{汇率变动对现金流出的影响额}\\ &= 166\,500-17\,500\\ &= 149\,000(\text{元})\end{aligned}$$

4.1.2 现金流量表补充资料项目的阅读

现金流量表补充资料中“将净利润调整为经营活动的现金流量”，实际上是以间接法编制的经营活动的现金流量。间接法是以净利润为出发点，通过对若干项目的调整，最终

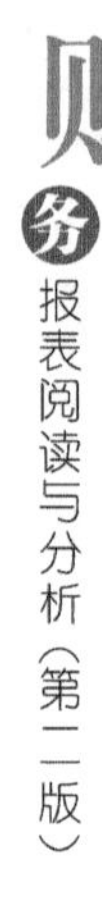

计算确定经营活动产生的现金流量。其基本原理是：经营活动产生的现金流量净额＝净利润＋不影响经营活动现金流量但减少净利润的项目－不影响经营活动现金流量但增加净利润的项目＋与净利润无关但增加经营活动现金流量的项目－与净利润无关但减少经营活动现金流量的项目。对不影响经营活动现金流量但影响净利润的业务，一般应通过调整损益类账户的发生额确定，此类业务涉及的是“投资活动”和“筹资活动”两类业务，如无形资产摊销业务，应调整“管理费用——无形资产摊销”账户；对与净利润无关但影响经营活动现金流量的业务，应通过调整“经营性流动性类”账户本身的发生额确定；如收回客户前欠账款业务，应分析调整“应收账款”账户的发生额确定。

具体项目内容说明如下。

(1) 计提的资产减值准备项目

资产减值准备项目包括坏账准备、存货跌价准备、短期投资跌价准备、长期投资减值准备、固定资产减值准备和无形资产减值准备等。本期资产计提减值准备时，记入当期的利润表中的“损益类”项目，但实际上并未影响经营活动现金流量，因此，应在净利润的基础上进行调整，当计提资产减值准备时，应将其加回到净利润中，若恢复以前年度计提的减值准备，应从净利润中将其扣除。

(2) 固定资产折旧项目

企业计提固定资产折旧时，有的计入管理费用等期间费用，有的计入制造费用。计入期间费用部分已列入了利润表，计入制造费用部分则可能通过销售成本列入利润表，也可能形成企业的存货。企业计提的固定资产折旧，并不影响经营活动现金流量，应在净利润的基础上将其全部加回。当计提的固定资产折旧费包含在存货中时，虽然未影响净利润，但是增加了存货，这里也将其加回，然后在“存货的减少(减：增加)”项目中再将其相同净额扣除，形成自动平衡。

(3) 无形资产摊销和长期待摊费用摊销项目

无形资产摊销时，计入了管理费用，使本期净利润减少，应在净利润的基础上将其全部加回。长期待摊费用摊销时，计入了管理费用或制造费用等。本项目的确定原理与固定资产折旧项目相同，应在净利润的基础上将其全部加回。

(4) 处置固定资产、无形资产和其他长期资产的损失(减：收益)项目

处置固定资产、无形资产和其他长期资产业务，不会影响经营活动产生的现金流量的增减变化，若导致净利润和经营活动产生的现金流量净额不一致，一定是这种业务影响了净利润。因此，应在净利润的基础上加回或扣除。

(5) 固定资产报废损失项目

固定资产报废损失计入了营业外支出，使净利润减少，但这部分损失并没有影响经营活动现金流量，所以应在调节净利润时加回。固定资产的盘盈和盘亏的处置，也会影响净利润，也应在净利润基础上加回。

(6) 财务费用项目

企业发生的财务费用可以分别归属于经营活动、投资活动和筹资活动。对属于经营活动产生的财务费用，若既影响净利润又影响经营活动现金流量的业务，则不须进行调整；若影响净利润但不影响经营活动现金流量的业务，应通过调整经营性项目本身完成，

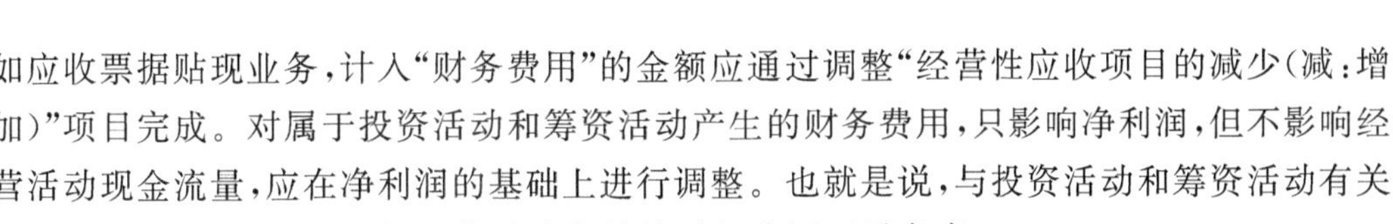

如应收票据贴现业务，计入“财务费用”的金额应通过调整“经营性应收项目的减少(减:增加)”项目完成。对属于投资活动和筹资活动产生的财务费用，只影响净利润，但不影响经营活动现金流量，应在净利润的基础上进行调整。也就是说，与投资活动和筹资活动有关的财务费用应全额考虑，与经营活动有关的财务费用不予考虑。

(7) 投资损失(减:收益)项目

投资收益是因为投资活动所引起的，与经营活动无关。也就是说，该项目影响净利润的变化但不会影响经营活动现金流量。若为投资收益，调节净利润时应减去；若为投资损失，调节净利润时应加回。本项目不考虑投资计提减值准备影响的净利润。

(8) 递延所得税资产和递延所得税负债项目

递延所得税款在一般情况下会对当期所得税费用产生影响。应纳税时间性差异产生的递延所得税负债，是由于计入当期所得税费用的金额大于当期应交所得税而产生的，并不会发生现金流出，但在计算净利润时已经扣除，所以在将净利润调节为经营活动产生的现金流量时，应当加回。可抵减时间性差异产生的递延所得税资产，是由于计入当期所得税费用的金额小于当期应交所得税而产生的，已经发生现金流出，但在计算净利润时没有包括在内，所以在将净利润调节为经营活动产生的现金流量时，应当扣除。

(9) 存货的减少(减:增加)项目

存货的增减变动一般属于经营活动。存货增加，说明现金减少或经营性应付项目增加；存货减少，说明销售成本增加，净利润减少。所以在调节净利润时，应减去存货的增加数，或加上存货的减少数。在存在赊购的情况下，还应通过调整经营性应付项目的增减变动来反映赊购对现金流量的影响。若存货的增减变动不属于经营活动，则不能对其进行调整，如对外投资减少的存货，接受投资者投入的存货等业务。

(10) 经营性应收项目的减少(减:增加)项目

经营性应收项目主要是指应收账款、应收票据和其他应收款中与经营活动有关的部分(包括应收的增值税销项税额)等。经营性应收项目的增减变动一般属于经营活动。经营性应收项目增加，说明收入增加，净利润增加；经营性应收项目减少，说明现金增加。所以在调节净利润时，应减去经营性应收项目的增加数，或加上经营性应收项目的减少数。若经营性应收项目的增减变动不属于经营活动，则不能对其进行调整，如收到客户以固定资产抵债业务减少的应收账款等业务。

(11) 经营性应付项目的增加(减:减少)项目

经营性应付项目主要是指应付账款、应付票据、应付福利费、应交税费、其他应付款中与经营活动有关的部分(包括应付的增值税进项税额)等。经营性应付项目的增减变动一般属于经营活动。经营性应付项目增加，说明存货增加，最终导致销售成本增加，净利润减少。经营性应付项目减少，说明现金减少。所以在调节净利润时，应加上经营性应付项目的增加数，或减去经营性应付项目的减少数，若经营性应付项目的增减变动不属于经营活动，则不能对其进行调整，如债务重组业务中以固定资产抵债减少的应付账款等业务。

任务4.2 现金流量表的分析

4.2.1 现金流量表结构分析

现金流量表结构分析是指在现金流量表有关数据的基础上,通过对现金流量表中不同项目间的比较,分析企业现金流入的主要来源和现金流出的方向,并评价现金流入流出对净现金流量的影响。现金流量结构包括现金流入结构、现金流出结构、现金流入流出比例等,可列表进行分析,旨在进一步掌握企业的各项活动中现金流量的变动规律、变动趋势、公司经营周期所处的阶段及异常变化等情况。对于一个健康的正在成长的公司来说,经营活动现金流量应是正数,投资活动的现金流量应是负数,筹资活动的现金流量应是正负相间的。如果公司经营现金流量的结构百分比具有代表性(可用三年或五年的平均数),我们还可根据这些及计划销售额来预测未来的经营现金流量。

1. 现金流入结构分析

现金流入结构是反映企业各项业务活动的现金流入,如经营活动的现金流入、投资活动的现金流入、筹资活动的现金流入等在全部现金流入中的比重以及各项业务活动现金流入中具体项目的构成情况,明确企业的现金究竟来自何方,要增加现金流入主要应在哪些方面采取措施等。

流入结构分析分为总流入结构和经营、投资和筹资这三项现金流入的内部结构分析。总流入结构分析就是分析经营、投资和筹资活动现金流入所占的比重。内部结构分析就是分析经营、投资和筹资这三项活动中各内部项目流入所占的比重。

总流入结构分析公式为

$$\text{经营活动流入所占的比重}=\frac{\text{经营活动流入}}{\text{总流入}}\times 100\%$$

$$\text{投资活动流入所占的比重}=\frac{\text{投资活动流入}}{\text{总流入}}\times 100\%$$

$$\text{筹资活动流入所占的比重}=\frac{\text{筹资活动流入}}{\text{总流入}}\times 100\%$$

内部结构分析公式为

$$\begin{array}{c}\text{经营活动某内部项目}\\\text{流入所占的比重}\end{array}=\frac{\text{该内部项目流入}}{\text{经营活动流入}}\times 100\%$$

$$\begin{array}{c}\text{投资活动某内部项目}\\\text{流入所占的比重}\end{array}=\frac{\text{该内部项目流入}}{\text{投资活动流入}}\times 100\%$$

$$\begin{array}{c}\text{筹资活动某内部项目}\\\text{流入所占的比重}\end{array}=\frac{\text{该内部项目流入}}{\text{筹资活动流入}}\times 100\%$$

星辉股份有限公司现金流入结构分析如表4-1所示。

表4-1　星辉股份有限公司现金流入结构分析表　　金额单位:元

项　　目	绝　对　数		比重/%	
	2014年	2013年	2014年	2013年
销售商品、提供劳务收到的现金	793 626 195.61	635 778 331.73	87.25	92.87
收到的税费返还	62 531 381.20	23 736 275.95	6.87	3.47
收到的其他与经营活动有关的现金	53 432 632.43	25 045 191.80	5.88	3.66
经营活动现金流入小计	909 590 209.24	684 559 799.48	66.57	67.16
收回投资收到的现金	27 802 291.39	3 083 999.67	96.65	72.38
取得投资收益收到的现金	180 000.00	180 000.00	0.63	4.22
处置固定资产、无形资产和其他长期资产收回的现金净额	783 576.25	996 799.24	2.72	23.40
投资活动现金流入小计	28 765 867.64	4 260 798.91	2.10	0.42
吸收投资收到的现金	246 104 500.00	0.00	57.48	0.00
取得借款收到的现金	182 088 321.78	330 501 188.20	42.52	100.00
筹资活动现金流入小计	428 192 821.78	330 501 188.20	31.33	32.42
现金流入总量	1 366 548 898.66	1 019 321 786.59	100.00	100.00

从表4-1可以看出:星辉股份有限公司2014年、2013年的现金流入总量分别为1 366 548 898.66元和1 019 321 786.59元,其中,经营活动现金流入量均为67%左右,投资活动现金流入量均未超过3%,筹资活动的现金流入量分别约为31%和32%,说明公司现金流量的2/3来自于经营活动,近1/3来自融资活动,投资带来的现金流入极少,进一步分析可以发现,经营活动的现金流入量主要是以销售商品、提供劳务收到的现金为主,这一项分别占对应整个现金流入总量的87%和92%。这说明该公司的主业突出的特征还是比较明显的,另外,公司的融资活动近两年还比较活跃,而且2014年融资额比上年增加近30%,说明公司还处于扩张发展时期,表中还说明2014年公司融资结构比上年有改进,即从单纯负债融资到股权融资与负债融资并举,有力降低了发展过程中的债务风险,优化了融资结构。

2. 现金流出结构分析

现金流出结构分析是指企业的各项现金支出占企业当期全部现金支出的百分比,具体反映企业的现金用于哪些方面。

流出结构分析分为总流出结构和经营、投资与筹资三项流出的内部结构分析。总流出结构分析就是分析经营、投资和筹资活动流出所占的比重。流出内部结构分析就是分析经营、投资和筹资这三项活动中各内部项目流出所占的比重。

总流出结构分析公式为

$$经营活动流出所占的比重=\frac{经营活动流出}{总流出}\times 100\%$$

$$投资活动流出所占的比重=\frac{投资活动流出}{总流出}\times 100\%$$

$$筹资活动流出所占的比重=\frac{筹资活动流出}{总流出}\times 100\%$$

流出内部结构分析公式为

$$\text{经营活动某内部项目流出所占的比重}=\frac{\text{该内部项目流出}}{\text{经营活动流出}}\times 100\%$$

$$\text{投资活动某内部项目流出所占的比重}=\frac{\text{该内部项目流出}}{\text{投资活动流出}}\times 100\%$$

$$\text{筹资活动某内部项目流出所占的比重}=\frac{\text{该内部项目流出}}{\text{筹资活动流出}}\times 100\%$$

星辉股份有限公司的现金流出结构分析如表 4-2 所示。

表 4-2　星辉股份有限公司现金流出结构分析表　　金额单位：元

项　　目	绝　对　数		比重/%	
	2014 年	2013 年	2014 年	2013 年
购买商品、接受劳务支付的现金	713 988 981.96	521 857 913.41	79.68	81.81
支付给职工以及为职工支付的现金	55 361 569.82	38 405 408.81	6.18	6.02
支付的各项税费	45 047 454.80	15 207 155.54	5.03	2.38
支付其他与经营活动有关的现金	81 701 358.90	62 438 374.10	9.11	9.79
经营活动现金流出小计	896 099 365.57	637 908 851.86	71.04	62.64
购建固定资产、无形资产和其他长期资产支付的现金	72 678 156.29	66 331 071.41	58.91	99.25
投资支付的现金	32 100 000.00	500 000.00	26.02	0.75
取得子公司及其他营业单位支付的现金净额	18 600 000.00	0.00	15.07	0.00
投资活动现金流出小计	123 378 156.29	66 831 071.41	9.78	6.56
偿还债务支付的现金	234 180 393.56	310 005 147.40	96.83	98.87
分配股利、利润或偿付利息支付的现金	1 580 569.44	3 557 783.93	0.65	1.13
支付其他与筹资活动有关的现金	6 076 572.00	0.00	2.52	0.00
筹资活动现金流出小计	241 837 535.00	313 562 931.33	19.18	30.80
现金流出总量	1 261 315 056.86	1 018 302 854.60	100.00	100.00

从表 4-2 可以看出：星辉股份有限公司 2014 年、2013 年的现金流出总量分别是 1 261 315 056.86 元和 1 018 302 854.60 元。其中，经营活动的现金流出量 2014 年约达 71%，2013 年约达 63%，2014 年经营活动现金流出量增加的主要原因是公司“购买商品、接受劳务支付的现金”、“支付给职工以及为职工支付的现金”、“支付的各项税费”、“支付的其他与经营活动有关的现金”四个项目共同增加所致。其中“购买商品、接受劳务支付的现金”近两年占经营现金流出的 80%，为主要支出项目，而且该项目支出 2014 年比上年有大幅上升，结合前面资产负债表中的分析可以看到：公司 2014 年的存货比上年有大幅上升，说明公司在存货支出上本年有大幅增加。投资活动现金流出量的比重相对稳定，2014 年约为 10%，上年同期约为 7%，但是在支出结构上有很大变化，2013 年几乎全部用于购建固定资产、无形资产和其他长期资产上，而 2014 年占投资现金流出的 26.02%用于对外投资上。而筹资活动的现金流出量，这两年有较大的变化，2013 年正值公司的还款高峰期，当年筹资活动的现金流出约占现金流出总量的 31%，筹资活动的现金流出中“偿还债务支付的现金”占比约达 99%，2014 年筹资活动的现金流出占现金流出总量这一

比重降至19%左右，筹资活动的现金流出中“偿还债务支付的现金”占比约达97%，说明2014年依然处于公司的还款高峰期。总的来说结合前面现金流入结构的分析，说明公司的现金流量结构合理，资金来源稳定，财务状况安全。

3. 现金流入流出比例分析

现金流入流出比例包括经营活动的流入流出比例、投资活动的流入流出比例以及筹资活动的流入流出比例，其计算公式分别为

$$经营活动流入流出比=\frac{经营活动流入}{经营活动流出}\times 100\%$$

$$投资活动流入流出比=\frac{投资活动流入}{投资活动流出}\times 100\%$$

$$筹资活动流入流出比=\frac{筹资活动流入}{筹资活动流出}\times 100\%$$

星辉股份有限公司的现金流入流出比例分析如表4-3所示。

表4-3 星辉股份有限公司现金流入流出比例分析表 金额单位：元

项目	绝对数		流入：流出	
	2014年	2013年	2014年	2013年
经营活动现金流入小计	909 590 209.24	684 559 799.48	1.02	1.07
经营活动现金流出小计	896 099 365.57	637 908 851.86		
投资活动现金流入小计	28 765 867.64	4 260 798.91	0.23	0.06
投资活动现金流出小计	123 378 156.29	66 831 071.41		
筹资活动现金流入小计	428 192 821.78	330 501 188.20	1.77	1.05
筹资活动现金流出小计	241 837 535.00	313 562 931.33		
现金总流入	1 366 548 898.66	1 019 321 786.59	1.08	1.00
现金总流出	1 261 315 056.86	1 018 302 854.60		

从表4-3可以看出：该公司2014年和2013年经营活动现金流入流出比例分别为1.02和1.07，表明1元的现金流出可换回1.02元和1.07元的现金流入。此值越大越好。该公司投资活动的现金流入流出比例两年分别为0.23和0.06，公司投资活动引起的现金流出较小，表明公司正处于发展期。一般而言，处于发展时期的公司此值比较小，而衰退或缺少投资机会时此值较大。筹资活动流入流出比例两年分别为1.77和1.05，表明筹款明显大于还款，尤以2014年为甚。2014年筹资活动中现金流入系举债和吸收股权投资获得，同时也说明该公司存在举借新债的现象。

一般而言，对于一个健康的正在成长的公司来说，经营活动现金流量应为正数，投资活动的现金流量应为负数，筹资活动的现金流量应是正负相间的，星辉股份有限公司的现金流量基本体现了这种成长性公司的状况。

4.2.2 企业现金流量质量分析

现金流量的质量是指企业的现金流量能够按照企业的预期目标进行运转的质量。现

金流量的质量一般从现金流量是否符合企业发展战略的需要，是否满足企业当前稳定发展的需要两个方面体现出来。比如具有较好质量的现金流量应当具有如下特征：第一，企业现金流量的状态体现了企业发展的战略要求；第二，在稳定发展阶段，企业经营活动的现金流量应当与企业经营活动产生的利润有一定的对应关系，并能为企业的扩张提供现金流量的支持。现金流量质量分析是对现金流量客观反映公司真实经营状况的程度进行评价，并提供相应的信息促进企业改善财务与经营状况、增强持续经营能力。

1. 经营活动产生的现金流量质量分析

经营活动现金流量是企业现金的主要来源，与净利润相比，经营活动所产生的现金净流量的多少，能够更确切地反映企业的经营质量。

经营活动产生的现金流量净额指标表明企业经营活动获取现金的能力。一般来说，在正常情况下企业的现金流入量主要应依靠经营活动来获取。通过该指标与净利润率指标相比较，可以了解到企业净利润的现金含量，而净利润的现金含量则是企业市场竞争力的根本体现。如果企业的净利润大大高于"经营活动产生的现金流量净额"，则说明企业利润的含金量不高，存在大量的赊销行为及未来的应收账款收账风险，同时某种程度上存在利润操纵之嫌。在了解该指标的过程中，我们还可以了解到企业相关税、费的缴纳情况。对于经营活动产生的现金流量质量，可通过以下表现形式进行分析。

（1）经营活动产生的现金流量净额小于零

经营活动产生的现金流量净额小于零，意味着企业通过正常的供、产、销所带来的现金流入量，不足以支付因上述经营活动而引起的现金流出量。企业正常经营活动所需的现金支付，则需要通过以下几种方式来解决。

① 消耗企业现存的货币积累。

② 挤占本来可以用于投资活动的现金，推迟投资活动的进行。

③ 在不能挤占本来可以用于投资活动的现金的条件下，进行额外贷款融资，以支持经营活动的现金需要。

④ 在没有贷款融资渠道的条件下，只能用拖延债务支付或加大经营负债规模来解决。

如果这种情况出现在企业经营初期，我们可以认为是企业在发展过程中不可避免的正常状态。因为在企业生产经营活动的初期，各个环节都处于"磨合"状态，设备、人力资源的利用率相对较低，材料的消耗量相对较高，经营成本较高，从而导致企业现金流出较多。同时，为了开拓市场，企业有可能投入较大资金，采用各种手段将自己的产品推向市场，从而有可能使企业在这一时期的经营活动现金流量表现为"入不敷出"的状态。但是，如果企业在正常生产经营期间仍然出现这种状态，说明企业通过经营活动创造现金净流量的能力下降，应当认为企业经营活动现金流量的质量差。

（2）经营活动产生的现金流量净额等于零

经营活动产生的现金流量净额等于零，意味着企业通过正常的供、产、销所带来的现金流入量，恰恰能够支付因上述经营活动而引起的现金流出量，企业的经营活动现金流量处于"收支平衡"的状态。在这种情况下，企业正常经营活动虽然不需要额外补充流动资金，但企业的经营活动也不能为企业的投资活动以及融资活动贡献现金。

必须指出的是，按照企业会计准则，企业经营成本中有相当一部分属于按照权责发生制原则的要求而确认的摊销成本(如无形资产、长期待摊费用摊销，固定资产折旧等)和应计成本(如预提设备大修理费用等)，即非付现成本。这样，在经营活动产生的现金流量等于零时，企业经营活动产生的现金流量不可能为这部分非付现金成本的资源消耗提供货币补偿。如果这种状态从长期持续下去，企业的"简单再生产"都不可能维持。因此，如果企业在正常生产经营期间持续出现这种状态，企业经营活动现金流量的质量不高。

(3) 经营活动产生的现金流量净额大于零

经营活动产生的现金流量净额大于零，意味着企业具有创造现金的能力，通常表明企业生产经营状况较好。

但是，企业经营活动产生的现金流量净额仅大于零是不够的。经营活动产生的现金流量净额大于零并在补偿当期的非现付成本后仍有剩余，才意味着企业通过正常的供、产、销所带来的现金流入量，不但能够支付因经营活动而引起的现金流出量、补偿全部当期的非付现成本，而且还有余力为企业的投资等活动提供现金支持。这种状态通常表明企业所生产的产品适销对路，市场占有率高，销售回款能力较强，同时企业的付现成本、费用控制有效。在这种状态下，企业经营活动利润的才具有含金量，对企业经营活动的稳定与发展、企业投资规模的扩大才能起到重要的促进作用。

(4) 经营活动现金流量净额与净利润对比分析

现金流量表补充资料中，第一项是将净利润调整为经营活动的现金流量，就是将净利润与经营活动产生的现金流量净额进行比较，以了解净利润与经营活动产生的现金流量净额差异的原因，从现金流量的角度分析企业净利润的质量，同时也能反映现金流量的质量。

利润表上反映的净利润，是企业根据权责发生制原则确定的，它并不能反映企业生产经营活动产生了多少现金净流入；而现金流量表中的经营活动产生的现金流量净额是以收付实现制原则为基础确定的，经营活动产生的现金流量净额与净利润往往是不一致的。但是，为了防止人为操纵利润和加强企业营销管理，有必要将经营活动的现金流量净额与净利润进行对比，了解净利润与经营活动产生的现金流量差异的原因，从而对净利润质量进行评价。如果经营活动产生的现金流量净额与净利润之比大于1或等于1，通常说明会计收益的收现能力较强，经营活动现金流量质量与净利润质量较好；若小于1，则说明净利润可能受到人为操纵或存在大量应收账款，经营活动现金流量质量与净利润质量较差。

2. 投资活动产生的现金流量的质量分析

从投资活动的目的分析，企业的投资活动主要有三个目的：一是为企业正常生产经营活动奠定基础，如购建固定资产、无形资产和其他长期资产等；二是为企业对外扩张和其他发展性目的进行权益性投资和债权性投资；三是利用企业暂时不用的闲置货币资金进行短期投资，以求获得较高的投资收益。

投资活动产生的现金流量净额指标反映企业固定资产投资及权益性、债权性投资业

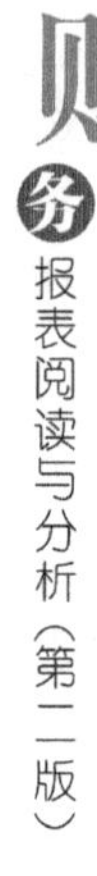

务的现金流量情况。投资活动现金流出会对企业未来的市场竞争力产生影响，其数额较大时，应对相关投资行为的可行性做相应的分析了解。对于投资活动产生的现金流量质量，可通过以下表现形式进行分析。

（1）投资活动产生的现金流量净额小于零

投资活动产生的现金流量净额小于零，意味着企业在购建固定资产、无形资产和其他长期资产、权益性投资以及债权性投资等方面所流出的现金之和，大于企业因收回投资、分得股利或利润、取得债券利息收入、处置固定资产、无形资产和其他长期资产而流入的现金净额之和。

通常情况下，企业投资活动的现金流量处于"入不敷出"的状态，投资活动所需资金的"缺口"可以通过以下几种方式解决。

① 消耗企业现存的现金积累。

② 利用经营活动积累的现金进行补充。

③ 在不能挤占经营活动的现金的条件下，通过贷款融资渠道对外融资。

④ 在没有贷款融资渠道的条件下，适度拖延债务支付时间或加大投资活动的负债规模。

在企业的投资活动符合企业的长期规划和短期计划的条件下，投资活动产生的现金流量净额小于零，表明企业扩大再生产的能力较强，也可能表明企业进行产业及产品结构调整的能力或参与资本市场运作实施股权及债权投资的能力较强，是投资活动现金流量的正常状态。企业投资活动的现金流出大于现金流入的部分，将由经营活动的现金流入量来补偿。例如，企业的固定资产、无形资产购建支出，将由未来使用有关固定资产和无形资产会计期间的经营活动的现金流量来补偿。

（2）投资活动产生的现金流量净额大于或等于零

投资活动产生的现金流量净额大于或等于零，意味着企业在投资活动方面的现金流入量大于或等于现金流出量。

这种情况的发生，如果是企业在本会计期间的投资回收的规模大于投资支出的规模，表明企业资本运作收效显著、投资回报及变现能力较强；如果是企业处理手中的长期资产以求变现，则表明企业产业、产品结构将有所调整，或者未来的生产能力将受到严重影响、已经陷入深度的债务危机之中。因此，必须对企业投资活动的现金流量原因进行具体分析。

3. 筹资活动产生的现金流量的质量分析

筹资活动现金流量反映了企业的融资能力和融资政策，可以通过以下表现形式进行质量分析。

（1）筹资活动产生的现金流量净额大于零

筹资活动产生的现金流量净额大于零，意味着企业在吸收权益性投资、发行债券以及借款等方面所收到的现金之和大于企业在偿还债务、支付筹资费用、分配股利或利润、偿付利息以及减少注册资本等方面所支付的现金之和。

在企业起步到成熟的整个发展过程中，筹资活动产生的现金流量净额往往大于零，通常表明企业通过银行及资本市场的筹资能力较强。例如，在企业处于发展的起步阶段，投资需要大量的资金，而此时企业经营活动的现金流量净额又多小于零，企业对现金的需求，主要通过筹资活动现金流入来解决。因此，分析企业筹资活动产生的现金流量大于零是否正常，关键要看企业的筹资活动是否已经纳入企业的发展规划，是企业管理层的主动行为，还是企业因投资活动和经营活动的现金流出失控不得已而为之的被动行为。

(2) 筹资活动产生的现金流量净额小于零

筹资活动产生的现金流量净额小于零，意味着企业筹资活动收到的现金之和小于企业筹资活动支付的现金之和。

这种情况的出现，如果是企业在本会计期间集中发生偿还债务、支付筹资费用、分配股利或利润、偿付利息等业务，则表明企业经营活动与投资活动在现金流量方面运转较好，自身资金周转已经进入良性循环阶段，经济效益得到增强，从而使企业支付债务本息和股利的能力加强。如果企业筹资活动产生的现金流量净额小于零，是由于企业在投资和企业扩张方面没有更多作为造成的，或者是丧失融资信誉造成的，则表明筹资活动产生的现金流量质量较差。

4. 现金及现金等价物净增加额的质量分析

(1) 现金及现金等价物净增加额为正数

企业的现金及现金等价物净增加额为正数，如果主要是经营活动产生的现金流量净额引起的，通常表明企业经营状况好，收现能力强，坏账风险小；如果主要是投资活动产生的，甚至是由处置固定资产、无形资产和其他长期资产引起的，则表明企业生产经营能力衰退，或者是企业为了走出不良境地而调整资产结构，须结合资产负债表和利润表作深入分析；如果主要是筹资活动引起的，则意味着企业未来将支付更多的本息或股利，需要未来创造更多的现金流量净增加额，才能满足偿付的需要，否则企业就可能承受较大的财务风险。

(2) 现金及现金等价物净增加额为负数

企业的现金及现金等价物净增加额为负数，通常是一个不良信息。但如果企业经营活动产生的现金流量净额是正数，且数额较大，而企业整体上现金流量净减少主要是固定资产、无形资产或其他长期资产投资引起的，或主要是对外投资引起的，则可能是企业为了进行设备更新或扩大生产能力或投资开拓更广阔的市场，此时现金流量净减少并不意味着企业经营能力不佳，而是意味着企业未来可能有更大的现金流入。同样情况下，如果企业现金流量净减少主要是由于偿还债务及利息引起的，这就意味着企业未来用于偿债的现金将减少，企业财务风险变小，只要企业生产经营保持正常运转，企业就不会走向衰退。

4.2.3 现金流量表比率分析

现金流量表比率分析是以经营活动现金净流量与资产负债表等财务报表中的相关指标进行对比分析，全面揭示企业的经营水平，测定企业的偿债能力，反映企业的支付能力。大致可分为现金流动性分析、获取现金能力分析、财务弹性分析、资本支出能力分析、收益

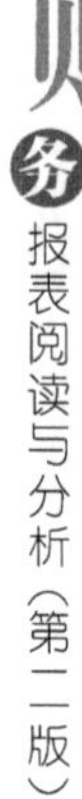

质量分析5个方面。

1. 现金流动性分析

所谓流动性，是指将资产迅速转变为现金的能力。根据资产负债表确定的流动比率虽然也能反映流动性但有很大局限性。这主要是因为：作为流动资产主要成分的存货并不能很快转变为可偿债的现金；存货用成本计价不能反映变现净值；流动资产中的待摊费用也不能转变为现金。许多企业有大量的流动资产，但现金支付能力却很差，甚至无力偿债而破产清算。

真正能用于偿还债务的是现金流量。现金流量和债务的比较可以更好地反映企业偿还债务的能力。现金流动性分析主要考察企业经营活动产生的现金流量与债务之间的关系，主要包括以下指标。

(1) 现金到期债务比

现金到期债务比＝经营现金净流入÷本期到期的债务×100%

本期到期的债务是指本期到期的长期债务和本期应付票据。通常这两种债务是不能展期的，必须如数偿还。

假设某公司的本期到期长期债务是10 000万元，经营现金净流入是38 110万元，则

现金到期债务比＝38 110÷10 000×100%≈380%

若同业平均现金到期债务比为2.5，说明该公司偿还到期债务的能力是较好的。

(2) 现金流动负债比

现金流动负债比＝经营现金净流入÷流动负债×100%

假设某公司流动负债为54 570万元，经营现金净流入是38 110万元，则

现金流动负债比＝38 110÷54 570×100%≈70%

若同业平均现金流动负债比为0.6，说明该公司偿还流动债务的能力是较好的。

(3) 现金债务总额比

现金债务总额比＝经营现金净流入÷债务总额×100%

假设某公司的债务总额是270 570万元，经营现金净流入是38 110万元，则

现金债务总额比＝38 110÷270 570×100%≈14%

14%表明企业100元债务有14元的营业现金流入做保证。这个比率越高，企业承担债务的能力越强。该公司最大的付息能力是14%，即利息高达14%时企业仍能按时付息。只要能按时付息，就能借新债还旧债，维持债务规模。如果市场利率是10%，那么该公司最大的负债能力是38 110÷10%＝381 100(万元)。仅从付息能力看，企业还可借债110 530万元(381 100－270 570)，可见该公司的举债能力是不错的。

2. 获取现金能力分析

获取现金的能力是指经营现金净流入和投入资源的比值。投入资源可以是销售收入、总资产、净营运资金、净资产或普通股股数等。

(1) 销售现金比率

销售现金比率＝经营现金净流量÷销售额×100%

该比率反映每元销售得到的净现金，其数值越大越好。

假设某公司的销售额(含增值税)为142 080万元，经营现金净流入为38 110万元，则

$$销售现金比率=38\ 110\div142\ 080\times100\%\approx26.82\%$$

该公司每元销售得到的净现金为0.268 2，说明该公司营业活动获取净现金的能力还是可以的。

(2) 每股营业现金净流量

每股营业现金净流量是反映每股发行在外的普通股票所平均占有的现金流量，或者说是反映公司为每一普通股获取的现金流入量的指标。其计算公式为

$$每股营业现金净流量=经营现金净流量\div普通股股数$$

该指标所表达的实质是作为每股赢利的支付保障的现金流量，因而每股经营现金流量指标越高越为股东们所乐意接受。

假设某公司有普通股500 000万股，经营现金净流入为38 110万元，则

$$每股营业现金净流量=38\ 110\div500\ 000\approx0.076(元/股)$$

该指标反映企业最大的分派股利能力，超过此限度，就要借款分红。

(3) 全部资产现金回收率

全部资产现金回收率是指经营现金净流入与全部资产的比值，反映企业运用全部资产获取现金的能力。

$$全部资产现金回收率=营业现金净流量\div全部资产\times100\%$$

假设某公司的全部资产为880 230万元，经营现金净流入为38 110万元，则

$$全部资产现金回收率=38\ 110\div880\ 230\times100\%\approx4.33\%$$

若同业平均全部资产现金回收率为5%，说明该公司资产产生现金的能力较弱。

3. 财务弹性分析

所谓财务弹性是指企业适应经济环境变化和利用投资机会的能力。这种能力来源于现金流量和支付现金需要的比较。现金流量超过支付现金的需要，有剩余的现金，适应性就强。因此财务弹性的衡量是用经营现金流量与支付要求进行比较。支付要求可以是投资需求或承诺支付等。

(1) 现金流量适合比率

现金流量适合比率又称现金满足支付比率，是指经营活动现金净流入与资本支出、存货购置及发放现金股利的比值，它反映经营活动现金满足主要现金需求的程度。其计算公式为

$$现金流量适合比率=\frac{近5年经营活动现金净流量}{近5年资本支出、存货增加、现金股利之和}\times100\%$$

假设某公司经营活动现金净流入为38 110万元，近5年经营活动现金流量平均数与今年相同，平均资本支出为43 500万元，存货平均增加400万元，现金股利平均每年1 200万元，则

$$现金流量适合比率=38\ 110\div(43\ 500+400+1\ 200)\times100\%\approx85\%$$

该比率越大，说明资金自给率越高。达到1时，说明企业可以用经营获取的现金满足

扩充所需资金;若小于1,则说明企业是靠外部融资来补充。

(2) 现金再投资比率

现金再投资比率是指经营现金净流量减去股利和利息支出后的余额,与企业总投资之间的比率。总投资是指固定资产总额、对外投资、其他长期资产和营运资金之和。这个比率反映有多少现金留下来,并投入公司用于资产更新和企业发展。

$$现金再投资比率=\frac{经营现金净流量-现金股利}{固定资产+其他长期资产+营运资金}\times 100\%$$

现金再投资比率的行业比较有重要意义。通常,它应当为7%~11%,各行业有区别。同一企业的不同年份有区别,高速扩张的年份低一些,稳定发展的年份高一些。

(3) 现金股利保障倍数

现金股利保障倍数是指经营活动净现金流量与现金股利支付额之比。支付现金股利率越高,说明企业的现金股利占结余现金流量的比重越小,企业支付现金股利的能力越强。其计算公式为

$$现金股利保障倍数=每股营业现金净流量\div 每股现金股利$$

假设某公司每股现金股利为0.05元,每股营业现金净流量为0.076元,则

$$现金股利保障倍数=0.076\div 0.05=1.52$$

该比率越大,说明支付现金股利的能力越强。若同业平均现金股利保障倍数为3,相比之下该公司的股利保障倍数不高,如果遇到不景气的情况,可能没有现金维持当前的股利水平或者要靠借债才能维持。

注意:仅仅以1年的数据很难说明该指标的好坏,利用5年或者更长时间的平均数计算更能说明问题。

4. 资本支出能力分析

资本支出能力分析是在对企业现金流量表中的投资活动的现金支出及对长期资产进行处置的现金流入的基础上进行揭示的。资本支出能力分析主要包括投资活动融资比率和现金再投资比率两部分。

(1) 投资活动融资比率

投资活动融资比率主要用以衡量企业全部投资活动的现金流出的资金来源。其计算公式为

$$投资活动融资比率=\frac{投资活动产生的现金净流量}{经营活动产生的现金净流量+筹资活动产生的现金净流量}\times 100\%$$

假设某公司当年度经营活动产生的现金净流量为1 137 960万元,投资活动产生的现金净流量为-527 480万元,筹资活动产生的现金净流量为-534 840万元,则

$$投资活动融资比率=-527\,480\div(1\,137\,960-534\,840)\times 100\%\approx -87\%$$

投资活动融资比率原则上应为|0.2|~|0.5|,如果大于1,企业现金的流动性将会受到严重影响。为增强企业发展后劲,须不断加强对外扩展及资本化支出,资金来源于经营活动产生的现金流量和合理融资。该公司实际状态接近于1,即经营活动产生的现金净流量一半用于归还债务和利息,一半投资于资本性支出。因此,企业现金的流动性受到了一定程度的影响。

(2) 现金再投资比率

现金再投资比率主要用以衡量企业可支配现金用于再投资活动的能力。其计算公式为

$$\text{现金再投资比率}=\frac{\text{经营活动产生的现金净流量}-\text{现金股利}}{\text{固定资产净值}+\text{长期投资}+\text{在建工程}+\text{其他资产}+\text{流动资产}-\text{流动负债}}$$

现金再投资比率的分子为保留在企业内部供再投资的现金净流量，分母为总资产减去流动负债，一般认为，该比率达到7.5%～11.5%为理想水平。

5. 收益质量分析

收益质量是指报告收益与公司业绩之间的相关性。如果收益能如实反映公司的业绩，则认为收益的质量好；如果收益不能很好地反映公司业绩，则认为收益的质量不好。

收益质量分析涉及资产负债表、利润表和现金流量表的分析，是个非常复杂的问题。我们这里仅从现金流量表的角度评价收益质量。它主要包括两个方面:净收益营运指数分析和现金营运指数分析。

(1) 净收益营运指数

净收益营运指数是指经营净收益与全部净收益的比值。

$$\begin{aligned}\text{净收益营运指数}&=\text{经营净收益}\div\text{净收益}\\&=(\text{净收益}-\text{非经营收益})\div\text{净收益}\end{aligned}$$

假设某公司净收益为23 790万元，非经营收益为4 030万元，计算的净收益营运指数为

$$\begin{aligned}\text{净收益营运指数}&=(23\ 790-4\ 030)\div23\ 790\\&=19\ 760\div23\ 790\\&\approx0.830\ 6\end{aligned}$$

通过净收益营运指数的历史比较和行业比较，可以评价一个公司的收益质量。例如，2001年12月申请破产的安然公司，从1997年开始净利润逐年大幅上升，而经营净收益逐年下降，净收益营运指数越来越低。这是净收益质量越来越差的明显标志。在2001年5月6日，波士顿一家证券分析公司曾建议投资者卖掉安然公司股票，其理由之一就是其越来越低的营业利润率。该公司1996年的营业利润率是21.15%，到2000年已经跌至6.22%，2001年第一季度只有1.59%。该公司的收益越来越多依靠证券交易和资产处置。

为什么非经营收益越多，收益质量越差呢？与经营收益相比，非经营收益的可持续性低。非经营收益的来源主要是资产处置和证券交易。资产处置不是公司的主要业务，不反映公司的核心能力。许多公司正是利用“资产置换”达到操纵利润的目的。通过短期证券交易获利是靠运气。由于资本市场的有效性比商品市场高得多，取得正的净现值只是偶然的，不能依靠短期证券交易增加股东财富。一般企业进行的短期证券买卖，只是现金管理的一部分，目的是减少持有现金的损失。企业长期对外投资的主要目的是控制子公司，通过控制权取得额外的好处，而不是直接获利。通过证券交易增加股东财富，主要靠运气。一个人的运气不会总是那么好，如同买彩票不会每次都中奖一样。如果公司靠证券交易获利，不如把钱还给股东，让他们自己去直接进行交易，还可以节约一部分交易费

用。因此非经营收益虽然也是“收益”,但不能代表企业收益“能力”。

(2) 现金营运指数

现金营运指数是经营现金净流量与经营应得现金的比值。经营应得现金是经营活动净收益与非付现费用之和。

经营应得现金＝经营活动净收益＋非付现费用

＝净收益－非经营收益＋非付现费用现金营运指数

＝经营现金净流量÷经营应得现金

假设某公司经营活动净收益为 19 760 万元,非付现费用为 26 090 万元,经营现金净流量为 38 110 万元,则

经营应得现金＝19 760＋26 090＝45 850(万元)

现金营运指数＝38 110÷45 850≈0.831 2

小于 1 的营运指数,说明收益质量不够好。该公司每一元的经营活动现金收益,只收回约 0.83 元,另外的 0.17 元到哪里去了?它们被投入营运资金了,应收款增加,应付款减少,存货增加等使实际得到的经营现金减少。这种情况不是一个好兆头。首先现金营运指数小于 1,说明一部分收益尚没有取得现金。停留在实物或债权形态,而实物或债权资产的风险大于现金,应收账款能否足额变现是有疑问的,存货也有贬值的风险,所以未收现的收益质量低于已实现的收益。其次现金营运指数小于 1,说明营运资金增加了,反映企业为取得同样的收益占用了更多的营运资金,取得收益的代价增加了,同样的收益代表着较差的业绩。

无论是净收益营运指数还是现金营运指数的分析,通常都需要使用连续若干年的数据,仅仅靠一年的数据未必能说明问题。

综上所述,我们可以看出,现金流量表在分析企业财务状况时,确实是一个不可多得的工具。在实际操作中,注意现金流量表分析与资产负债表和利润表等财务报表分析相结合,可以更清晰、全面地了解企业的财务状况及发展趋势,了解其与同行的差距,及时发现问题,正确评价企业当前、未来的偿债能力、支付能力,以及企业当前和前期所取得的利润的质量,科学地预测企业未来财务状况,为报表使用者做出决策的提供正确的依据。

知识链接 4-1 | 现金流量表分析注意事项

1. 经营活动现金流量是分析的重点

一个健康运转的企业,购、产、销活动是引起现金流量变化的主要原因,所以经营活动应该是现金流量的主要来源。企业的投资、筹资活动主要是为经营活动服务的,属于企业的理财活动。理财活动从某种意义上讲意味着相应的财务风险,理财活动的规模越大,说明企业面临的财务风险也就越大。

2. 现金流量分析必须注重销售现金收入

由于会计系统中权责发生制的实施和债务链的困扰,往往导致企业的销售收入大量停留在应收账款之中,销售现金收入较少,从而严重影响债务偿还和经营活动的顺利

展开。企业破产不一定是亏损的结果，虽然账面利润丰厚但由于现金流不足导致资金链断裂，使企业在巨额负债的情况下不得不宣布破产，往往是成长型企业最易致命的环节。相反，有的企业虽然亏损，但是由于有充足的销售现金收入，却有可能使企业有机会走出困境，扭亏为盈。

3. 对于投资人来讲，现金流量的未来预测比历史分析更重要

尽管现金流量表提供了企业财务状况变动和现金流转的动态信息，可以帮助企业管理者发现和总结营运过程中存在的问题。但是从会计披露的角度讲，如果我们是企业的投资人，我们分析会计报表的主要目的就是以历史现金流量为基础挖掘企业未来现金流转及发展的信息，用于指导理财活动。

4. 正确对待现金流量变化的结果

现金流量的变化结果无非三种情况：一是现金及其等价物的净增加额大于零；二是现金及其等价物的净增加额等于零；三是现金及其等价物的净增加额小于零。无论出现哪种情况，我们均不能简单得出企业现金流量状况“好转”、“维持不变”或者“恶化”的结论。我们需要认真分析现金状况变化的原因，需要分析各种因素对现金流量的影响。对现金流量变化过程的分析远比对变化结果的分析更重要。

判断企业收益质量的关键是把握收入、利润、现金流量的相互关系，高收入并不一定代表高利润，也不一定代表高现金流量，同样，高现金流量也不一定代表高利润。企业的危机往往始于因应收账款、折旧、库存、筹资、税收等原因导致的企业利润与现金流的差异，使企业发生利润虚增，税金和利润分配超过实际情况的现象，最终出现投资回报率下降的结果。

5. 不要偏废对不涉及现金收支的活动分析

不涉及现金收支的活动虽然不会引起现金流量的变化，但是在一定程度上可以反映企业面临一定的现金流转困难。如企业用固定资产偿还债务、易货交易等，可能意味着企业没有足够的现金流偿还到期债务。另外，企业的投资活动也可能对未来现金流影响较大，这一点在现金流量预测中不可不考虑。

6. 现金流量分析要与现金预算的编制结合起来

现金流量不仅要重视事后分析，更要重视事前分析，也就是说要根据预测或计划的现金预算表进行分析，由此衡量一个企业在预测期内需要多少资金？这些资金在经营业务中可以取得多少？最有能力的债务偿还期间和金额是多少？最佳筹资（或投资）时机和金额是多少？以便我们更好地监控、掌握、分析和评价企业的现金流转情况。

7. 应结合企业具体的经营、投资、筹资活动分析、评价企业的现金流量

不能单纯从现金及现金等价物的净增加额是正数还是负数来判断一个企业财务状况的优劣。现金流量主要由经营、投资、筹资三类活动产生。经营活动产生的现金流量净额一般为正数。由于会计核算是以权责发生制为基础的，企业实现的净利润常常与现金流量不一致。对于适销对路、经营状况良好的企业，经营活动可以带来可观的现金增量；而对于销售规模大但经营活动的现金流出超过现金流入的企业，大都是因为巨额的应收账款。投资活动所产生的现金流量净额一般为负数。如募股资金投入计划的项

目，就要产生大量的现金流出。同时要结合前后各期的现金流量表评价企业的投资收益。过去投资的回报大或进入稳定的投资回报期，投资活动的现金流量净额也可能为正数。对筹资活动来说，如果企业把直接融资和间接融资两种手段结合起来，筹资活动所产生的现金流量净额一般为正数。但企业可能由于偿还贷款等原因，筹资活动所产生的现金流量净额也可能为负数。所以，对企业的现金流量净增加额的评价，很难说增加了就一定好，减少了就一定不好，要结合各企业的具体情况来分析。

8. 应结合企业其他报表分析现金流量

对现金流量表的分析，既要掌握该表的结构及特点，分析其内部构成，又要结合资产负债表、利润表来分析企业的现金流量。资产负债表和利润表是静态报表，它只能反映企业在特定时点的财务状况和经营成果，现金流量表是动态报表，它能够反映企业在一定时期的现金流量状况。任何单个报表提供的信息都不完整，所以应把三张报表结合起来分析当期现金收支信息，借此判断企业的资产流动性、财务弹性、赢利能力、偿债能力及风险。

课后练习

一、判断题

1. 现金流量表是反映企业一定时期现金流入和现金流出情况的静态报表。（　　）
2. 现金流量表在本质上归属于资金表。（　　）
3. 现金净流量是流动资产减去流动负债后的净值。（　　）
4. 编制现金流量表需要前期与当期的利润表作资料。（　　）
5. 一般来说，现金流量净额越大，则企业活动力越强。（　　）

二、单项选择题

1. 以下（　　）项目属于投资活动产生的现金收入。
   A. 销售商品、提供劳务收到的现金　　B. 收到的租金
   C. 处置固定资产而收到的现金　　D. 借款所收到的现金
2. 以下（　　）项目属于筹资活动产生的现金收入。
   A. 收到的租金　　B. 收回投资所收到的现金
   C. 发行债券收到的现金　　D. 处置固定资产而收到的现金
3. 以下（　　）项目属于经营活动产生的现金流出。
   A. 支付的增值税额　　B. 权益性投资所支付的现金
   C. 偿还债务支付的现金　　D. 分配股利支付的现金

4. 以下(　　)项目属于投资活动产生的现金流出。

A. 支付的所得税款　　B. 购建固定资产所支付的现金

C. 支付的增值税额　　D. 融资租赁支付的现金

5. 以下(　　)项目属于筹资活动产生的现金流出。

A. 支付其他税费　　B. 支付的其他经营费用

C. 债权性投资所支付的现金　　D. 融资租赁支付的现金

6. 以下比率属于反映偿债能力时效性的指标是(　　)。

A. 现金偿还比率　　B. 强制性现金支付比率

C. 现金流量适当比率　　D. 现金流入对现金流出比率

7. 以下比率属于反映现金支付充足性的指标是(　　)。

A. 现金比率　　B. 现金流量资本支出比率

C. 到期债务本期偿付比率　　D. 赢利现金比率

8. 以下比率属于反映获取现金能力的指标是(　　)。

A. 现金流量流动负债比率　　B. 现金流量负债总额比率

C. 经营指数　　D. 现金流量对现金股利比率

9. 现金偿付比率计算公式中的分子是(　　)。

A. 经营活动产生的现金流量　　B. 投资活动产生的现金流量

C. 经营活动产生的现金净流量　　D. 投资活动产生的现金净流量

三、多项选择题

1. 编制现金流量表列示经营活动产生的现金流量的方法有(　　)。

A. 分析法　　B. 直接法　　C. 比较法　　D. 间接法

2. 以下(　　)项目属于经营活动产生的现金收入。

A. 借款所收到的现金　　B. 销售商品所收到的现金

C. 提供劳务所收到的现金　　D. 收到的租金

3. 以下(　　)项目属于投资活动产生的现金收入。

A. 收到的增值税销项税　　B. 收回投资所收到的现金

C. 处置固定资产而收到的现金　　D. 发行债券收到的现金

4. 以下(　　)项目属于筹资活动产生的现金收入。

A. 退回的增值税额　　B. 收到的租金

C. 发行债券收到的现金　　D. 借款所收到的现金

5. 以下(　　)项目属于经营活动产生的现金流出。

A. 支付的增值税额　　B. 支付的所得税款

C. 支付的其他税费　　D. 偿还债务支付的现金

6. 以下(　　)项目属于投资活动产生的现金流出。

A. 融资租赁支付的现金　　B. 购建固定资产所支付的现金

C. 权益性投资所支付的现金　　D. 债权性投资所支付的现金

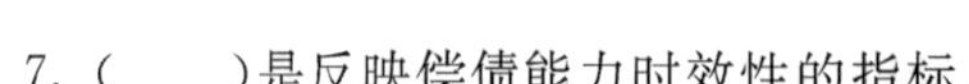

7. (　　)是反映偿债能力时效性的指标。

A. 现金流量流动负债比率　　　　B. 现金净流量负债总额比率
C. 强制性现金支付比率　　　　D. 现金偿还比率

四、案例分析

施乐公司(Xerox)一度成为复印机的同义词,曾经在美国和全世界130多个国家和地区生产、销售、租赁复印产品、服务和设备。20世纪80年代初,这家历史悠久的老牌企业差点儿被日本复印机制造商消灭,然而就在1999—2000年,施乐公司好像起死回生了。可惜好景不长,2002年4月SEC指控施乐欺诈投资者,其中一项就是没有披露应收款的保理业务,误导了投资者对现金流量的判断。

施乐公司在1999年的财务报告中,没有披露金额为2.88亿美元的应收款保理业务,这使施乐公司报告期末的现金余额由负数变为正数。在处理这2.88亿美元的业务时,施乐公司隐瞒了这些交易对其现金状况的重大影响,使投资者误以为现金流量来源于经营活动。

思考:

(1) 什么是应收款保理业务?目前我国是否已开展相关业务?

(2) 施乐公司隐瞒应收款保理业务对现金流量有哪些影响?

(3) 在分析应收款项时应注意哪些问题?

提示:

(1) 应收款保理业务就是以折价方式出售或抵押应收账款,即将其未来现金流量以低于到期时的价值进行即刻变现,从而改善现金的状况。我国目前尚不允许应收账款的出售业务。

(2) 在现金流量分析中,经营活动产生的现金流量是最重要的现金来源,经营活动现金流量的多少,基本可以反映一个企业的获利能力和现金流动状况。而施乐公司在处理这项业务时,隐瞒了这些交易对其现金状况的重大影响,使投资者误以为现金流量来源于经营活动。施乐公司以折价出售或抵押应收账款,将其未来的现金流以低于到期时的价值进行即刻变现,大大改善了其年末的现金状况。

(3) 应收款项是以未来现金流量为计量基础。在分析时应关注应收账款周转率指标,并与同业水平、本企业的历史水平相比较,进一步分析应收账款的管理水平。影响应收账款周转率下降的原因主要有:企业的信用政策、客户故意拖延和客户财务困难。过快的应收账款周转率可能是由紧缩的信用政策引起的,其结果可能会损害企业的市场占有率,因此要保持适当的应收账款周转率。

所有者权益变动表的阅读与分析

项目5
Xiangmu 5

技能目标

会阅读所有者权益变动表；能初步运用报表分析的基本方法进行所有者权益变动表的分析。

知识目标

掌握所有者权益变动表的内容和结构；理解所有者权益变动表蕴含的信息；了解所有者权益变动表所体现的全面收益观念。

案例导入

安然公司空挂应收票据虚增股东权益

安然公司曾经是全世界最大的能源交易商，掌控美国20%的电力和天然气交易，经营业务覆盖全球40多个国家和地区，营业收入突破1 000亿美元。1997—2000年的财务报告均显示其取得了极其傲人的业绩：这四年的净利润分别为1.05亿美元、7.03亿美元、8.93亿美元、9.79亿美元。但是在2001年10月末公布的第三季度报表却显示亏损6.18亿美元，紧接着在11月又向SEC提交报告，承认在1997—2001年第一季度的利润被高估，负债被隐瞒的事实。安然的财务丑闻立即引起了世界性的轰动。

原来，安然公司与LJM2合作成立了4家SPE，为了解决其资本金问题，于2000年4月向"鹰爪"出售了价值1.72亿美元的安然股票，"鹰爪"向安然公司出具了1.72亿美元的应付本票。在没有收到任何认股款的情况下，安然公司仍将其记录为股本增加，并相应增加了应收票据。2001年9月安然公司不得不做重大会计差错调整。

启示 企业为逃避监管而提供不实股东权益

根据应收票据的本义，应当是与经营业务有关的应收款项、股本的确认，应当以

实际收到为准,而不能以空挂应收票据处理。显然,这样处理的目的就是虚增资产和股东权益,掩盖其巨额负债。会计差错更正使安然公司股东权益骤减12亿美元,抵消和更正与SPE相关交易的利润,又使安然公司的股东权益减少22亿美元,两项共占安然公司2000年年末净资产的30%。在报表分析时,对于一些异常的项目,包括在正常情况下不可能有对应关系的经济业务,都要特别注意。

任务5.1 所有者权益变动表的阅读

5.1.1 全面收益观念与所有者权益变动表

1. 两种会计收益观念

(1) 传统收益观

中世纪地中海沿岸的商人们进行簿记记录,还没有形成明确的收益概念,收益的核算通过盘存、比较经营结束时与开始时的财产物资数量、价值增减变动来计算,即"利润=期末财产-期初财产"。随着股份公司形式的逐渐普及,人们意识到收益及收益决定的重要性。早在17世纪中后期,东印度公司就要求明确区分"资本"和"收益",规定股利只能来自受益的分配,而不是对资本的分割。从这时起,收益开始成为人们关注的一个重要的对象,逐渐形成传统的收益观,通常是指期间交易的已实现收入和相应费用配比之后的差额。它主要包括以下特征。

① 收益的来源主要基于企业实际发生的交易,主要是通过销售产品或提供服务的收入扣减为实现这些销售所需的成本。

② 收益的期间依据"会计分期"假设,即代表企业经营过程中一个既定期间的经营成果或财务业绩。

③ 收益的核算坚持配比原则,讲求合理的因果关系。某些成本或期间费用应分配给期间的收入,而其他一些与本期收入没有因果关系的成本应作为资产予以递延和报告。

④ 收益的形成依据收入实现原则,要求对收入进行明确的定义、确认和计量。一般地说,除了在个别情况下,"实现"是确认收入的标志,从而也是确认收益的标志。

⑤ 费用的计量依据历史成本原则。资产以其取得成本入账,直至销售之时才反映其市价的变动。所以,费用通常代表已消耗资产或已消耗的取得成本。

(2) 全面收益观

随着全球经济一体化的形成,企业的规模不断扩大,跨国经营是企业参与国际竞争的重要战略,然而各国在政治、经济、法律等方面的差异,使企业所面临的经营环境日趋复杂。金融工具的创新为企业带来了机遇,但同时也隐含着巨大的风险,在瞬息万变的金融大潮中,决策者如何及时了解金融工具带来的风险收益状况。科技日新月异的发展推动着经济的发展，然而会计理论还在许多方面固守着它一贯遵循的原则。由于历史成本原则、收入实现原则、谨慎性原则的限制，外币报表折算差额、可供出售金融资产公允价值变动等已确认未实现的利得和损失无法在损益表中列示，或者在财务报表中反映的账面金额远远小于真实的价值或可能产生的利得和损失。利得是指由企业非日常活动所形成的、会导致所有者权益增加的、与所有者投入资本无关的经济利益的流入。它分为直接计入所有者权益的利得和直接计入当期利润的利得两部分。损失是指由企业非日常活动所发生的、会导致所有者权益减少的、与向所有者分配利润无关的经济利益的流出。它分为直接计入所有者权益的损失和直接计入当期利润的损失两部分。

这样，传统收益由于其严格的限定条件，将未实现的损益排除在收益之外，不能真实反映企业收益，于是全面收益观便应运而生。

全面收益是指一个主体在某一期间与非业主方面进行交易或发生其他事项和情况所引起的权益（净资产）变动。它包括这一期间内除业主投资和派给业主款以外的一切权益的变动。其与传统收益观相比而言，它具有以下特点。

① 突破了交易观基础。全面收益将物价变动、偶发事件以及周围经济、法律、社会、政治和物质环境交互作用的其他结果也包括在内，从而能够更好地反映在报告期内产生（而不是实现）的净资产的全部变动。

② 突破了实现原则。美国财务会计准则委员会（FASB）在第130号财务会计准则公告《报告全面收益》（FAS130）和第133号财务会计准则公告《衍生金融工具和套期保值活动会计》（FAS133）列举的其他全面收益项目，包括外币折算调整项目、可销售证券上的利得和损失、最低退休金负债调整、现金流量避险工具上的利得和损失（包括对预期的以外币标价的交易进行避险的衍生工具上的利得和损失）。这些项目的共同特点在于它们都是未实现的，如果按照实现原则它们均不能包括在净收益中。

③ 趋于用现行价值作为主要计量属性。由于全面收益是由收入、费用、利得、损失等组成，与收入、利得相应的资产负债采用现行价值计量，而与费用、损失相应的资产耗费或价值的变动既可采用历史成本也可采用现行价值计量，因此，全面收益的计量属性是混合属性。近年来，在迅速变化发展的经济挑战下，特别是在知识经济时代，为了提高会计信息的相关性，后续计量日趋增加，而后续计量必然要求采用现行价值。目前许多国家的准则制定机构已经意识到现行价值是最优选择。

④ 收益确认计量采用“资产负债观”。收益被视为企业某一期间内资源增加的净额。其计算方法就是要通过对资源的计量，即企业在投入资本得到保持的前提下，实现一定期间内资源的净增加。收益＝期末资源－期初资源。这样，收益的决定就转化为对期初期末资产和负债的计价。

2. 所有者权益变动表中的全面收益理念

与传统的收益概念相比，全面收益理念中的净利润涵盖的内容要广泛得多，除传统的净利润之外，还包括其他全面收益项目，主要是一些已确认未实现列在权益项下的利得（或损失）。

在20世纪90年代，世界范围内，包括英国会计准则委员会（ASB）、美国财务会计准

则委员会(FASB)、国际会计准则理事会(IASC)等欧美先进的会计准则机构,先后增加了企业的财务业绩报表,来反映企业的全面收益。这一改革体现了改进财务报表要服从财务会计的基本目标,即努力提高财务信息的有用性。

在借鉴国际先进经验基础上,经过不断尝试和努力,我国在2008年1月1日起实施的会计准则中,明确增加所有者权益变动表(或股东权益变动表)作为第四张主表。

所有者权益变动表涵盖了利润分配的全部内容以及其他所有者权益变动原因的内容,集中体现了全面收益理念。为了更好地诠释全面收益,会计准则将“利得”和“损失”分成两部分:一部分是直接计入所有者权益的利得和损失;另一部分是直接计入当期利润的利得和损失。正是这两个概念的引入及科学分类,使得全面收益的报告成为可能。“净利润”反映了当期全部已确认及已实现的收入(利得)和费用(损失),而“直接计入所有者权益的利得和损失项目及其总额”则使那些根据会计准则规定已确认但未实现的绕过利润表而在资产负债表中的“业绩”得以反映。所有者权益变动表,在一定程度上反映了企业的全面收益,实现了财务业绩报告与国际接轨的目标,对于我国收益呈报模式的改革具有划时代的意义。

3. 解读所有者权益变动表的要求

在解读所有者权益变动表时,需注意以下一些新变化。

(1) 计量观念改变

传统会计收益的计算采用“收入－费用”法。按照这种方法,收益被看作是确认的收入与相关的成本费用进行配比后的结果,即将一定期间的收入减去同期相关成本费用后得出收益。在“收入－费用”法下,资产负债表成了利润表的副产品。

而全面收益体现的是以公允价值为基础的“资产－负债”观。在这种计算方法下,收益的计量取决于资产和负债的计量,利润表被视为是反映企业一定期间内净资产变动情况的报表,利润表成了资产负债表的副产品。适时地调整收益计量观念,着眼于企业长期战略规划,从而避免因追求眼前利益而导致的短视行为。

(2) 报表格式变化

所有者权益变动表首次采用了矩阵式的列示格式。从横向上看,改变了以往按照所有者权益的各组成部分反映所有者权益变动情况,而是列示导致所有者权益变动的交易或事项,并根据所有者权益变动的来源对一定时期所有者权益变动情况进行全面反映;从纵向上看,按照所有者权益各组成部分及其总额列示交易或事项对所有者权益的影响。格式的变化丰富了会计信息,增强了会计信息的决策有用性。

(3) 余额调整明晰化

所有者权益变动表则在上年年末余额与本年年初余额之间直接加入会计政策变更和前期差错更正对所有者权益的调整金额,让使用者对累计影响数的调整一目了然。此外,由于所有者权益变动表将各组成部分按“本年金额”和“上年金额”两栏列示,使报表的比较期数得以扩展,便于比较以前时点的相关信息。

5.1.2 所有者权益变动表的主要项目的阅读

所有者权益变动表资料沿用表1-10。

1. 上年年末余额

"上年年末余额"项目，反映了企业上年资产负债表中股本、资本公积、盈余公积、未分配利润的年末余额，其数据来源可以直接从上年资产负债表获取。

表1-10中星辉股份有限公司上年年末余额为：股本为56 280 000.00元，资本公积为167 844.25元，盈余公积为9 203 030.41元，未分配利润为53 210 988.04元，股东权益合计为118 861 862.70元。

2. 会计政策变更和前期差错更正

"会计政策变更"和"前期差错更正"项目，分别反映企业采用追溯调整法处理的会计政策变更的累积影响金额和采用追溯重述法处理的会计差错更正的累积影响金额。表1-10中，星辉股份有限公司未发生会计政策变更和前期差错更正，就不需要填列。

3. 本年年初余额

为了体现会计政策变更和前期差错更正的影响，企业应当在上期期末所有者权益余额的基础上进行调整得出本期期初所有者权益，本年年初余额＝上年年末余额＋会计政策变更、前期差错更正。本年年初余额反映了会计政策变更、前期差错更正原因对本年所有者权益带来的影响，通过追溯调整，调整所有者权益的年初余额，无论调增、调减都与本期经营者行为无关。表1-10中由于星辉股份有限公司未发生调整，故本年年初余额＝上年年末余额。

4. 本年增减变动金额

"本年增减变动金额"项目分别反映如下内容。

(1)"综合收益总额"项目，反映企业当年实现的净利润(或净亏损)金额和当年直接计入所有者权益的利得和损失金额的合计额，反映经营者当期对股东权益的功过，是衡量经营者受托责任履行情况的完整指标。表1-10中显示星辉股份有限公司2014年资本公积6 303 517.00元，未分配利润47 857 818.14元，综合收益总额共计54 161 335.14元，比2013年39 219 427.08元，增加了14 941 908.06元。

(2)"所有者投入和减少资本"项目，反映企业当年所有者投入的资本和减少的资本。

①"所有者投入资本"项目，反映企业接受投资者投入形成的实收资本(或股本)和资本溢价或股本溢价，并对应列在"实收资本"和"资本公积"栏。表1-10中显示星辉股份有限公司接受投资者投入形成的实收资本19 000 000元，资本溢价221 027 928元。

②"股份支付计入所有者权益的金额"项目，反映企业处于等待期中的权益结算的股份支付当年计入资本公积的金额，并对应列在"资本公积"栏。表1-10中该项目为空，显

示星辉股份有限公司未发生处于等待期中的权益结算的股份支付事项。

(3)"利润分配"下各项目,反映当年对所有者(或股东)分配的利润(或股利)金额和按照规定提取的盈余公积金额,并对应列在"未分配利润"和"盈余公积"栏。

①"提取盈余公积"项目,反映企业按照规定提取的盈余公积。表1-10中显示星辉股份有限公司按照规定提取盈余公积4 785 781.81元。

②"对所有者(或股东)的分配"项目,反映对所有者(或股东)分配的利润(或股利)金额。表1-10中显示星辉股份有限公司未分配利润为−4 785 781.81元。

(4)"所有者权益内部结转"下各项目,反映不影响当年所有者权益总额的所有者权益各组成部分之间当年的增减变动,包括资本公积转增资本(或股本)、盈余公积转增资本(或股本)、盈余公积弥补亏损等项金额。为了全面反映所有者权益各组成部分的增减变动情况,所有者权益内部结转也是所有者权益变动表的重要组成部分,主要指不影响所有者权益总额、所有者权益的各组成部分当期的增减变动。

①"资本公积转增资本(或股本)"项目,反映企业以资本公积转增资本或股本的金额。

②"盈余公积转增资本(或股本)"项目,反映企业以盈余公积转增资本或股本的金额。

③"盈余公积弥补亏损"项目,反映企业以盈余公积弥补亏损的金额。

表1-10中显示星辉股份有限公司均未发生上述事项。

5. 本年年末余额

本年年末余额反映企业本年股本、资本公积、盈余公积、未分配利润的年末余额。表1-10中显示星辉股份有限公司年末股本余额为75 280 000元,资本公积余额为221 195 772.25元,盈余公积余额为20 292 329.22元,未分配利润余额为96 283 024.37元。

任务5.2 所有者权益变动表的分析

5.2.1 所有者权益变动表分析概述

所有者权益变动表分析,即通过分析所有者权益的来源及其变动情况,从而了解会计期间内影响所有者权益增减变动的具体原因,判断构成所有者权益各个项目变动的合法性与合理性,为报表使用者提供较为真实的所有者权益总额及其变动信息,从而为股东、投资者、债权人,以及其他报表使用者提供全面的财务信息,为他们进行经济决策提供依据和新的思路。

1. 所有者权益变动表各项目之间的关系

所有者权益本年年末余额主要是由本年年初余额和本年增减变动金额组成,本年年初余额主要包括上年年末余额和会计政策变更、前期差错更正；本年增减变动金额主要包括净利润、直接计入所有者权益的利得和损失、所有者投入和减少资本、利润分配、所有者权益内部结转五项。所有者权益变动表各个项目之间的关系具体见下列公式：

$$BY=BC+BB \tag{5-1}$$

其中：

$$BC=SY+KC+QC \tag{5-2}$$

$$BB=R+Z+S+P+N \tag{5-3}$$

由公式(5-1)、(5-2)、(5-3)可得

$$BY=BC+BB=SY+KC+QC+R+Z+S+P+N \tag{5-4}$$

式中：SY 为上年期末余额；BC 为本年年初余额；BB 为本年增减变动金额；BY 为本年年末余额；KC 为会计政策变更；QC 为前期差错更正；R 为净利润；Z 为直接计入所有者权益的利得和损失；S 为所有者投入和减少资本；P 为利润分配；N 为所有者权益内部结转。

2. 所有者权益变动表的分析方法

对所有者权益变动表的直接分析可以从水平分析和垂直分析两方面入手。

(1) 所有者权益变动表的水平分析

所有者权益变动表的水平分析，是将所有者权益各个项目的本年数与基准数(可以是上年数)进行对比分析，从静态角度揭示公司当期所有者权益各个项目绝对数变动情况，从而反映所有者权益各个项目增减变动的具体原因和存在问题的一种分析方法。一般用变动额和变动率两个指标来反映所有者权益各个项目的本年数(报告期)与上年数(基期)的变动情况，计算公式为

$$BDi=BQi-JQi \tag{5-5}$$

$$BLi=BDi\div JQi \tag{5-6}$$

式中：BDi 为某项项目的变动额；BLi 为某项项目的变动率；BQi 为某项项目的报告期数额；JQi 为某项项目的基期数额。

(2) 所有者权益变动表的垂直分析

所有者权益变动表的垂直分析，是将所有者权益变动表各个项目的本期发生数与所有者权益变动表本期年末余额进行比较(即各个项目金额占本年年末余额的比重)，从而揭示公司当年所有者权益内部结构的情况，从静态角度判断所有者权益变动表各个项目构成的合理性。同时，将报告期各个项目所占的比重与基期各个项目所占的比重进行对比分析，从动态角度反映所有者权益表的各个项目变动情况，找出影响所有者权益变动的主要项目，为报表使用者进行经济决策提供新的思路。

5.2.2 所有者权益变动表的变动结构分析

1. 所有者权益变动表的变动结构分析概述

之所以要求企业编制所有者权益变动表，目的就是让投资者了解企业所有者权益是

如何变动的,变动结构是否体现企业的生产经营实际,是否符合企业的生产经营战略。正是由于所有者权益的结构是复杂的,且其变化原因更加复杂,关注企业所有者权益变动结构,对评估企业的发展前景及所有者财富增减变化的趋势是十分有意义的。下面假设有三家企业的所有者权益期初总额和结构是相同的,本期权益变动总额也相同,但变动结构不同,如表 5-1 所示。

表 5-1 所有者权益变动结构分析表 金额单位:万元

项目 \ 企业	A 企业	B 企业	C 企业
所有者权益期初数	10 000	10 000	10 000
所有者权益期末数	15 000	15 000	15 000
本期所有者权益增加	5 000	5 000	5 000
其中:实收资本增加	5 000	2 000	
资本公积增加		500	
盈余公积增加		1 000	4 500
未分配利润增加		1 500	500

可以看出,三家企业权益变动结构是不一样的。

(1) A 企业所有者权益增加中,100%是所有者追加投资形成的。资本公积、盈余公积和未分配利润本期维持不变,意味着企业当期无赢利也无资本溢价发生。所有者增加投资不代表资本增值和所有者财富的增加,其投资的持续性取决于所有者对企业未来赢利的预期。在这三种变动结构中,这种结构是最不理想的结构。

(2) B 企业所有者权益增加中,50%是追加投资和资本公积增加形成的,另外 50%则是通过留存收益形成的。表明企业有赢利,投资者对企业有一定信心,相对于 A 企业,B 企业资本得到了增值,所有者财富得到了增加,因此其权益变动结构要好于 A 企业。但是,B 企业留存收益中盈余公积只占三分之一,其余为未分配利润,一方面表明企业当期的赢利并不多;另一方面也表明其权益结构存在较大不稳定性。

(3) C 企业所有者权益增加中,100%是通过留存收益形成的,而且盈余公积占 90%,这意味着企业在当期赢利丰厚,通过留存收益增加所有者权益就是增加所有者财富。同时,由于盈余公积变动在一般情况下是较具稳定性和可持续性的,因此,这种结构是三种结构中最为理想的结构。

2. 星辉股份有限公司股东权益变动结构分析

下面根据表 1-10 星辉股份有限公司 2014 年所有者权益变动表数据,对该公司股东权益变动结构进行分析。

首先,为便于分析编制星辉股份有限公司所有者权益变动结构分析表如表 5-2 所示。

表 5-2 星辉股份有限公司所有者权益变动结构分析表 金额单位:元

项　目	2014 年	2013 年
所有者权益期初数	118 861 862.70	79 642 435.62
所有者权益期末数	413 051 125.84	118 861 862.70

续表

项　目	2014 年	2013 年
本期所有者权益增加	294 189 263.14	39 219 427.08
其中:实收资本增加	19 000 000.00	0.00
资本公积增加	221 027 928.00	57 277.62
盈余公积增加	11 089 298.81	5 715 250.06
未分配利润增加	43 072 036.33	33 446 899.40

从表 5-2 可以看到,星辉股份有限公司 2014 年股东权益增加 294 189 263.14 元,由三部分构成,第一部分是吸收投资及其由吸收投资所带来资本溢价计 240 027 928.00 元;第二部分是净利润 47 857 818.14 元全部留存(其中盈余公积 4 785 781.81 元,未分配利润 43 072 036.33 元);第三部分是直接计入股东权益的利得和损失净额 6 303 517.00 元(计入盈余公积)。而在 2013 年中,该公司股东权益增加了 39 219 427.08 元,由两部分构成:一部分是净利润留存 37 163 211.56 元(其中盈余公积 3 716 312.16 元,未分配利润 33 446 899.40 元);另一部分是直接计入股东权益的利得和损失净额 2 056 205.52 元(其中资本公积 57 277.62 元,盈余公积 1 998 927.90 元)。对于该公司两年股东权益的这种变动结构,其合理性可以做如下分析。

(1) 2013 年星辉股份有限公司股东权益增加的 39 219 427.08 元中,盈余公积增加 5 715 250.06 元,资本公积增加 57 277.62 元,未分配利润增加 33 446 899.40 元,全部是通过收益形成的。这意味着企业在当期收益比较丰厚,通过收益增加股东权益就是增加股东财富;同时,由于盈余公积变动在一般情况下是较具稳定性和可持续性的,因此,这种权益变动结构是最为理想的结构。

(2) 2014 年星辉股份有限公司股东权益增加的 294 189 263.14 元中,81.59%是吸收投资及其由吸收投资所带来资本溢价形成的,另外 18.41%则是当年的净收益。公司将当年净收益全部留存,表明公司下一步有增资扩张的打算,而且考虑到公司连续多年赢利且近两年赢利较多,对潜在投资者必定有吸引力,因而对另一部分扩张所需资本通过资本市场以发行股票的方式筹措,显然这种股东权益变动结构是符合公司发展战略的,是完全合理的。只是与 2013 年股东权益变动结构相比,在稳定性和持续性方面要差一些,但更灵活,是上市公司普遍采用的。

5.2.3 所有者权益变动表的比率分析

1. 资本保值增值水平和所有者财富增长能力分析

投资者对企业投入资本的目的,是通过企业的资本增值实现自身财富的最大化,而这个目标的实现程度,主要是借助于资本保值增值率和所有者财富增长率指标来判断。

(1) 资本保值增值率。资本保值增值率是指企业期末所有者权益与期初所有者权益的比率,反映企业在一定会计期间资本保值增值水平的评价指标,是考核、评价企业经营效绩的重要依据。其计算公式为

$$资本保值增值率=\frac{期末所有者权益}{期初所有者权益}\times 100\%$$

在一般情况下，该指标比率越高，表明经营者的业绩越好；经营者业绩越好，给所有者带来的财富就越多。

但是，所有者权益的变动是由多种原因引起的。如投资者追加投资等，虽然也增加了期末的所有者权益，但却不能作为资本增值或财富增加来看待；又如接受捐赠等，虽然增加了所有者权益和所有者的财富，但却与企业经营者的主观努力无关。对此，当用资本保值增值率指标来评价企业经营者的经营业绩时，国有企业可以按照财政部发布实施的《国有资本保值增值率结果计算和确认办法》的规定进行操作，其他企业也可比照此规定进行操作。

就一般企业而言，使用资本保值增值率指标评价企业经营业绩时所应考虑和调整的主要因素包括：所有者追加或缩减资本、资本溢价、接受捐赠、货币资本折算差额、会计政策变更、自然灾害损失、已分利润或股利等。这些需要考虑和调整的因素，其数据在所有者权益变动表中都有反映。

(2) 所有者财富增长率。所有者（股东）财富增长率是指实收资本（或股本）在一定的情况下，附加资本的增长水平。其计算公式为

$$所有者财富增长率=\frac{期末每元实收资本净资产-期初每元实收资本净资产}{期初每元实收资本净资产}\times 100\%$$

或

$$股东财富增长率=\frac{期末每股净资产-期初每股净资产}{期初每股净资产}\times 100\%$$

所有者财富增长率是投资者或潜在投资者最关心的指标，与每股收益一样，该指标集中体现了所有者的投资效益，也可作为对经营者的考核指标。

注意：股东财富增长率与资本保值增值率并不完全正相关，因为股东财富的增长直接受利润分配水平的影响，账面股东财富与股东的实际财富往往是不一致的。对于上市公司而言，股东财富是分红所得与股票市值之和。

根据表1-10星辉股份有限公司2014年所有者权益变动表数据，对该公司资本保值增值率和每股净资产增长率分析如表5-3所示。

表5-3　星辉股份有限公司资本保值增值率和每股净资产增长率分析计算表

项　　目	2014年		2013年	
	期初数	期末数	期初数	期末数
股东权益/元	118 861 862.70	413 051 125.84	79 642 435.62	118 861 862.70
股本/元	56 280 000.00	75 280 000.00	56 280 000.00	56 280 000.00
每股净资产/元	2.11	5.49	1.42	2.11
资本保值增值率/%	347.51		149.24	
股东财富增长率/%	1.602		0.486	

从表5-3可以看出，星辉股份有限公司2014年和2013年的资产保值增值率相差近200个百分点，结合前面股东权益变动分析知道这并不是由于公司经营业绩增长较快所致，主要是由于股本扩张带来巨额股本溢价而来。不仅如此，它还带来了星辉股份有限公司2014年和2013年的股东财富增长率相差比较悬殊这一结果。

2. 所有者权益获利能力分析

1）所有者权益报酬率分析

所有者权益报酬率亦称净资产收益率。它是企业利润净额与平均所有者权益之比，反映企业所有者权益收益率的大小。计算公式为

$$净资产收益率=\frac{净利润}{平均所有者权益}\times 100\%$$

式中：

$$平均所有者权益=(年初所有者权益总额+年末所有者权益总额)\div 2$$

例如，某公司2014年实现净利润为72 198万元，年初所有者权益总额为403 422万元，年末所有者权益总额为490 444万元。则该公司净资产收益率为

$$净资产收益率=\frac{72\ 198}{(403\ 422+490\ 444)\div 2}\times 100\%\approx 16.32\%$$

净资产收益率是一个综合性很强的指标，该指标既可以反映投入资本的获利情况，也可以反映企业的管理水平，因此该指标是对所有者权益分析的核心指标。为进一步评价该指标需要对净资产收益率进行分解分析。

对净资产收益率指标进行分解分析的目的是找到影响净资产收益率变动的主要因素，从而分析净资产收益率的形成原因。净资产收益率的分解分析可以按权益乘数对净资产收益率进行分解分析。

按权益乘数将净资产收益率分解成两个因素的乘积，计算公式为

$$净资产收益率=资产净利率\times 权益乘数$$

关系式表明：净资产收益率的高低决定于两个因素，即资产净利率和权益乘数。资产净利率反映了总资产的获利能力；权益乘数是总资产与所有者权益的比值，乘数越大，说明在企业总资产中，负债融资所占比重越大。因此，权益乘数反映了企业资本结构对净资产收益率的影响。两因素相比，显然资产净利率是决定净资产收益率高低的主要因素，权益乘数只起一个倍数的作用，因此分析净资产收益率时需重点关注资产净利率的变动。

资产净利率可进一步分解为两个因素的乘积，即

$$资产净利率=销售净利率\times 资产周转率$$

这样，就形成了净资产收益率的三因素分析，关系式如下：

$$净资产收益率=销售净利率\times 资产周转率\times 权益乘数$$

$$\downarrow\qquad\qquad\downarrow\qquad\qquad\downarrow\qquad\qquad\downarrow$$

$$\frac{净利润}{所有者权益}=\frac{净利润}{销售收入}\times\frac{销售收入}{总资产}\times\frac{总资产}{所有者权益}$$

关系式表明：净资产收益率受到三个因素的影响，其中：销售净利率是净利润与销售收入的比值。销售收入一定的情况下，净利润越多，则销售净利率就越高。而净利润＝销售收入－成本总额＋其他利润－所得税，因此，要提高销售净利率，一方面要扩大销售收入；另一方面要降低成本费用。对成本总额还可以继续分解，分析影响成本总额变动的因素。

资产周转率是销售收入与资产占用额的比值。一定量的资产实现的销售收入越多，资

产周转率就越快。而销售收入受到销售量和销售价格的影响,销售量和价格的变动又受到市场环境、企业销售政策等因素的影响;这样层层分解下去就可以从销售收入角度找到影响资产周转率变动的主要因素。同样也可以从资产占用的角度分析影响资产周转率变动的因素,即当销售收入一定的条件下,要提高资产周转率,只有减少资产的占用,即以最少的资产占用,取得最大的收益。对企业资产占用的情况可按各类资产的占用进行分解分析。

综上所述,净资产收益率指标的分析就是根据分解公式对各影响因素指标的变动进行层层分解,从而找到影响净资产收益率变动的主要原因。

2) 每股收益的计算分析

每股收益是企业净收益与发行在外的普通股股数的比率,它反映了某会计年度内企业平均每股普通股获得的收益。该指标可用于评价普通股持有者获得报酬的程度。每股收益是评价上市公司获利能力的基本和核心指标,具有引导投资、增加市场评价功能、简化财务指标体系的作用。计算公式为

$$每股收益=\frac{净利润-优先股股利}{发行在外的加权平均普通股股数}$$

注意:为了与分母计算口径一致,公式分子应将优先股股利从净利润中扣除;由于公式分母产权资本的构成不同,从而形成不同的每股收益的计算方法。

(1) 简单资本结构的每股收益。简单资本结构指企业发行的产权证券只有普通股一种,或虽有其他证券,但对企业普通股无稀释作用或稀释作用不明显。这种资本结构每股收益的计算公式为

$$每股收益=净利润\div 发行在外加权平均普通股股数$$

其中:加权平均股数$=\sum$(流通在外的股数×流通在外的月数占全年月数的比例)

(2) 复杂资本结构的每股收益。复杂资本结构指企业除了发行普通股外还发行可转换债券、认股权证、股票选购权、或有股份等,这些产权资本有可能转成普通股,从而增加流通在外的普通股股数。流通在外的普通股股数越多,对每股收益的稀释作用就越大。按照国际惯例:在复杂资本结构下,如果稀释证券的总稀释效果不超过3%,企业只需披露基本每股收益指标;若超过3%,企业必须同时列示两个每股收益数据,即基本每股收益和充分稀释的每股收益。

① 基本每股收益。基本每股收益反映未充分稀释前的每股收益,计算公式为

$$基本每股收益=\frac{净利润-优先股股利}{流通在外的普通股股数+增发的普通股股数+真正稀释的约当股数}$$

公式中的约当股数指可能转换成的普通股的股数。

② 充分稀释每股收益。充分稀释每股收益指将所有可能的影响因素都加入到普通股股数中去计算每股收益,目的在于更稳健地反映企业每股收益状况。计算公式为

$$充分稀释每股收益=\frac{净利润-不可转换优先股股利}{流通在外的普通股股数+普通股股票等同权益}$$

作为股票投资者,具体评价一个公司的每股收益时,由于评价目的不同,选择的每股收益指标也不同。从分析企业业绩角度看,选择基本每股收益较为合适,因为这种计算较为准确;从投资决策角度看,选择年末每股收益(全面摊薄每股收益)或充分稀释后的每股收益较为合适,因为这样较为谨慎,然后与其他企业的每股收益进行对比,从而对企业的

获利能力和股票质量做出评价，以保证投资决策的科学性。

5.2.4 市价比率分析

1. 股票获利率分析

股票获利率指普通股每股利润与其市场价格之间的比例关系。计算公式为

$$股票获利率=\frac{普通股每股股利+每股市场利得}{普通股每股市价}\times 100\%$$

公式分母：指在证券市场上的买卖价格，通常采用年度平均价格，为简化计算也可采用报告日前一日的现时股价。

公式分子：每股市场利得指期初、期末的股票市价差额。该指标不能单独作为判断投资报酬的指标，因为指标数值的大小与企业采取的股利政策、市场的预期、市场的炒作等多种因素有关，因此该指标必须与其他投资报酬指标结合使用。

2. 市盈率分析

市盈率是普通股每股市价与每股收益的比值。计算公式为

$$市盈率=\frac{普通股每股市价}{普通股每股收益}\times 100\%$$

注意：当公司为复杂资本结构时分母应采用完全稀释的每股收益。

市盈率是投资者衡量股票潜力的重要指标，对该指标作用的理解应全面分析：一方面从该指标的本质含义看，在不考虑资金的时间价值的前提下，以公司目前的收益水平，投资者收回其所投资金的年数。即市盈率指标数值越大，投资者收回所投资金的时间越长，因此蕴含的风险越大。另一方面从投资角度看，较高的市盈率，说明公众对企业股票的评价较高，对企业的未来赢利能力信心较强，愿意以较高的价格支付每一元利润。但不管怎样，过高的市盈率总是不可取的。此外，使用该指标分析时，还必须注意以下几个问题。

(1) 资本市场不健全，很难利用市盈率对企业做出分析和评价。

(2) 市盈率指标的变动受到多种因素的影响：如经济环境的变化、宏观政策的变化、行业特点及发展前景、意外因素的发生、银行存款利率的变动、上市公司的规模等都会对市盈率指标数值的大小产生影响。

(3) 当企业利润与资产相比很低，或发生亏损时，计算市盈率指标毫无意义。

3. 市净率分析

市净率指普通股每股市价与每股净资产的比例关系。计算公式为

$$市净率=\frac{每股市价}{每股净资产}\times 100\%$$

公式中：

$$每股净资产=\frac{股东权益总额-优先股权益}{发行在外的普通股股数}$$

市净率指标小于1,每股市价低于每股净资产,说明投资者对企业发展前景持悲观态度;市净率大于1,每股市价大于每股净资产,说明投资者对企业发展前景持乐观态度。市净率越大,说明投资者越看好企业,认为企业发展潜力越大。

注意:计算每股净资产的股东权益总额采用的是企业账面价值,而不是当前市场价值。账面价值按当初投入资产的实际成本登记,是一种历史成本;历史成本与当期市场价值往往会有差异,因此,每股净资产指标并不能真正地反映每股净资产的价值。由此计算的市净率指标也必须与其他指标结合运用,才能对企业的投资报酬做出评价。

市净率指标与市盈率指标作用基本相同,即都代表投资者对某股票或某企业未来发展潜力的判断,运用时都不能笼统地说高好还是低好。但两个指标分析的角度不同,市盈率指标主要从股票赢利性角度进行考察,市净率指标主要从股票账面价值角度考虑。

通过以上分析可知,所有者权益变动表可以真实全面地反映企业的收益,增强了财务报表关于企业财务业绩信息的完整性和有用性,有利于投资者结合利润表、现金流量表以及市价表做出更深入更全面的分析,有利于减小企业管理当局进行盈余管理、利润操纵的空间,有利于资本市场的健康发展。

课后练习

一、判断题

1. 考虑到偿还债务的安全性,企业应以追求更高的利息保障倍数为经营目标。( )
2. 在实收资本不变的条件下,资本保值增值率一定高于100%。( )
3. 留存收益率越高,表明企业发展后劲越足。( )
4. 股东财富增长率既是评价投资效益的指标,也是考核经营者经营业绩的指标。( )
5. 在企业起步阶段实现的利润,一般不进行分配。( )

二、单项选择题

1. 与资产负债表比,所有者权益变动表提供了( )方面的信息。
   A. 所有者权益总额　　B. 所有者权益构成
   C. 所有者权益总额变动　　D. 所有者权益变动结构
2. 评价资本保值增值率的关键是看企业( )。
   A. 资本总额的增长　　B. 实收资本的增长
   C. 附加资本的增长　　D. 资产总额的增长
3. 以下表述正确的是( )。
   A. 资本保值增值率一定大于股东财富增长率

B. 资本保值增值率一定小于股东财富增长率
C. 股东财富增长率与资本保值增值率成正比
D. 股东财富增长率与资本保值增值率不是正相关的关系

4. 下面说法正确的是(　　)。
A. 决定企业利润分配水平的是净收益
B. 决定企业利润分配水平的是现金
C. 利润分配水平越高,表明企业的实力越强
D. 利润分配水平与企业的经营状况、财务状况和未来发展有关

5. 留存收益与利润分配水平之间的关系是(　　)。
A. 此高彼低
B. 留存收益率与利润分配水平正相关
C. 没有直接关系
D. 有关系,但不一定是正相关,也不一定是负相关

三、多项选择题

1. 下面能引起所有者权益变动的事项有(　　)。
A. 调整以前年度收益　　B. 进行利润分配
C. 用资本公积转增资本　　D. 用盈余公积转增资本
E. 以上各项都是

2. 通过所有者权益变动表的分析,可以获取(　　)方面的信息。
A. 评价经营者业绩　　B. 股东权益变动结构是否合理
C. 企业未来发展趋势　　D. 股东财富增长
E. 经营质量

3. 以下关于企业利润分配水平表述正确的有(　　)。
A. 利润分配水平的高低与留存收益有关
B. 利润分配水平的高低与企业的经营状况、财务状况有关
C. 利润分配水平的高低与企业当期的净收益直接相关
D. 利润分配水平的高低直接反映了企业的实力
E. 对股东来讲现金股利越高越好

4. 以下关于留存收益表述正确的有(　　)。
A. 留存收益率越大越好
B. 留存收益率与股东财富增长率正相关
C. 留存收益率的高低与企业未来发展对资金的需求有关
D. 在企业生产经营成熟期不需要留存收益
E. 留存收益率的高低完全是由企业自己决定的,不受其他因素影响

5. 企业所有者权益变动结构良好的标志体现在(　　)两个方面。
A. 附加资本所占比重越来越大
B. 实收资本所占比重越来越大
C. 所有者权益变动结构与企业的经营发展战略相适应

D. 所有者权益变动结构与企业当期的经营状态和财务状况相适应

四、案例分析

海达公司 2014 年度股东权益增减变动见表 5-4。

表 5-4　海达公司 2014 年度股东权益增减变动表　　金额单位：万元

项　目	本年金额					上年金额				
	实收资本	资本公积	盈余公积	未分配利润	所有者权益合计	实收资本	资本公积	盈余公积	未分配利润	所有者权益合计
一、上年年末余额	200.00	70.00	98.97	35.02	403.99	200.00	70.00	80.46	10.13	360.59
二、本年年初余额	200.00	70.00	98.97	35.02	403.99	200.00	70.00	80.46	10.13	360.59
三、本年变动金额										
（一）本年净利润				140.60	140.60				123.40	123.40
（二）直接计入权益的利得和损失		30.00			30.00					
（三）所有者投入										
（四）本年利润分配			21.09	−81.09	−60.00			18.51	−98.51	−80.00
四、本年年末余额	200.00	100.00	120.06	94.53	514.59	200.00	70.00	98.97	35.02	403.99

思考：分析评价 2014 年度海达公司所有者权益变动结构。

财务分析报告的编写

技能目标

能运用杜邦财务比率分析法等财务分析方法进行财务报表的综合分析，会编写财务分析报告。

知识目标

掌握杜邦财务分析体系的构建方法，理解指标间的依存关系，了解其他财务分析的基本原理和主要内容，熟悉财务分析报告的基本结构和内容，掌握财务分析的编写方法。

案例导入

财务分析报告——财务报表分析的核心成果

小王和小李分别毕业于国内两所高职院校的会计专业，两人同时成功应聘进入一家国有大中型企业财务部工作，按照组织安排，小王的工作岗位是总账报表会计，小李则主要从事往来账的核算工作。月末，小王将编制出的财务报表按规定时间和对象对外报送之后，递交了一套报表给公司相关领导审阅。总经理收到后简要浏览了一遍，即要求小王根据本月的财务报表，写出一份公司本月的财务分析报告，简要说明公司的财务状况、经营成果及资金运用等情况。小王犯了难，因为在校期间老师虽然讲授了财务报表分析的基本技能，教会了他报表的解读方法，但却没有要求大家根据分析结果撰写书面的综合财务分析报告。他无从下手，只好找到小李请求帮助。小李在校期间学习的相关课程中，则涉及了对财务分析报告的撰写训练，所以，小李根据当初的学习心得，与小王加班加点共同完成了一份比较粗略的分析报告，小王终于完成了领导交办的任务。由此小王悟出一个道理：财务报表的解读和财务分析报告的撰写都是会计人员必备的基本技能。

启示

对财务报表的解读与分析只是一个过程，最终要将分析结果形成书面报告，为报表使用者决策所用，这样才能体现财务报表分析的价值。

任务6.1 财务报表综合分析

6.1.1 财务报表综合分析概述

1. 财务报表综合分析的意义

财务报表综合分析是在分别解读资产负债表、利润表、现金流量表和所有者权益变动表等报表后，对企业的赢利能力、营运能力、发展能力等方面进行分析的基础上，将上述反映企业经营理财活动的各项财务分析指标作为一个整体，系统、全面、综合地对企业的财务状况和经营情况进行剖析、解释和评价，说明企业整体经营状况、财务状况和效益的好坏。

前几章对财务报表所做的单项分析揭示的仅是企业经济效益与财务状况的某一侧面的信息，而财务报表分析的目的在于全方位地揭示企业经营理财的状况，进而评价企业的经济效益，并对未来的经营做出预测和指导，这是财务分析的最终目的。显然，要达到这样的分析目的，只测算几个简单的、孤立的财务比率，或者将一些孤立的财务分析指标堆垒在一起，彼此毫无联系地进行考察，是不可能得出合理、正确的综合性结论的，有时甚至会得出错误的结论，如偿债能力很强的企业，其赢利能力可能会很弱；或者偿债能力很强的企业，其营运能力可能很差。因此，只有将企业偿债能力、营运能力、赢利能力及发展趋势等各项分析指标有机地联系起来，作为一套完整的体系，相互配合使用，才能对企业的财务状况做出系统的综合评价。

由此可见，财务报表综合分析即对单项财务分析的汇总综合，也是企业经营管理中不可缺少的必要环节，具有十分重要的意义。

2. 财务报表综合分析的特点

综合分析与前述的单项分析相比，具有以下特点。

(1) 分析的方法不同

单项分析是把企业财务活动的总体分解为每个具体部分，逐一加以分析考察；而综合分析是通过归纳综合，在分析的基础上从总体上把握企业的财务状况。因此，单项分析具有实务性和实证性，而综合分析具有高度的抽象性和概括性。

单项分析能够真切地认识每一具体的财务现象，可以对财务状况和经营成果的某一方面做出判断评价，但如果不在此基础上抽象概括，把具体的问题提高到理性高度认识，就难以全面、完整和综合地评价企业的财务状况和经营成果。因此，综合分析要以各单项分析指标及其各指标要素为基础，各单项指标要素及计算的各项指标一定要真实、全面和适当，所设置的评价指标必须能够涵盖企业赢利能力、偿债能力及营运能力等诸方面总体分析的要求。只有将单项分析和综合分析结合起来，才能提高财务报表分析的质量。

(2) 分析的重点和基准不同

单项分析的重点和比较基准是财务计划、财务理论标准；而综合分析的重点和比较基准是企业的整体发展趋势，两者考察的角度是有区别的。由于分析的重点与基准不同，单项分析通常不考虑各种指标之间的相互关系；而财务报表综合分析强调各种指标有主辅之分，一定要抓住主要指标，只有抓住主要指标，才能抓住影响企业财务状况的主要矛盾，在主要指标分析的基础上再对其辅助指标进行分析，才能分析透彻，各主辅指标功能应相互协调匹配。在利用主辅指标时，还应特别注意主辅指标间的本质联系和层次关系。

(3) 分析的目的不同

单项分析的目的是有针对性的，侧重于找出企业财务状况和经营成果某一方面存在的问题，并提出改进措施；综合分析的目的是要全面评价企业的财务状况和经营成果，并提出具有全局性的改进意见。显然只有综合分析获得的信息才是最系统、最完整的，而单项分析仅涉及一个领域一个方面，往往达不到这样的目的。

通过以上的对比分析不难看出，综合分析更有利于财务报表分析者把握企业财务的全面状况。

3. 财务报表综合分析的方法

对财务报表进行综合分析的方法有很多，其中主要有杜邦分析法、沃尔评分法、雷达图分析法和财务预警分析法等。

(1) 杜邦财务分析法

杜邦财务分析法是利用各主要财务比率的内在联系，对企业财务状况和经营状况进行综合分析和评价的方法。因其最初由美国杜邦公司成功运用而得名。

(2) 沃尔评分法

沃尔评分法也称沃尔比重评分法，或称评分总和法，是一种采用确定核心指标分数比重进行综合分析的方法。它将七种财务比率，分别给定其在总评价中所占有的分值，总和为100分，然后确定标准比率，并与实际进行比较，评出每项指标的实际得分，最后求出总分，以总评分来评价企业的财务状况。

(3) 雷达图分析法

雷达图分析法是将企业各方面主要财务分析指标进行汇总，绘成一张直观的财务分析雷达图形，即以雷达图形的方式表达企业各方面的主要财务分析指标，借以综合反映企业总体财务状况，探测企业经营症状，并指导企业经营的方法。

(4) 财务预警分析法

财务预警分析法是通过对企业财务报表及相关经营资料的分析，将企业已面临的财务危机情况、危机产生的原因及财务运营体系中隐藏的问题，预先告知企业经营者和其他利益关系人，并提出做好防范措施的财务分析系统。

6.1.2 杜邦财务分析体系

1. 杜邦财务分析体系概述

杜邦财务分析体系，又称杜邦分析法，是以赢利能力为企业的核心能力，以净资产收益率为核心财务指标，根据赢利能力比率、资产管理比率和债务管理比率三者之间的内在联系，对企业的财务状况和经营成果进行综合、系统的分析和评价的一种方法。

杜邦财务分析体系是一种分解财务比率的方法，从评价企业绩效最具综合性和代表性的净资产收益率指标出发，利用各主要财务比率指标间的内在有机联系，对企业财务状况及经济效益进行综合系统分析评价。它把销售利润率、资产周转率和财务杠杆结合起来说明净资产收益率的变化。即该体系以净资产收益率为龙头，以资产净利率和权益乘数为核心，重点揭示企业获利能力及权益乘数对净资产收益率的影响，以及各相关指标间的相互影响作用关系。该体系层层分解至企业最基本生产要素的使用、成本与费用的构成和企业风险，揭示指标变动的原因和趋势，满足经营者通过财务分析进行绩效评价的需要，在经营目标发生异动时能及时查明原因并加以修正，为企业经营决策和投资决策指明方向。

2. 杜邦财务分析指标分解及应用

（1）净资产收益率的分解

净资产收益率＝净利润÷净资产

＝（净利润÷销售净额）×（销售净额÷总资产）×（总资产÷净资产）

＝销售净利率×总资产周转率×权益乘数

其中：

销售净利率＝净利润÷销售净额

总资产周转率＝销售净额÷总资产

权益乘数＝总资产÷净资产

＝1÷（1－资产负债率）

根据净资产收益率核心指标与各项分解指标之间的内在联系，及其所涉及的各项会计要素，按照一定规律有序排列成杜邦财务分析指标体系图，简称“杜邦图”，以便能更直观、更明晰地理解并运用杜邦分析法，进行财务综合分析。上述关系用图 6-1 来表示如下。

由图 6-1 可见，在杜邦财务分析体系中，首先构建的是核心指标——净资产收益率。净资产收益率是一个综合性极强的投资报酬指标，决定因素主要是总资产净利率和权益乘数。

① 总资产净利率反映了企业全部资产的创利能力，是影响净资产收益率的关键指标，其本身也是一个综合性的指标。从图 6-1 可以看出，总资产净利率同时受到销售净利率和总资产周转率的影响。销售净利率和总资产周转率越大，则总资产净利率越大；而总资产净利率越大，则净资产收益率越大，反之亦然。

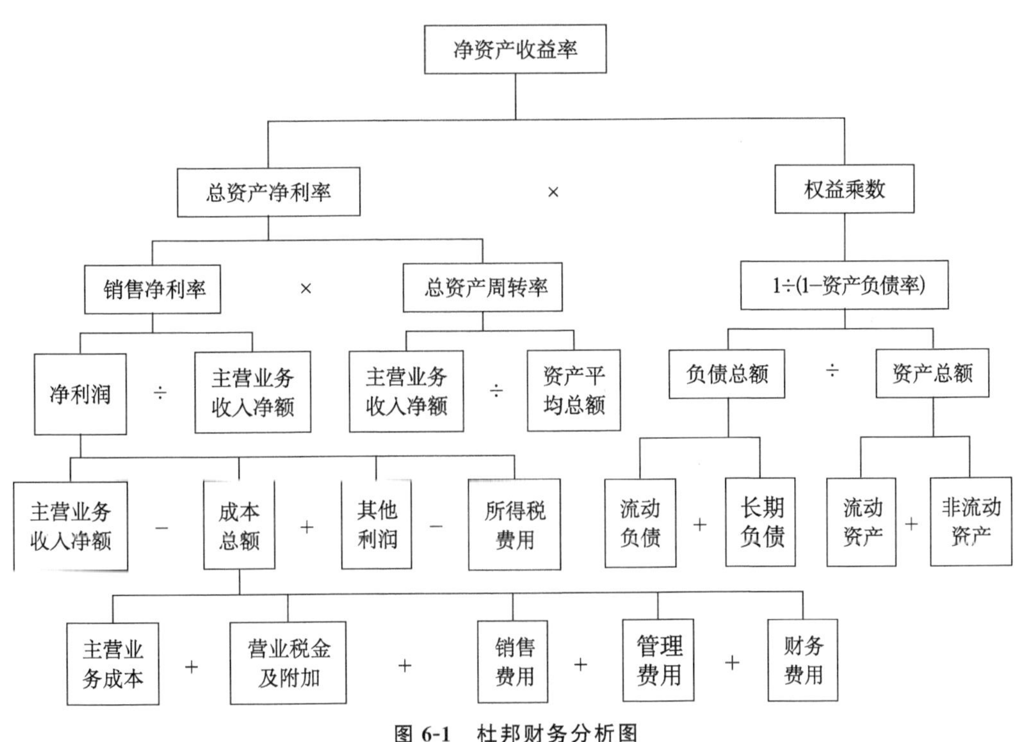

图 6-1 杜邦财务分析图

② 销售净利率的高低取决于企业实现的销售收入和企业净利润的关系。企业的净利润是其销售收入扣除了有关成本费用后的部分，它的高低取决于销售收入和成本总额的高低。因此，销售净利率的分析，需要从销售收入和销售成本两个方面进行。这个指标可以分解为销售成本率、销售其他利润率和销售税金率。销售成本率还可进一步分解为毛利率和销售期间费用率。深层次的指标分解可以将销售利润率变动的原因定量地揭示出来，如售价、成本或费用的高低等，进而分析投入付出和产出回报的关系，为企业决策服务。当然还可以根据企业的一系列内部报表和资料进行更详尽的分析。要想提高销售净利率，有两条途径：一是扩大销售收入；二是要降低成本费用。扩大销售收入，既有利于提高销售净利率，又可提高总资产周转率；降低成本费用是提高销售净利率的一个重要因素，从杜邦分析图可以看出成本费用的结构是否基本合理，从而找出降低成本费用的途径和加强成本费用控制的办法。如果企业财务费用支出过高，就要进一步分析其负债比率是否过高；如果管理费用过高，就要进一步分析其资产周转情况等。

③ 总资产周转率是反映企业通过资产运营实现销售收入能力的指标。影响总资产周转率的一个重要因素是资产总额，它由流动资产与非流动资产(即长期资产)组成。它们的结构合理与否直接影响资产的周转速度。一般来说，流动资产直接体现企业的偿债能力和变现能力，而长期资产则体现该企业的经营规模、发展潜力。两者之间应保持一种合理的比率关系。如果发现某项资金比重过大，影响资金周转，就应深入分析原因。如企业持有的货币资金超过业务需要，就会增加资金的沉淀，影响企业的赢利能力；而企业占有过多的存货和应收账款，则既会影响获利能力，又会影响偿债能力。因此，除了对资产的各构成部分从占用量上是否合理进行分析外，还可以通过对流动资产周转率、存货周转

率、应收账款周转率等有关资产组成部分使用效率的分析，判明影响资产周转的问题出在哪里。

④ 权益乘数实质上代表了企业的融资结构，表明企业负债程度，受资产负债率影响。企业负债程度越高，负债比率越大，权益乘数越高，说明企业有较高的负债程度，给企业带来较多的杠杆利益，同时也给企业带来了较多的风险。

权益乘数对净资产收益率具有倍率影响，反映了财务杠杆对利润水平的影响。财务杠杆具有正反两方面的作用。在收益较好的经营周期，它可以使股东获得的潜在报酬增加，但股东要承担因负债增加而引起的风险；在收益不好的经营周期，则可能使股东潜在的报酬下降。当然，从投资者角度而言，只要资产报酬率高于借贷资本利息率，负债比率越高越好。企业的经营者则应审时度势，全面考虑，在做出借入资本决策时，必须充分估计预期的利润和增加的风险，在二者之间权衡，从而做出正确决策。在资产总额不变的条件下，适度开展负债经营，可以减少所有者权益所占的份额，达到提高净资产收益率的目的，并最终不断把“蛋糕做大”，促进企业成长，拓宽企业发展空间。

(2) 销售净利率的分析

通过分析销售净利率可以对企业的经营损益进行一系列的分析，发现经营活动中存在的问题，为进一步提高企业赢利水平提供决策依据。具体分析如下。

① 计算销售产品的毛利率，分析企业是否具有产品成本的竞争优势。

② 计算成本利润率，分析企业是否具有产品创利能力。

③ 计算期间费用占收入比重，分析企业费用对赢利的影响程度。

④ 计算营业利润占利润总额的比重，分析企业主营业务利润对利润的贡献程度。

⑤ 计算费用与成本比例与结构，分析企业耗费构成。

(3) 总资产周转率的分析

通过分析总资产周转率可以对企业资产投资效率作进一步的分析，体现企业在一定时期内资产营运的效率和效果。具体分析如下。

① 计算总资产周转率，分析企业资产创造营业收入的能力，可以看出资产的总体营运效率。

② 计算流动资产及非流动资产的周转率，分析两类资产各自的营运效率。

③ 计算应收账款周转率，分析企业对应收账款的规模控制能力和变现能力。

④ 计算存货周转率，分析企业对存货的规模控制能力和销售转化能力。

⑤ 计算其他单项资产对销售收入的贡献程度。

(4) 财务杠杆的分析

以资产负债率为核心，对企业负债结构的分析，可以反映企业在一定期间内的偿债能力。具体分析如下。

① 计算资产负债率，分析企业总体的负债水平。

② 计算流动比率，分析企业是否具有流动资产保障流动负债的能力。

③ 计算速动比率，分析企业以高流动性资产保障流动负债的能力。

④ 计算利息保障倍数，分析企业以赢利现金流偿付债务利息的能力。

⑤ 计算短期债务与长期债务的比例，分析企业因偿还债务对现金流的压力。

(5) 利润留存率的分析

以利润留存率为核心,可以展开融资与股利政策分析,可以反映股利政策对企业预期业绩的影响。具体分析如下。

① 计算利润留存率,分析企业总体以留存利润进行内源融资的水平。

② 计算在一定的负债权益结构下,分析企业负债增量能力。

③ 计算在预期的销售增长率下,分析企业内源融资支持业务增长能力。

④ 计算在预期的销售增长率下,分析企业外源融资的数量与比例。

⑤ 计算利润留存对所有者权益的贡献度。

(6) 净资产收益率是企业财务价值分析的核心

净资产收益率反映了企业权益投资的综合赢利能力,可以在不同规模、不同业务类型的企业比较投资价值,并分析基于长期价值的公司成长能力取决于净资产收益率的状况及变化趋势。

3. 杜邦财务分析的作用

财务分析作为财务报告的基础,是评价财务指标、衡量经营业绩的重要依据,对企业一定期间的财务报表数据利用杜邦分析体系进行进一步的加工、整理、比较、分析,解释和评价企业财务状况是否健全,经营成果是否优良等,通过分析数据发现企业管理中存在的问题和经营面临的困难,为财务预测、决策和计划提供有用信息减少了我们对预感、猜测和直觉的依赖,减少决策的不确定性,挖掘潜力,改进工作。它是实现理财目标的重要手段和合理实施投资决策的重要步骤。

(1) 利用杜邦财务分析可以评价企业资产的营运能力

在杜邦财务分析体系中,总资产周转率是综合评价企业全部资产经营质量和资产利用效率的重要指标,反映企业单位资产创造的销售收入,体现企业在一定期间全部资产从投入到产出周而复始的流转速度。其计算公式为

$$总资产周转率=销售净额\div总资产$$

企业的总资产周转率又可分解为流动资产周转率和固定资产周转率两部分。其中,流动资产周转率越高,资产周转速度就越快,能够相对节约流动资金投入,增强企业的赢利能力,提高企业的短期偿债能力。如果周转速度过低,会形成资产的浪费,使企业的现金过多地占用在存货、应收账款等非现金资产上,变现速度慢,影响企业资产的流动性及偿债能力。

流动资产周转率比较高,说明企业在以下四个方面全部或某几项做得比较好:快速增长的销售收入;合理的货币资金存量;应收账款管理比较好,货款回收速度快;存货周转速度。

固定资产周转率比较高,表明企业固定资产投资得当,固定资产结构合理,能够充分发挥效率;反之,则表明固定资产使用效率不高,提供的生产成果不多,企业的营运能力不强。因此,在固定资产管理中,一是要注意控制固定资产的规模,规模太大会造成设备闲置,形成资产浪费,而规模过小,又表明企业生产能力小,形不成规模效益;二是要注意控制生产经营用和非生产经营用的固定资产结构,主次得当,才能最大限度地发挥资产的作用。

总之，在企业赢利能力较高的前提下，通过适当地降低产品售价，提高销售量，加快资金的周转速度，从而提高企业总资产周转率，提高企业赢利能力；在企业资产规模不变，生产效率不变的情况下，通过提高产品销售价格，增加销售收入，可以提高企业总资产周转率；企业通过处置闲置的固定资产，减小资产规模，也会提高企业的总资产周转率；在企业资产规模不变时，通过提高生产效率，提高产能利用率，从而达到提高企业总资产周转率的目的。

下面通过图 6-2 举例说明提高总资产周转率对企业赢利能力的影响。

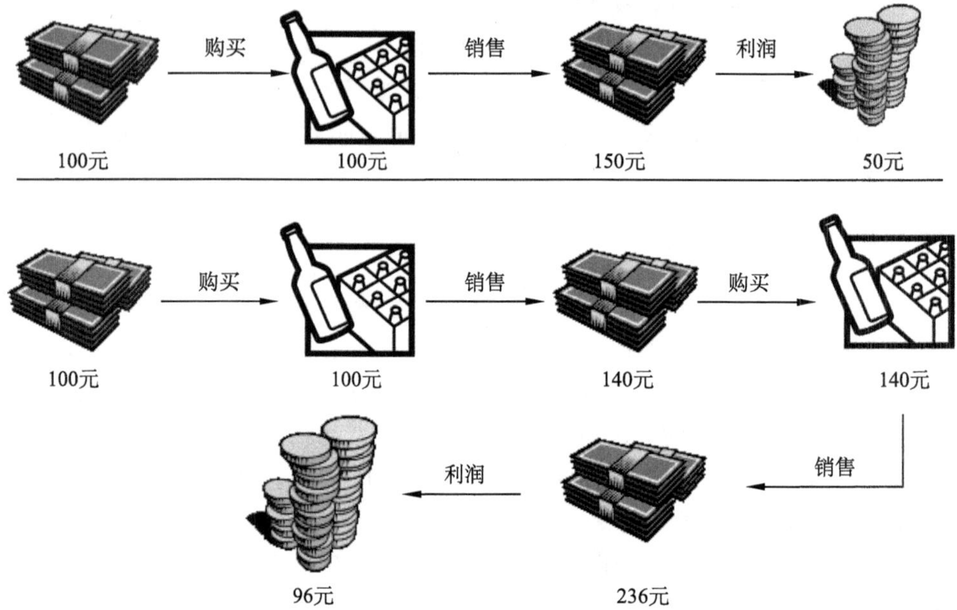

图 6-2 资产周转与企业赢利能力影响关系图

杜邦财务分析示例图如图 6-3 所示。

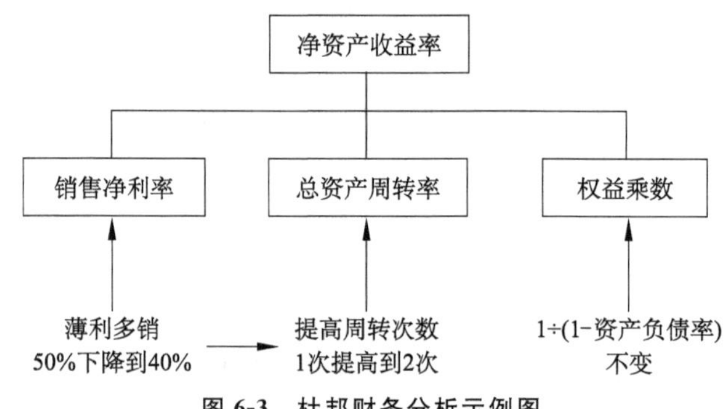

图 6-3 杜邦财务分析示例图

虽然企业销售净利率由 50%下降到 40%，但是由于采取薄利多销的方式加快资产的周转，使资产周转次数增加一次，为企业多增加 46 元的利润，提高了企业的净资产收益率，企业的营运能力得到有效提高。

(2) 利用杜邦财务分析可以评价企业的赢利能力

净资产收益率是综合评价企业投资者投入企业的资本获取净收益的能力，反映企业

持续收益的能力，其计算公式为

$$净资产收益率=净利润\div净资产$$

该指标如果持续增长，说明企业的赢利能力持续提高；如果该指标降低，可能并非是企业的赢利减少影响，是由于其他的一些相关因素导致该指标降低。如增发股票、接受捐赠等企业经营管理业绩的最终反映，是偿债能力、营运能力、获利能力综合作用的结果。它是评价企业资本经营效益的核心指标，该指标在我国评价上市公司业绩综合指标的排序中居于首位，一般认为，企业净资产收益率越高，企业的运营效益越好，对投资者、债权人的保证程度越高。对该指标的综合对比分析，可以看出企业获利能力在同行业中所处的地位以及与同类企业的差异水平。

6.1.3 星辉股份有限公司杜邦财务分析应用

1. 计算星辉股份有限公司财务分析指标

(1) 星辉股份有限公司简略利润表如表 6-1 所示。

表 6-1 星辉股份有限公司简略利润表 金额单位：万元

序号	项　　目	2013 年上半年	2014 年上半年
01	销售收入	42 335	59 176
02	成本总额	38 388	55 067
03	其中：营业成本	34 312	49 772
04	销售费用	2 222	3 191
05	管理费用	1 455	2 051
06	财务费用	399	53
07	投资收益	18	45
08	销售利润	3 524	4 154
09	其他利润	−61	192
10	税前利润	3 463	4 346
11	应交税费	1 188	1 164
12	净利润	2 275	3 182

(2) 星辉股份有限公司简略资产负债表如表 6-2 所示。

表 6-2 星辉股份有限公司简略资产负债表 金额单位：万元

序号	项　　目	2013 年上半年	2014 年上半年
01	流动资产	42 697	51 943
02	固定资产	9 406	18 748
03	其他资产	5 229	6 850
04	资产总计	57 332	77 541
05	流动负债	18 456	33 351
06	长期负债	80	80
07	负债总计	18 536	33 431
08	所有者权益	38 796	44 110

（3）根据表 6-1 和表 6-2 计算星辉股份有限公司杜邦财务分析指标如表 6-3 所示。

表 6-3 星辉股份有限公司杜邦财务分析指标表

序号	指标(值)	2013 年上半年	2014 年上半年
01	净资产收益率/%	5.86	7.21
02	权益乘数	1.48	1.76
03	资产负债率/%	33	44
04	总资产净利率/%	3.97	4.1
05	销售净利率/%	5.37	5.38
06	总资产周转率/%	73.8	76.3

从表 6-3 分析反映出该公司 2014 年上半年净资产收益率比上年同期增加产品品种 1.35 个百分点，主要得益于 2014 年上半年该公司销售收入及利润总额都大幅增长，资产利用率提高，总资产利用率上升，但同时反映出该公司权益乘数加大，体现出公司负债增加，资产负债率上升，在将来的经营中为了减少企业风险，应控制资产负债率的上升，从目前指标看，该公司资产负债率在一个合理的水平。

2. 根据上述资料，利用杜邦财务分析比率法对星辉股份有限公司进行综合分析

星辉股份有限公司 2014 年上半年杜邦财务分析框架如图 6-4 所示（单位：万元）。

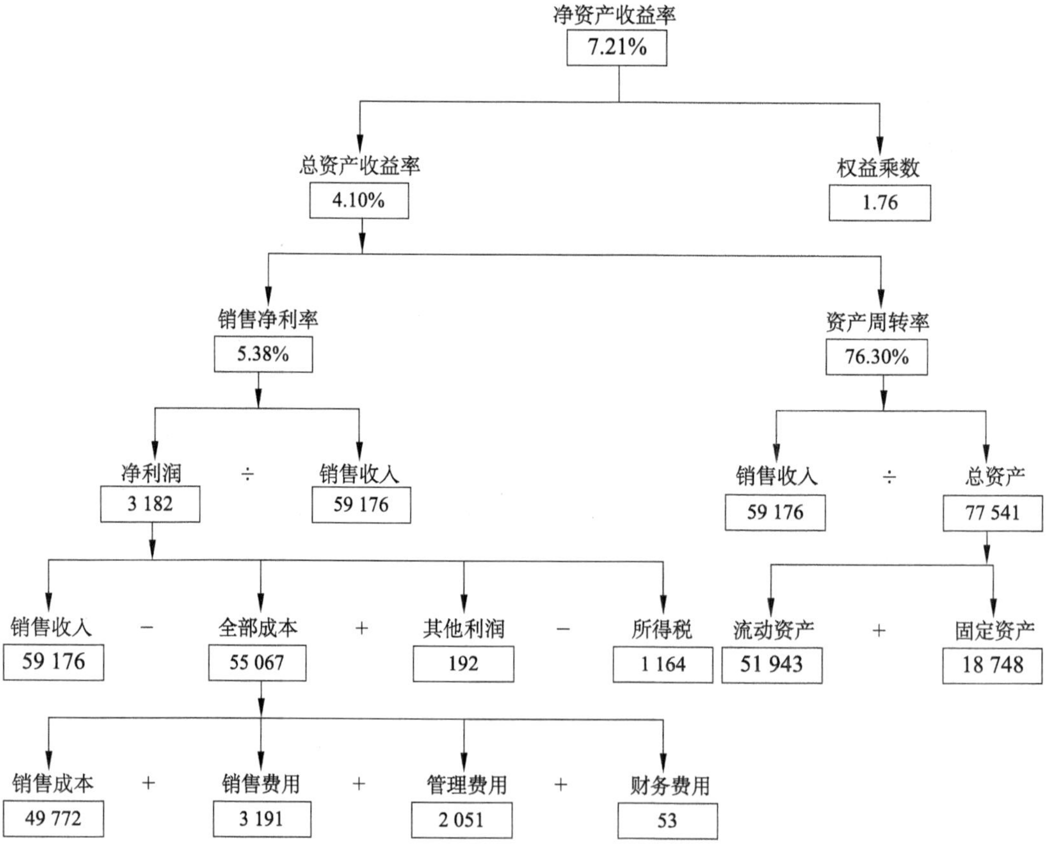

图 6-4 星辉股份有限公司杜邦财务分析详图

6.1.4 沃尔评分法

沃尔比重评分法又叫综合评分法，它通过对选定的多项财务比率进行评分，然后计算综合得分，并据此评价企业综合的财务状况。由于创造这种方法的先驱者之一是亚历山大·沃尔，因此被称作沃尔评分法。沃尔评分法的雏形是选择 7 个财务比率，分别给定各个比率在 100 分的总分中所占的分数，即权重，然后确定各个比率的标准值，并用比率的实际值与标准值相除得到的相对值乘以权重，计算出各项比率的得分，最后将 7 个比率的得分加总得到总分，即信用能力指数。最基本的沃尔评分法如表 6-4 所示。

表 6-4 沃尔评分法的基本思想

财务比率	权重(1)	标准值(2)	实际值(3)	相对值(4)=(3)÷(2)	评分(5)=(1)×(4)
流动比率	25	2.00			
净资产/负债	25	1.50			
资产/固定资产	10	2.50			
销售成本/存货	10	9			
销售额/应收账款	10	6			
销售额/固定资产	10	4			
销售额/净资产	10	3			
合　计	100	—			

沃尔评分法为综合评价企业的财务状况提供了一种非常重要的思路，即将分散的财务指标通过一个加权体系综合起来，使得一个多维度的评价体系变成一个综合得分，这样就可以用综合得分对企业做出综合评价。这种方法虽然简单易用、便于操作，但它在理论上存在一定缺陷：它未能说明为什么选择这 7 个比率，而不是更多或者更少，或者选择其他财务比率，也未能证明各个财务比率所占权重的合理性，以及未能说明比率的标准值是如何确定的。

6.1.5 财务报表附注、附表及有关资料的阅读分析

随着中国经济市场化、全球化，特别是资本市场的飞速发展，企业的产权和投资出现多样化、多元化，关注企业利益和与企业存在直接利益关系的人或相关利益集团也随之扩大。不论企业经营管理者还是企业外部的管理部门、监管机构、金融单位、证券分析师和广大的投资者，都和企业发生了利益关系，因而必然地产生了需要知晓与理解企业经营成果和财务状况的需求。这种需求的满足途径主要是依赖于公司披露或报告的以会计报表为主要载体的会计信息。除此之外，还需依赖财务报表附注、附表及其他有关资料所揭示的其他相关信息，以达到对企业经营活动全貌的正确认识。

1. 财务报表附注阅读分析内容

通过阅读财务报表附注所披露的内容,可以对企业财务报表数据的形成有深入的了解,有助于评析报表信息的质量高低。

1) 不符合会计核算前提的说明

例如,当持续经营假设不再适用时,则企业不应在持续经营的基础上编制会计报表,同时还应披露如下内容。

① 不以持续经营假设编制会计报表的事实。

② 持续经营假设不再适用的原因。

③ 编制非持续经营会计报表所运用的基础。

2) 重要会计政策和会计估计的说明

(1) 坏账及准备。应说明坏账的确认标准,以及坏账准备的计提方法和计提比例,并重点说明如下事项。

① 企业本年度全额计提坏账准备,或计提坏账准备比例较大的(计提一般超过 40%及以上的,下同),应单独说明计提的比例及其理由。

② 以前年度已全额计提坏账准备,或计提坏账准备比例较大的,但在本年度又全额或部分收回的,或通过重组等其他方式收回的,应说明其原因,原估计计提比例的理由,以及原估计计提比例的合理性。

③ 企业本年度对某些金额较大的应收款项不计提坏账准备,或计提坏账准备比例较低(一般为 5%或低于 5%)的理由。

④ 本年度实际冲销的应收款项及其冲销原因,其中,实际冲销的关联交易产生的应收款项应单独披露。

(2) 存货。应说明存货分类、取得、发出、计价以及低值易耗品和包装物的摊销方法;说明企业计提存货跌价准备的方法以及存货可变现净值的确定依据。

(3) 投资。应说明短期投资、长期投资的计价及核算方法;说明股权投资差额的摊销方法、债券投资溢价和折价的摊销方法;说明当年提取的短期投资与长期投资减值准备的计提方法。

(4) 固定资产。应说明固定资产的标准、分类、计价方法和折旧方法,各类固定资产的预计使用年限、预计净残值率和折旧率;说明当年提取的固定资产减值准备的计提方法。

(5) 在建工程。应说明在建工程的计价以及借款费用资本化的方法;说明当年提取的在建工程减值准备的计提方法。

(6) 无形资产和长期待摊费用。应说明计价和摊销方法;说明当年提取的无形资产减值准备的计提方法。

(7) 收入。应说明收入确认原则。

(8) 所得税。应说明所得税的会计处理。

3) 重要会计政策和会计估计变更的说明,以及重大会计差错更正的说明

① 会计政策变更的内容和理由。

② 会计政策变更的影响数。

③ 累积影响数不能合理确定的理由。

④ 会计估计变更的内容和理由。

⑤ 会计估计变更的影响数。

⑥ 会计估计变更的影响数不能合理确定的理由。

⑦ 重大会计差错的内容。

⑧ 重大会计差错的更正金额。

4）或有负债的类型及其影响

① 已贴现商业承兑汇票形成的或有负债。

② 未决诉讼、仲裁形成的或有负债。

③ 为其他单位提供债务担保形成的或有负债。

④ 其他或有负债（不包括极小可能导致经济利益流出企业的或有负债）。

⑤ 或有负债预计产生的财务影响（如无法预计，应说明理由）。

⑥ 或有负债获得补偿的可能性。

⑦ 如果或有资产很可能会给企业带来经济利益时，则应说明其形成的原因及其产生的财务影响。

5）资产负债表日后事项的说明

应说明股票和债券的发行、对一个企业的巨额投资、自然灾害导致的资产损失以及外汇汇率发生较大变动等非调整事项的内容，估计对财务状况、经营成果的影响；如无法做出估计，应说明其原因。

6）关联方关系及其交易的说明

(1) 存在控制关系的情况下，关联方如为企业时，不论他们之间有无交易，都应说明如下事项。

① 企业经济性质或类型、名称、法定代表人、注册地、注册资本及其变化。

② 企业的主营业务。

③ 所持股份或权益及其变化。

(2) 在企业与关联方发生交易的情况下，应说明关联方关系的性质、交易类型及其交易要素：交易的金额或相应比例；未结算项目的金额或相应比例；定价政策（包括没有金额或只有象征性金额的交易）。

(3) 关联方交易应分别对关联方以及交易类型予以说明，类型相同的关联方交易，在不影响会计报表使用者正确理解的情况下可以合并说明。

(4) 对于关联方交易价格的确定如果高于或低于一般交易价格的，应说明其价格的公允性。

7）重要资产转让及其出售的说明

8）企业合并、分立的说明

9）会计报表重要项目的说明

10）有助于理解和分析会计报表需要说明的其他事项

2. 财务报表其他资料阅读分析内容

财务报表的其他资料主要是指财务情况说明书。财务情况说明书是对企业基本情况以及企业在一定会计期间内的生产经营、资金周转、利润实现及分配等情况的综合性分析报告，是年度财务会计报告的重要组成部分，是对本年度的经营成果、财务状况等情况进行的总结，以财务指标和相关统计指标为主要依据，运用趋势分析、比率分析和因素分析等方法进行横向、纵向地比较、评价和剖析，以反映企业在经营过程中的利弊得失、财务状况及发展趋势，促进企业的经营管理和业务发展；同时便于财务会计报告使用者了解企业生产经营和财务活动情况，考核评价其经营业绩。

(1) 财务情况说明的主要内容

① 生产经营基本情况说明。

② 利润实现、分配及企业亏损情况。

③ 资金增减和周转情况。

④ 实收资本变动情况。

⑤ 预算执行完成情况。

⑥ 经营相对值指标评价。

⑦ 经营的主要风险。

⑧ 对企业财务状况、经营成果和现金流量有重大影响的其他事项。

⑨ 针对本年度经营管理中存在的问题，新年度拟采取的改进管理和提高经营业绩的具体措施，以及业务发展计划。

(2) 财务情况说明书的基本表述形式

财务情况说明书以文字说明为主，并可利用各种图表进行分析和说明。

(3) 财务情况说明书的特殊问题

财务情况说明书应对企业所处的行业及与公司经营业务密切相关的其他行业进行分析，月度财务情况说明书应简要对公司经营、财务状况主要方面进行分析；季度、半年和年度财务报告应按照上述基本内容的要求，进行详细的分析和说明。

3. 财务报表的综合阅读分析

对于包括投资人、债权人、管理者在内的许多人来说，必须掌握财务分析的运用技能，特别是对公司内部的管理者，只有掌握这种技能，才能自己诊断公司的症状，开出治疗药方，并能预测其经营活动的财务成果。不完全懂得财务分析的经营者，就好比是个不能得分的球员。

财务分析主要是借助于对资产负债表、利润表、现金流量表的分析来实现对企业经营结果、财务状况总结的目的，前几章已详细对三张报表的内容、分析方法从理论方面进行了阐述，从实务方面我们对这三张报表再认识，以提高财务分析的综合应用。作为报表的使用者，拿到这些报表后，重点看哪些地方，以便得到报表的什么信息。由于要得到企业的一些深层次的信息，必须结合几个报表的各个项目一起来分析，才能使财务分析的利用效果得到提升。

任务6.2 财务分析报告的编写

6.2.1 财务分析报告的内容和格式

1. 财务分析报告的含义

财务分析报告是在对财务报表和其他资料为依据和起点分析的基础上，对企业过去和现在的经营成果、财务状况及其变动的总结，通过财务分析报告可以了解企业过去的业绩，评价企业现在的表现，预测企业未来的发展趋势，针对经营管理中存在的问题与不足提出改善建议，有助于经营管理者完善管理，提高企业赢利水平，实现可持续发展。

2. 财务分析报告的分类

财务分析报告从编写的时间来划分，可分为两种：一是定期分析报告；二是非定期分析报告。定期分析报告又可以分为每日、每周、每旬、每月、每季、每年报告，具体根据公司管理要求而定，有的公司还要进行特定时点分析。从编写的内容可划分为三种：一是综合性分析报告；二是专项分析报告；三是项目分析报告。综合性分析报告是对公司整体运营及财务状况的分析评价；专项分析报告是针对公司运营的一部分，如资金流量、销售收入变量的分析；项目分析报告是对公司的局部或一个独立运作项目的分析。

小提示　财务分析报告和财务报告的区别

财务报告是会计报表、附注、附表及财务情况说明的综合，侧重对企业过去的经营情况、财务状况披露，供投资者、债权人等了解企业的发展；财务分析报告是通过对企业经营成果与历史同期、预算进行比较，对产生差异原因分析说明，对企业将来的经营成果进行预测，并提出改善建议，作为企业管理经营者的决策依据。财务分析报告是供企业内部管理者使用的管理报告；财务报告是供外部投资者使用的一个公司信息披露文件。所以财务报告和财务分析报告的含义、所起的作用、报告的构成、使用者都不同。

3. 财务分析报告的格式

严格地讲，财务分析报告没有固定的格式和体裁，但要求能够反映要点、分析透彻、有实有据、观点鲜明、符合报送对象的要求。一般来说，财务分析报告均应包含以下几个方面的内容：提要段、说明段、分析段、评价段和建议段，即通常说的五段论式。但在实际编写分析时要根据具体的目的和要求有所取舍，不一定要囊括这五部分内容。

此外，财务分析报告在表达方式上可以采取一些创新的手法，如可采用文字处理与图

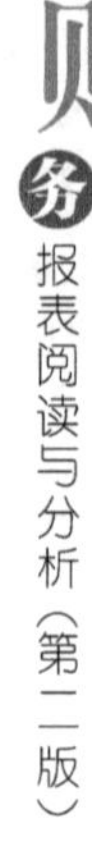

表表达相结合的方法，使其易懂、生动、形象。

4. 财务分析报告的内容

财务分析报告属于企业内部管理报告，是对企业经营状况、资金运作的综合概括和高度反映，由此决定了财务分析报告的内容一定要有一个清晰的框架和分析思路。财务分析报告的基本内容应反映企业一定时期的基本财务情况、经营成果与上年同期及预算对比成绩和产生差异的原因说明、对经营管理中存在的问题进行分析、并提出改善建议。财务分析报告主要包括下述五项内容。

第一部分提要段，即概括公司综合情况，让财务报告接受者对财务分析说明有一个总括的认识。

第二部分说明段，是对公司运营及财务现状的介绍。该部分要求文字表述恰当、数据引用准确。对经济指标进行说明时可适当运用绝对数、比较数及复合指标数。特别要关注公司当前运作上的重心，对重要事项要单独反映。公司在不同阶段、不同月份的工作重点有所不同，所需要的财务分析重点也不同，如公司正进行新产品的投产、市场开发，则公司各阶层需要对新产品的成本、回款、利润数据进行分析的财务分析报告。

第三部分分析段，是对公司的经营情况进行分析研究。在说明问题的同时还要分析问题，寻找问题的原因和症结，以达到解决问题的目的。财务分析一定要有理有据，要细化分解各项指标，因为有些报表的数据是比较含糊和笼统的，要善于运用表格、图示，突出表达分析的内容。分析问题一定要善于抓住当前要点，多反映公司经营焦点和易于忽视的问题。

第四部分评价段，做出财务说明和分析后，对于经营情况、财务状况、赢利业绩，应该从财务角度给予公正、客观的评价和预测。财务评价不能运用似是而非，可进可退，左右摇摆等不负责任的语言，评价要从正面和负面两方面进行，评价既可以单独分段进行，也可以将评价内容穿插在说明部分和分析部分。

第五部分建议段，即财务人员在对经营运作、投资决策进行分析后形成的意见和看法，特别是对运作过程中存在的问题所提出的改进建议。值得注意的是，财务分析报告中提出的建议不能太抽象，而要具体化，最好有一套切实可行的方案。

6.2.2 财务分析报告的编写要求和方法

1. 撰写财务分析报告的基本要求

（1）要以阅读者及报告分析的范围为导向编写财务分析报告。报告阅读对象不同，报告的写作应因人而异。比如，提供给财务部领导可以专业化一些，而提供给其他部门领导，尤其对本专业相当陌生的领导的报告则要力求通俗一些；同时提供给不同层次阅读对象的分析报告，则要求分析人员在写作时准确把握好报告的框架结构和分析层次，以满足不同阅读者的需要。

（2）财务分析报告是为企业经营管理服务的，因此必须了解阅读者的信息需求，充分领会管理者所需要的信息是什么，如果不了解编写财务分析报告的目的，提供的财务分析报告虽然内容很多，篇幅也很长，但从中可利用的信息太少，对改善管理没有起到促进作用。

(3) 财务分析报告一定要与公司经营业务紧密结合，深刻领会财务数据背后的业务背景，切实揭示业务过程中存在的问题。财务人员在做分析报告时，由于不了解业务，往往闭门造车，并由此陷入“就数据论数据”的被动局面，得出来的分析结论也就常常令人啼笑皆非。因此，有必要强调的一点是：各种财务数据并不仅仅是通常意义上数字的简单拼凑和加总。每一个财务数据背后都寓示着会计要素项目非常生动的增减变化，如费用的发生、负债的偿还等。财务分析人员通过对业务的了解和明察，并具备对财务数据敏感性的职业判断，即可判断经济业务发生的合理性、合规性，由此写出来的分析报告也就能真正为业务部门提供有用的决策信息。财务数据毕竟只是一个中介(是对各样业务的如实反映，或称之为对业务的映射)，因而财务数据为对象的分析报告就数据论数据，报告的重要质量特征“相关性”受挫，对决策的“有用性”自然就难以谈起。

(4) 对公司管理、经营、销售等政策尤其是近期来公司人的方针政策有一个准确地把握，在吃透公司政策精神的前提下，在分析中还应尽可能地立足当前，瞄准未来，以使分析报告发挥导航器作用。

(5) 观点明确。财务人员在平时的工作当中，应多一点了解国家宏观经济环境尤其是尽可能捕捉、收集同行业竞争对手资料。因为，公司最终面对的是复杂多变的市场，在这个大市场里，任何宏观经济环境的变化或行业竞争对手政策的改变都会或多或少地影响公司的竞争力甚至决定公司的命运。

(6) 客观公正，用事实说明问题，勿轻易下结论。财务分析人员在报告中的所有结论性词语对报告阅读者的影响相当之大，如果财务人员在分析中草率地下结论，很可能形成误导。如目前在国内许多公司里核算还不规范，费用的实际发生期与报销期往往不一致，如果财务分析人员不了解核算的时滞差，则很容易得出错误的结论。

(7) 财务分析报告清楚，文字简练，行文要尽可能流畅、通顺、简明、精练，避免口语化、冗长化。

(8) 财务分析报告要遵循发现差异—分析原因—提出建议措施的写作步骤。撰写财务分析报告的根本目的不仅仅是停留在反映问题、揭示问题上，而是要通过对问题的深入分析，提出合理可行的解决办法，真正担负起“财务参谋”的重要角色，只有这样才能提高财务分析报告的有用性。

2. 撰写财务分析报告应做好的日常工作

(1) 积累素材，为撰写报告做好准备。

① 建立台账和数据库。通过会计核算形成会计凭证、会计账簿和会计报表，但是编写财务分析报告仅靠这些凭证、账簿、报表的数据往往是不够的。比如，在分析销售费用与营业收入的比率增长原因时，往往需要分析不同区域、不同商品、不同责任人实现的收入与费用的关系，但这些数据不能从账簿中直接得到。这就要求分析人员平时就做大量的数据统计工作，对分析的项目按性质、用途、类别、区域、责任人，按月度、季度、年度进行统计，建立台账，以便在编写财务分析报告时有据可查。

② 关注重要事项。财务人员对经营运行、财务状况中的重大变动事项要勤于做笔录,记载事项发生的时间、计划、预算、责任人及发生变化的各影响因素。必要时马上做出分析判断,并将各类各部门的文件归类归档。

③ 关注经营运行。财务人员应尽可能争取多参加相关会议,了解生产、质量、市场、行政、投资、融资等各类情况。参加会议,听取各方面意见,有利于财务分析和评价。

④ 定期收集报表。财务人员除收集会计核算方面的有些数据之外,还应要求公司各相关部门(生产、采购、市场等)及时提交可利用的其他报表,对这些报表要认真审阅、及时发现问题、总结问题,养成多思考、多研究的习惯。

⑤ 岗位分析。大多数企业财务分析工作往往由财务经理来完成,但报告素材要靠每个岗位的财务人员提供。因此,应要求所有财务人员对本职工作养成分析的习惯,这样既可以提升个人素质,也有利于各岗位之间相互借鉴经验。只有每一岗位都发现问题、分析问题,才能编写出内容全面的、有深度的财务分析报告。

(2) 建立财务分析报告指引。财务分析报告尽管没有固定格式,表现手法也不一致,但并非无规律可循。如果建立分析工作指引,将常规分析项目文字化、规范化、制度化,建立诸如现金流量、销售回款、生产成本、采购成本变动等一系列的分析说明指引,就可以达到事半功倍的效果。

(3) 财务分析的关键在于将财务报表及其他相关资料所提供的数据进行数量、百分比及比率等形式的比较,予以量化。财务报表应当依据流动性、营运性及获利性来进行分析。

要确定公司已发生的主要变化就要分析连续的财务报表。如通过资产负债表的分析比较,可以反映出企业在资产方面的主要变化,以及负债和所有者权益方面的主要变化。资产的增加是资金的运用,需要提供资金;而负债和所有者权益的增加则是资金的来源,为获取资产提供资金。

6.2.3 财务分析报告的编写应用

企业的财务分析报告按编写的时间范围分为年度分析报告和中期财务分析报告两大类。大多数企业的中期财务分析报告主要为半年度分析报告和季度分析报告两种。但对于一些财务分析人员力量比较充足的大中型企业根据管理要求也可按月编写简要的财务分析报告。下面列举的宏大公司财务分析报告即根据每月的财务报表及其他相关经营数据资料等按月编写的。虽然每月工作量较大,但能及时满足企业管理者对经营活动的决策和控制需要。

财务分析报告的编写应用举例如下。

宏大公司2014年12月财务分析报告

一、实现利润分析

(一) 利润总额

2014年12月实现利润为80.62万元,与2014年11月的89.48万元相比有所下降,下降9.90%。实现利润主要来自于内部经营业务,公司赢利基础比较可靠。实现利润变化图如图6-5所示。

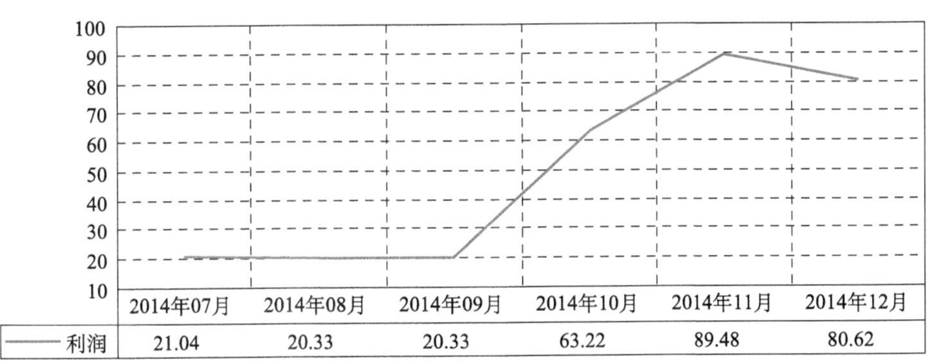

图 6-5 实现利润变化图

（二）主营业务的赢利能力

如表 6-5 所示，2014 年 12 月主营业务收入净额为 973.41 万元，与 2014 年 11 月的 864.37 万元相比有较大增长，增长 12.61%。主营业务成本为 838.41 万元，比 2014 年 11 月的 740.15 万元有所增加，增加 13.27%，主营业务收入和主营业务成本同时增长，但主营业务成本增长幅度大于主营业务收入，表明公司主营业务赢利能力下降。

表 6-5 实现利润增减情况表

项目名称	2014 年 12 月		2014 年 11 月		2014 年 10 月	
	数值/万元	增长率/%	数值/万元	增长率/%	数值/万元	增长率/%
销售收入	973.41	12.61	864.37	10.14	784.79	0.00
实现利润	80.62	−9.90	89.48	41.53	63.22	0.00
营业利润	80.62	−9.90	89.48	41.53	63.22	0.00
投资收益	0.00	0.00	0.00	0.00	0.00	0.00
营业外利润	0.00	0.00	0.00	0.00	0.00	0.00
补贴收入	0.00	0.00	0.00	0.00	0.00	0.00

（三）利润真实性判断

从报表数据来看，公司销售收入主要是现金收入，收入质量是可靠的。公司的实现利润主要来自于营业利润。销售收入变化图如图 6-6 所示。

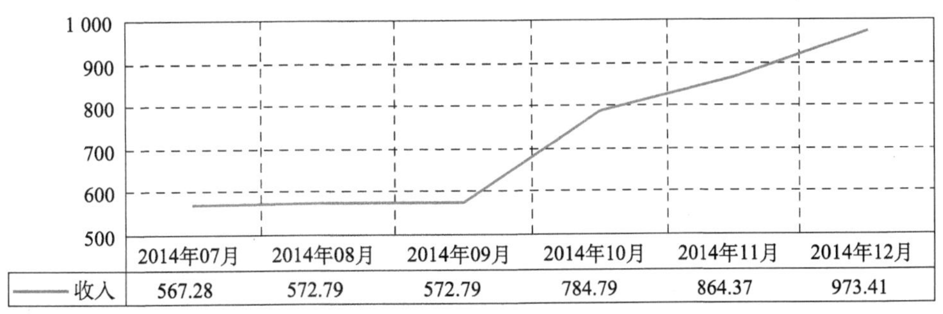

图 6-6 销售收入变化图

在市场份额迅速扩大的情况下，营业利润却有所下降，公司应注意在市场销售业绩迅速上升背后所隐藏的经营压力和风险。

二、成本费用分析

（一）成本构成情况

2014 年 12 月宏大公司成本费用总额为 893.54 万元，其中：主营业务成本为 838.41 万元，占成本总额的 93.83%；销售费用为 22.50 万元，占成本总额的 2.52%；管理费用为 29.31 万元，占成本总额的 3.28%；财务费用为 3.32 万元，占成本总额的 0.37%。成本构成图如图 6-7 所示，成本构成表如表 6-6 所示，成本各项对比图如图 6-8 所示。

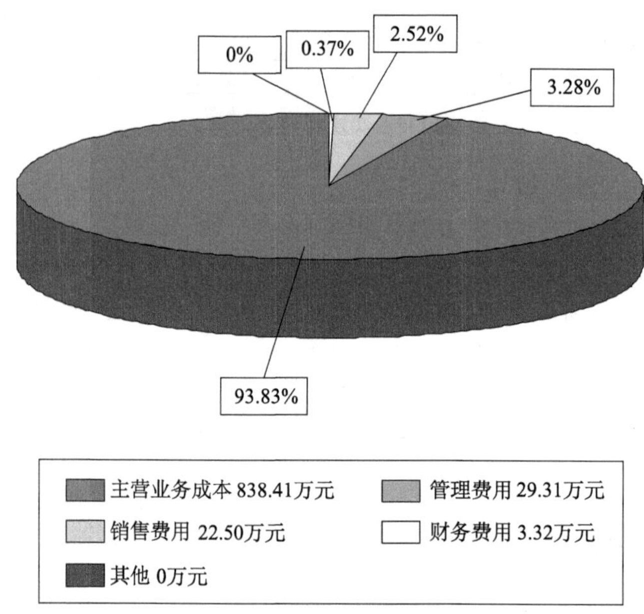

图 6-7 成本构成图

表 6-6 成本构成表（占成本费用总额的比例）

项目名称	2014 年 12 月		2014 年 11 月		2014 年 10 月	
	数值/万元	百分比/%	数值/万元	百分比/%	数值/万元	百分比/%
成本费用总额	893.54	100.00	793.01	100.00	721.84	100.00
主营业务成本	838.41	93.83	740.15	93.33	666.24	92.30
销售费用	22.50	2.52	20.97	2.64	19.80	2.74
管理费用	29.31	3.28	23.88	3.01	21.22	2.94
财务费用	3.32	0.37	8.01	1.02	14.58	2.02
主营业务税金及附加	0.00	0.00	0.00	0.00	0.00	0.00

（二）销售费用的合理性评价

销售费用变化图如图 6-9 所示。2014 年 12 月销售费用为 22.50 万元，与 2014 年 11 月的 20.97 万元相比有较大增长，增长 7.31%。2014 年 12 月销售费用增长的同时主营业务收入也有较大幅度的增长，并且收入增长快于投入的增长，公司销售活动取得了良好效果。

（三）管理费用变化及合理性评价

管理费用变化图如图 6-10 所示。2014 年 12 月管理费用为 29.31 万元，与 2014 年 11 月的 23.88 万元相比有较大增长，增长 22.74%。2014 年 12 月管理费用占销售收入的比例为 3.01%，与 2014 年 11 月的 2.76%相比变化不大。管理费用与销售收入同步增

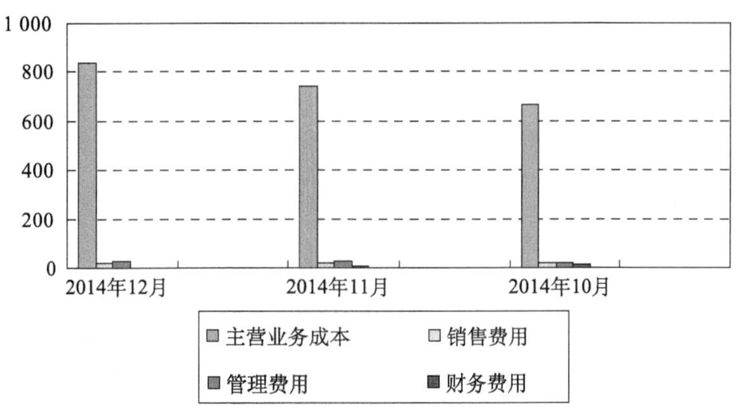

图 6-8　成本各项对比图

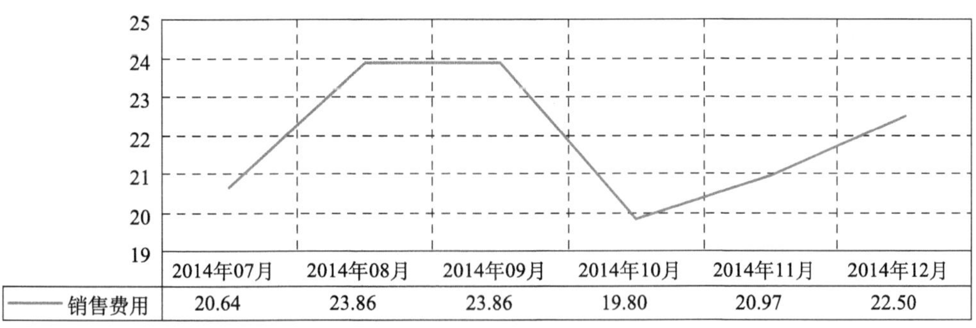

图 6-9　销售费用变化图

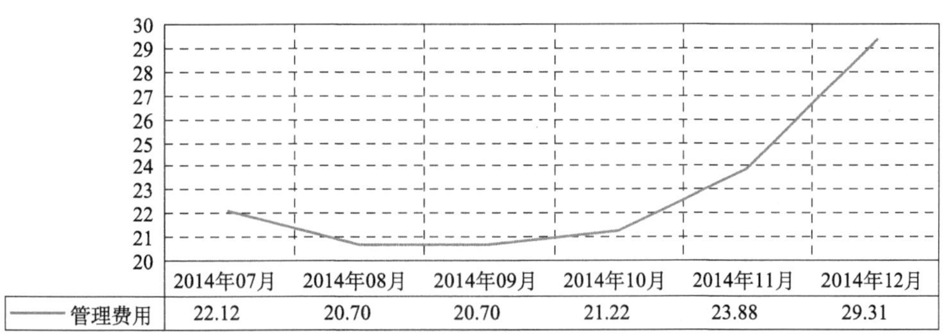

图 6-10　管理费用变化图

长，但销售利润却大幅度下降，要注意提高管理费用支出的效率。

三、资产结构分析

（一）资产构成

资产构成图如图 6-11 所示。宏大公司 2014 年 12 月资产总额为 10 582.94 万元，其中流动资产为 8 688.89 万元，主要分布在存货、其他应收款、货币资金等环节，分别占公司流动资产合计的 48.77%、36.09%和 8.25%。非流动资产为 1 894.05 万元，主要分布在固定资产和无形资产上，分别占公司非流动资产的 90.57%、9.43%。资产构成各项对比图如图 6-12 所示。资产构成各项增量对比图如图 6-13 所示。资产构成各项增量表如

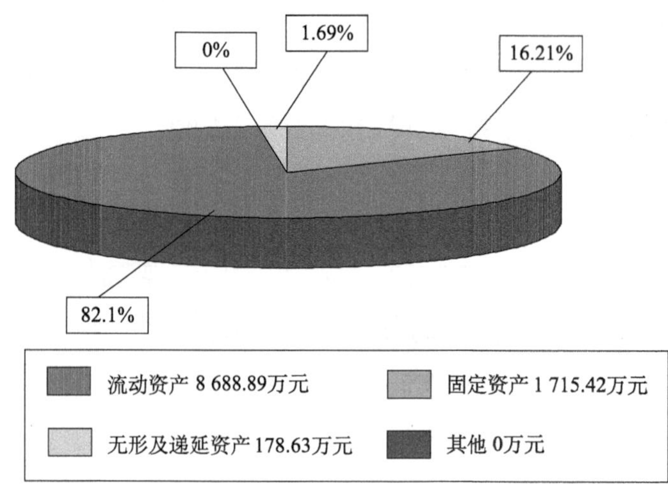

图 6-11　资产构成图

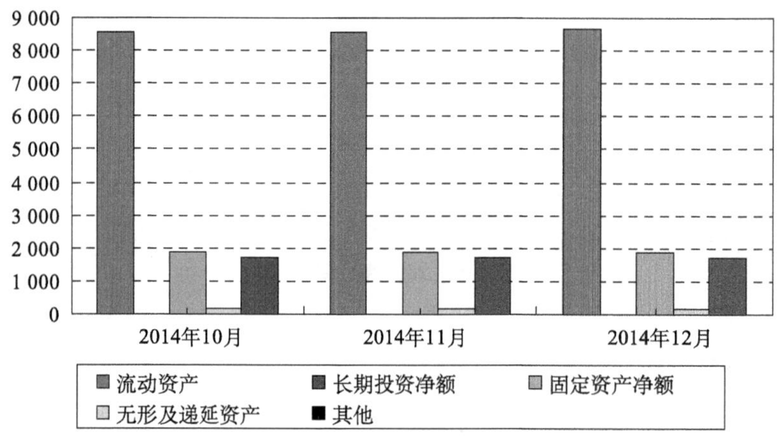

图 6-12　资产构成各项对比图

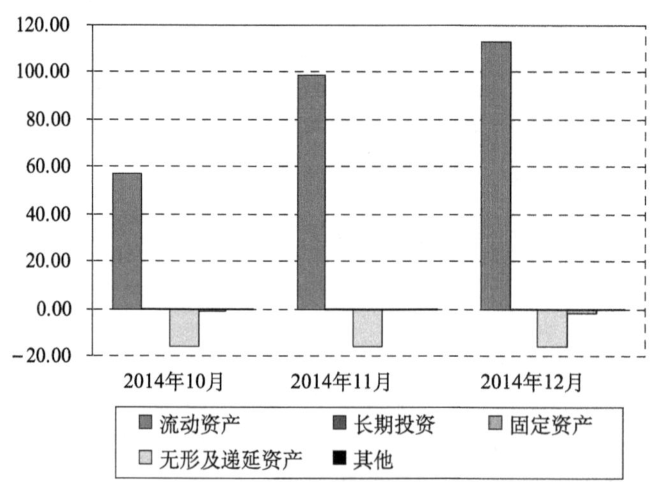

图 6-13　资产构成各项增量对比图

表6-7所示。资产构成表如表6-8所示。

表6-7　资产构成各项增量表　　　　金额单位:万元

项目名称	2014年12月	2014年11月	2014年10月
流动资产	112.96	0.00	95.58
长期投资	0.00	0.00	0.00
固定资产	−22.22	0.00	−16.19
无形及递延资产	−1.53	0.00	−0.77
其他	0.00	0.00	0.00

表6-8　资产构成表

项目名称	2014年12月		2014年11月		2014年10月	
	数值/万元	百分比/%	数值/万元	百分比/%	数值/万元	百分比/%
总资产	10 582.94	100.00	10 493.73	100.00	10 493.73	100.00
流动资产	8 688.89	82.10	8 575.93	81.72	8 575.93	81.72
长期投资净额	0.00	0.00	0.00	0.00	0.00	0.00
固定资产净额	1 715.42	16.21	1 737.63	16.56	1 737.63	16.56
无形及递延资产	178.63	1.69	180.17	1.72	180.17	1.72
其他	0.00	0.00	0.00	0.00	0.00	0.00

如图6-14和表6-9所示,公司生产加工环节占用的资金数额较大,约占公司流动资产的48.77%,说明市场销售情况的变化会对公司资产的质量和价值带来较大影响,要密切关注公司产品的销售前景和增值能力。公司流动资产中被别人占用的、应当收回的资产数额较大,约占公司流动资产的42.95%,应当加强应收款项管理,关注应收款项的质量。

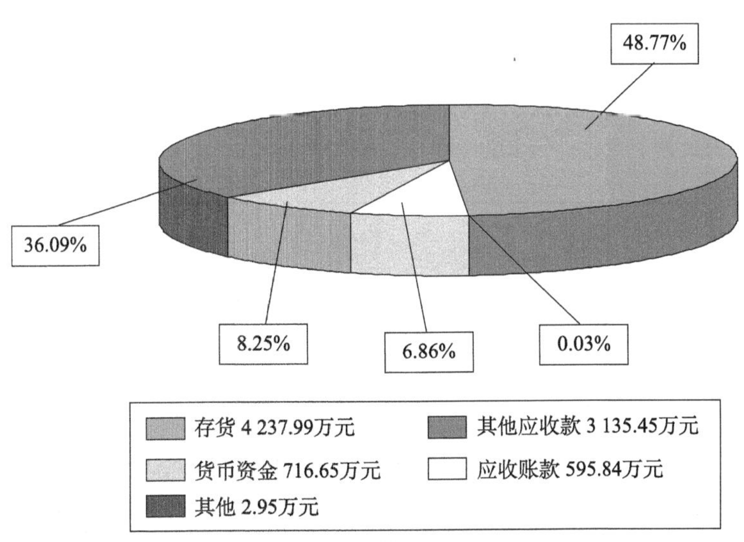

图6-14　流动资产构成图

从资产构成来看,公司流动资产所占比例较高,流动资产的质量和周转效率对公司的经营状况起决定性作用。

表 6-9　流动资产构成表

项目名称	2014 年 12 月		2014 年 11 月		2014 年 10 月	
	数值/万元	百分比/%	数值/万元	百分比/%	数值/万元	百分比/%
流动资产	8 688.89	100.00	8 575.93	100.00	8 575.93	100.00
存货	4 237.99	48.77	4 208.40	49.07	4 208.40	49.07
应收账款	595.84	6.86	635.19	7.41	635.19	7.41
其他应收款	3 135.45	36.09	2 701.67	31.50	2 701.67	31.50
以公允价值计量且其变动计入当期损益的金融资产	0.00	0.00	0.00	0.00	0.00	0.00
应收票据	0.00	0.00	80.00	0.93	80.00	0.93
货币资金	716.65	8.25	912.87	10.64	912.87	10.64

（二）资产的增减变化

2014 年 12 月总资产为 10 582.94 万元，与 2014 年 11 月的 10 493.73 万元相比变化不大，变化幅度为 0.85%。具体来说，以下项目的变动使资产总额增加：其他应收款增加 433.79 万元；存货增加 29.60 万元；共计增加 463.39 万元，以下项目的变动使资产总额减少：预付待摊费用减少 34.85 万元；应收账款减少 39.36 万元；应收票据减少 80.00 万元；货币资金减少 196.22 万元；共计减少 350.43 万元，增加项与减少项相抵，使资产总额增长 112.96 万元。如表 6-10 所示为流动资产构成各项增量表。

表 6-10　流动资产构成各项增量表　　金额单位：万元

项目名称	2014 年 12 月	2014 年 11 月	2014 年 10 月
存货	29.60	0.00	−147.79
应收账款	−39.36	0.00	−64.99
其他应收款	433.79	0.00	−2.61
以公允价值计量且其变动计入当期损益的金融资产	0.00	0.00	0.00
应收票据	0.00	0.00	0.00
货币资金	−196.22	0.00	214.11
其他	−114.85	0.00	96.85

（三）资产结构的合理性评价

从资产各项目与主营业务收入的比例关系来看，2014 年 12 月应收账款所占比例基本合理，其他应收款所占比例过高，存货所占比例过高，固定资产趋于老化。2014 年12 月公司资产结构基本合理。存货变化和应收账款变化分别如图 6-15 和图 6-16 所示。

2014 年 12 月与 2014 年 11 月相比，2014 年 12 月存货占销售收入的比例明显下降，应收账款占销售收入的比例下降，其他应收款增长过快。总体来看，流动资产增长慢于主营业务收入增长，资产的赢利能力没有提高。因此与 2014 年 11 月相比，资产结构趋于恶化。主要资产项目变动情况如表 6-11 所示。

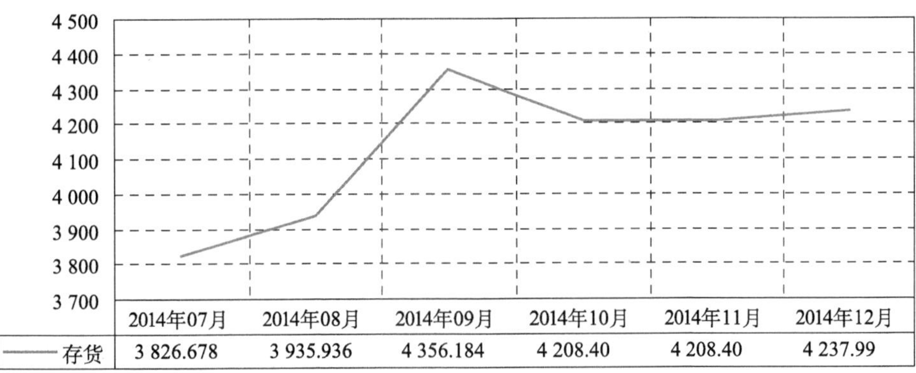

图 6-15　存货变化图

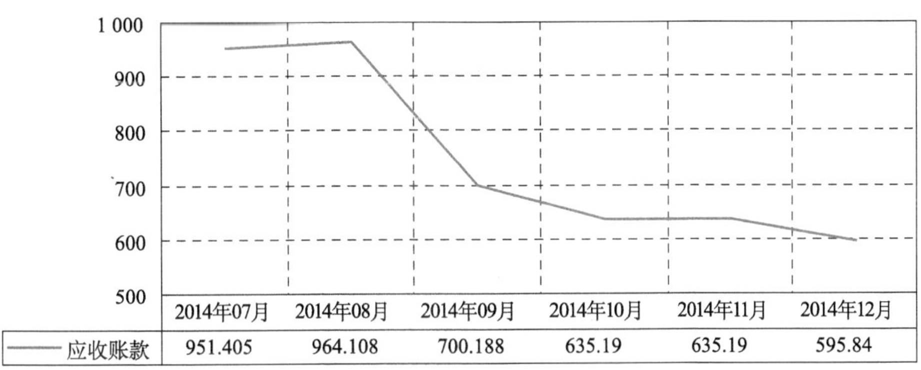

图 6-16　应收账款变化图

表 6-11　主要资产项目变动情况表

项 目 名 称	2014 年 12 月		2014 年 11 月		2014 年 10 月	
	数值/万元	增长率/%	数值/万元	增长率/%	数值/万元	增长率/%
流动资产	8 688.89	1.32	8 575.93	0.00	8 575.93	0.00
长期股权投资	0.00	0.00	0.00	0.00	0.00	0.00
固定资产	0.00	0.00	0.00	0.00	0.00	0.00
存货	4 237.99	0.70	4 208.40	0.00	4 208.40	0.00
应收账款	595.84	−6.20	635.19	0.00	635.19	0.00
货币性资产	716.65	−27.82	992.87	0.00	992.87	0.00

四、偿债能力分析

（一）短期偿债能力

从支付能力来看，宏大公司 2014 年 12 月的日常现金支付资金比较紧张，主要依靠短期借款。从发展角度来看，宏大公司按照当前资产的周转速度和赢利水平，公司短期债务的偿还没有充足的资金保证，需要依靠借新债还旧债。流动比率和速动比率分别如图 6-17 和图 6-18 所示。从变化情况来看，2014 年 12 月流动比率为 1.42，与 2014 年 11 月的 1.39 相比变化不大。2014 年 12 月速动比率为 0.73，与 2014 年 11 月的 0.70 相比变化不大。

公司短期偿债能力提高，这是由于公司流动资产周转速度加快、经营活动创造的现金净流量增加引起的，是可靠的。

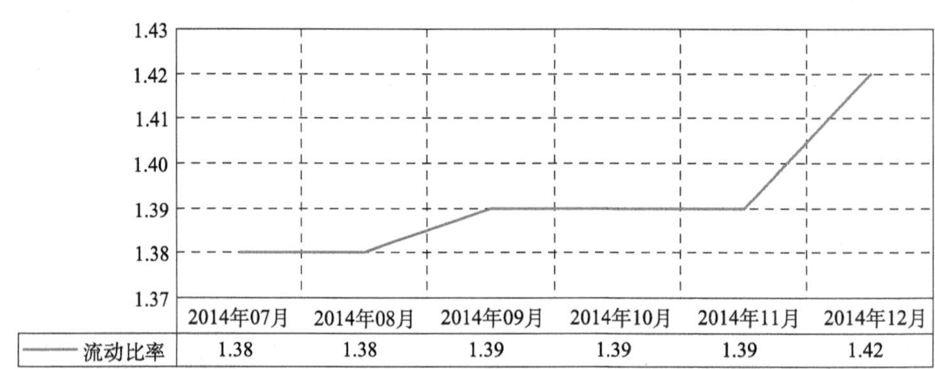

图 6-17　流动比率

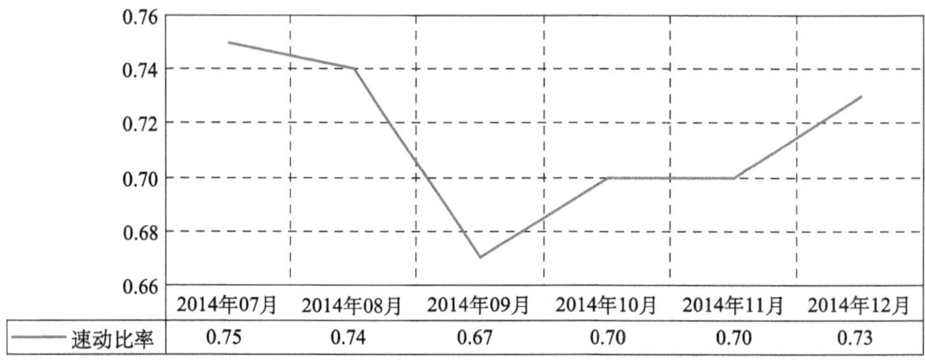

图 6-18　速动比率

（二）还本付息能力

从短期来看，公司经营活动的资金主要依靠短期借款，短期来看全部偿还短期债务本息会有一定困难。从赢利情况来看，公司赢利对利息的保障倍数为 25.29 倍，如表 6-12 所示。从实现利润和利息的关系来看，公司赢利能力较强，利息支付有保证。从图 6-19 资产负债率变化图可以看出，公司资产负债率 2014 年下半年呈现下降趋势，说明公司长期偿债能力逐渐增强。

表 6-12　偿债能力指标表

项目名称	2014 年 12 月	2014 年 11 月	2014 年 10 月
流动比率	1.42	1.39	1.39
速动比率	0.73	0.70	0.70
利息保障倍数	25.29	12.18	5.34
资产负债率	0.58	0.59	0.59

（三）增加负债的可行性

从资本结构和资金成本来看，宏大公司 2014 年 12 月的付息负债为 3 400.00 万元，实际借款利率水平为 0.10%，公司的财务风险系数为 1.65。从公司当期资本结构、借款利率和赢利水平三者的关系来看，公司增加负债能够给企业带来利润的增加，负债经营可行。

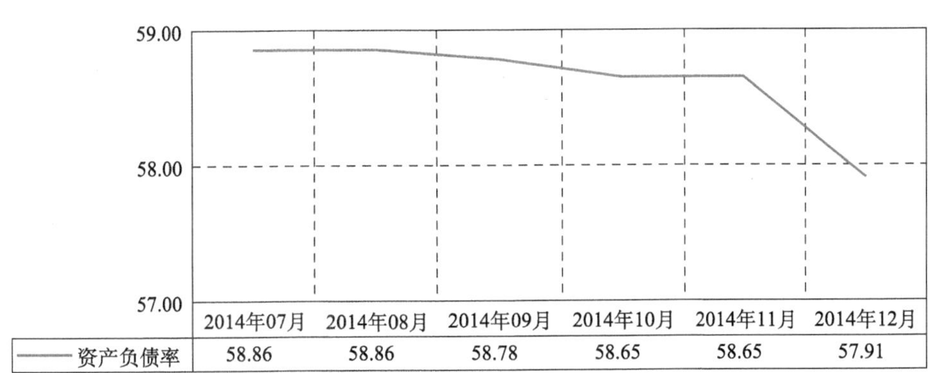

图 6-19　资产负债率变化图

五、赢利能力分析

（一）主营业务的赢利能力

宏大公司 2014 年 12 月的营业利润率为 8.28%（见图 6-20），资产报酬率为 9.56%，净资产收益率为 13.46%（见图 6-21），成本费用利润率为 9.02%。公司实际投入到企业自身经营业务的资产为 10 579.99 万元，经营资产的收益率为 9.14%。

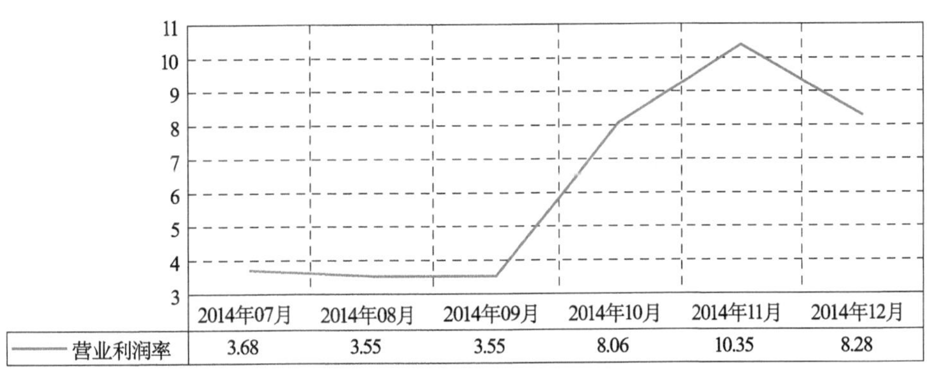

图 6-20　营业利润率

（二）内部经营资产和对外长期投资的赢利能力

宏大公司 2014 年 12 月内部经营资产的赢利能力为 0.76%，与 2014 年 11 月的 0.86%相比变化不大。对外投资或投资收益为零。

（三）净资产收益率

2014 年 12 月净资产收益率为 13.46%，与 2014 年 11 月的 18.06%相比有所降低，降低 4.60 个百分点，如图 6-21 所示。

（四）总资产报酬率

2014 年 12 月总资产报酬率为 9.56%，与 2014 年 11 月的 11.15%相比有所降低，降低 1.59 个百分点。2014 年 12 月总资产报酬率比 2014 年 11 月下降的主要原因是：2014 年 12 月息税前收益为 83.94 万元，与 2014 年 11 月的 97.48 万元相比有较大幅度下降，下降 13.89%。2014 年 12 月平均总资产为 10 538.33 万元，与 2014 年 11 月的 10 493.73 万元相比变化不大，变化幅度为 0.43%。

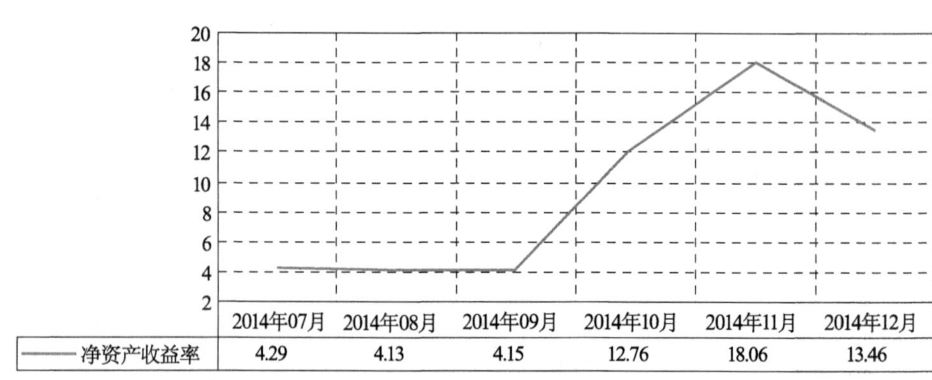

图 6-21　净资产收益率

（五）成本费用利润率

2014 年 12 月成本费用利润率为 9.02%，与 2014 年 11 月的 11.28%相比有所降低，降低 2.26 个百分点。2014 年 12 月期间费用投入的经济效益为 146.21%，与 2014 年 11 月的 169.27%相比有较大幅度的降低，降低 23.06 个百分点。

六、营运能力

如图 6-22 所示，宏大公司 2014 年 12 月存货周转天数为 153.21 天，2014 年 11 月为 172.94 天，2014 年 12 月比 2014 年 11 月缩短 19.73 天。2014 年 12 月存货周转天数比 2014 年 11 月缩短的主要原因是：2014 年 12 月平均存货为 4 223.20 万元，与 2014 年 11 月的 4 208.40 万元相比变化不大，变化幅度为 0.35%。2014 年 12 月主营业务成本为 838.41 万元，与 2014 年 11 月的 740.15 万元相比有较大增长，增长 13.27%。平均存货增加速度慢于主营业务成本的增长速度，致使存货周转天数缩短。收入增长而存货没有多大变化，存货水平未出现不合理增长。

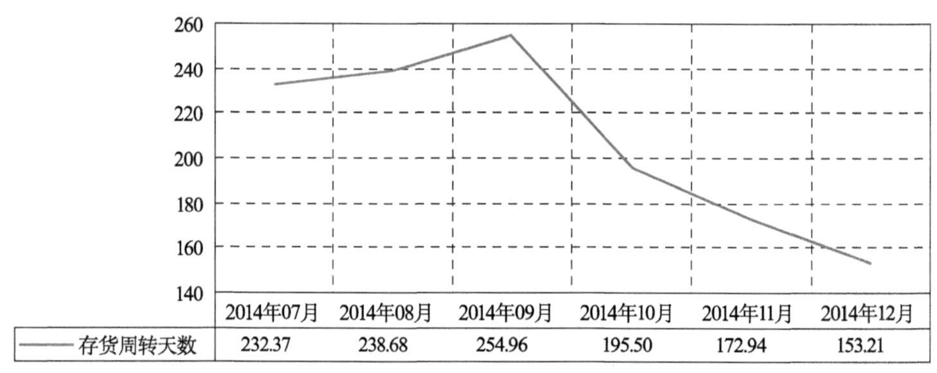

图 6-22　存货周转天数

宏大公司 2014 年 12 月应收账款周转天数为 19.23 天，2014 年 11 月为 22.35 天，2014 年 12 月比 2014 年 11 月缩短 3.12 天，如图 6-23 所示。

宏大公司 2014 年 12 月应付账款周转天数为 0.00 天，2014 年 11 月为 0.00 天，如图 6-24 所示。

如图 6-25 所示，宏大公司 2014 年 12 月营业周期为 172.45 天，2014 年 11 月为 195.30 天，2014 年 12 月比 2014 年 11 月缩短 22.85 天。从存货、应收账款、应付账款三者占用资金数量及其周转速度的关系来看，公司经营活动的资金占用有较大幅度的下降，营运能力明显提高。

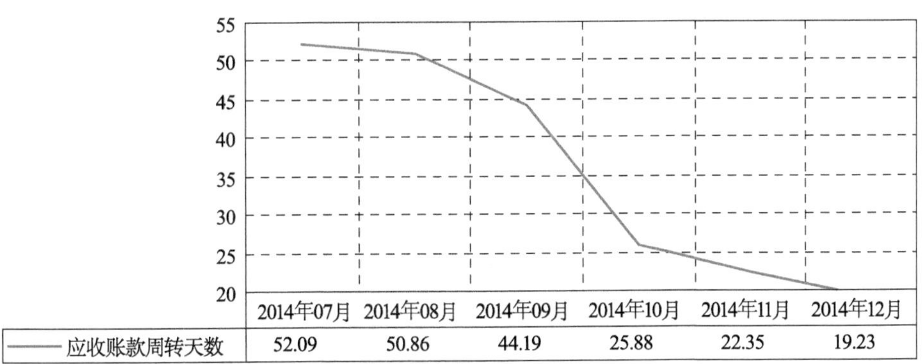

图 6-23　应收账款周转天数

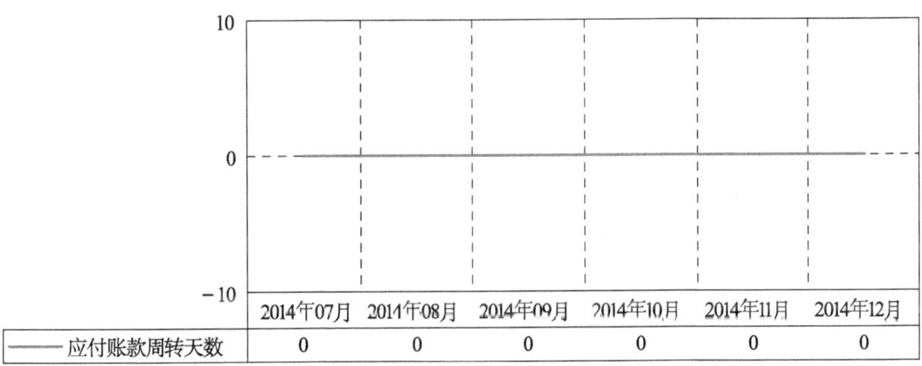

图 6-24　应付账款周转天数

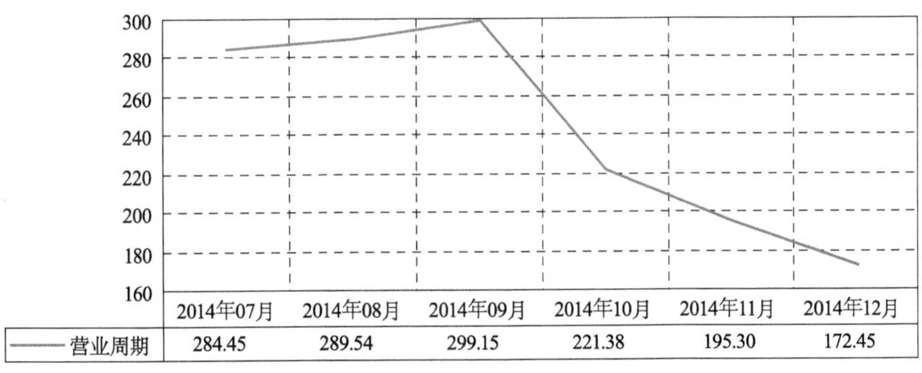

图 6-25　营业周期

表 6-13 所示为营运能力指标。

表 6-13　营运能力指标表

项 目 名 称	2014 年 12 月	2014 年 11 月	2014 年 10 月
存货周转天数	153.21	172.94	195.50
应收账款周转天数	19.23	22.35	25.88

续表

项目名称	2014 年 12 月	2014 年 11 月	2014 年 10 月
应付账款周转天数	0.00	0.00	0.00
营业周期	172.45	195.30	221.38

2014 年 12 月流动资产周转天数比 2014 年 11 月缩短的主要原因是:2014 年 12 月流动资产为 8 632.41 万元,与 2014 年 11 月的 8 575.93 万元相比变化不大,变化幅度为 0.66%。2014 年 12 月主营业务收入为 973.41 万元,与 2014 年 11 月的 864.37 万元相比有较大增长,增长 12.61%。流动资产增加速度慢于主营业务收入的增长速度,致使流动资产周转天数缩短。

宏大公司 2014 年 12 月总资产周转次数为 1.11 次,比 2014 年 11 月周转速度加快,周转天数从 369.27 天缩短到 329.30 天,如图 6-26 所示。公司在资产规模增长的同时,使主营业务收入有较大幅度增长,表明公司经营业务有较大幅度的扩张,总资产周转速度有较大幅度的提高,如表 6-14 所示。

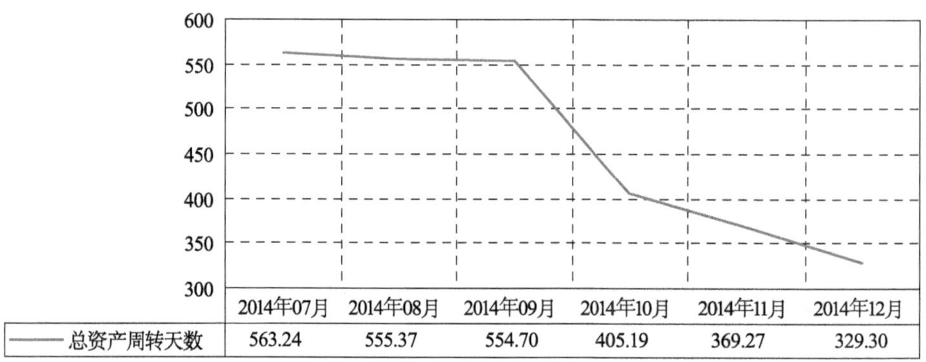

图 6-26 总资产周转天数

表 6-14 资产周转速度表

项目名称	2014 年 12 月	2014 年 11 月	2014 年 10 月
总资产周转天数	329.30	369.27	405.19
固定资产周转天数	0.00	0.00	0.00
流动资产周转天数	269.74	301.78	330.53
现金周转天数	172.45	195.30	221.38

七、发展能力分析

如图 6-27 所示,2014 年 12 月企业新创造的可动用资金总额为 82.89 万元。说明在没有外部资金来源的情况下,企业用于投资发展的资金如果不超过这一数额,则不会给企业生产经营活动带来不利影响;反之,如果企业的新增投资规模超过这一数额,则在没有其他外部资金来源的情况下,必然占用生产经营活动资金,引起营运资本的减少,将会引起经营活动的资金紧张。在加速企业流动资产周转速度方面,如果使公司流动资产周转速度提高 0.05 次,则使流动资产占用缩短 9.61 天,由此而节约资金 307.61 万元,可用于企业今后发展。

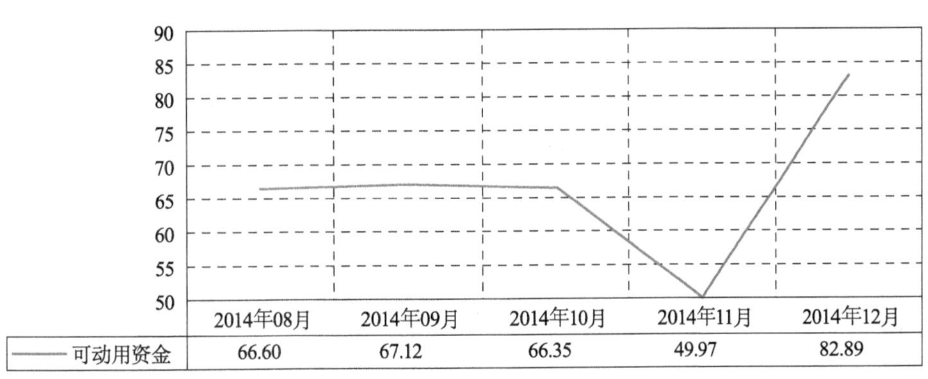

图 6-27 可动用资金

八、经营协调性分析

（一）投资和融资活动的协调情况

如表 6-15 所示，从长期投资和融资情况来看，公司长期投融资活动能为企业提供 2 560.38万元的营运资本，投融资活动是协调的。

表 6-15 营运资本增减变化表

项目名称	2014 年 12 月		2014 年 11 月		2014 年 10 月	
	数值/万元	增长率/%	数值/万元	增长率/%	数值/万元	增长率/%
营运资本	2 560.38	5.74	2 421.35	0.00	2 421.35	0.00
所有者权益	4 454.43	2.66	4 339.15	0.00	4 339.15	0.00
少数股东权益	0.00	0.00	0.00	0.00	0.00	0.00
长期负债	0.00	0.00	0.00	0.00	0.00	0.00
固定资产	0.00	0.00	0.00	0.00	0.00	0.00
长期投资	0.00	0.00	0.00	0.00	0.00	0.00
其他长期资产	0.00	0.00	0.00	0.00	0.00	0.00

（二）营运资本变化情况

如图 6-28 所示，2014 年 12 月营运资本为 2 506.38 万元，与 2014 年 11 月的 2 421.35 万元相比有所增长，增长 5.74%。企业经营规模扩大，经营活动的资金占用也迅速增加，致使资金紧张状况加剧。

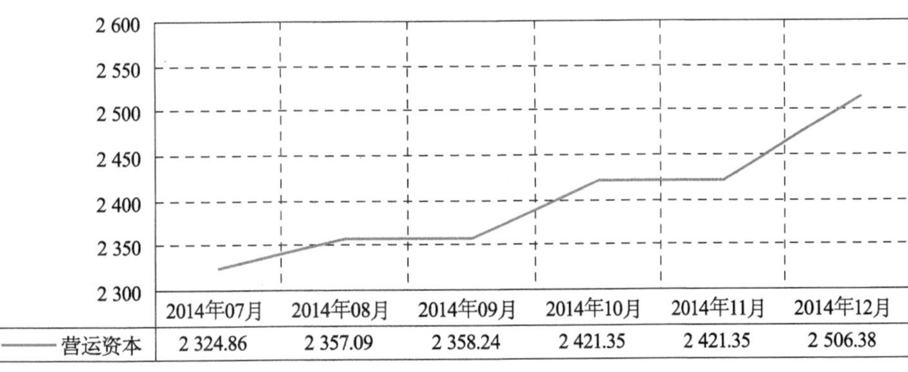

图 6-28 营运资本

(三) 经营协调性及现金支付能力

从公司经营业务的资金协调情况来看,公司经营业务正常开展,需要企业提供5 243.73万元的流动资金。但公司投融资活动没有为企业经营活动提供足够的资金保证,经营活动是不协调的。

(四) 营运资金需求的变化

如图6-29所示,2014年12月营运资金需求为5 243.73万元,与2014年11月的4 528.47万元相比有较大增长,增长15.79%。营运资金占用大幅度上升,销售收入也在增长,经营活动管理效率有待提高。

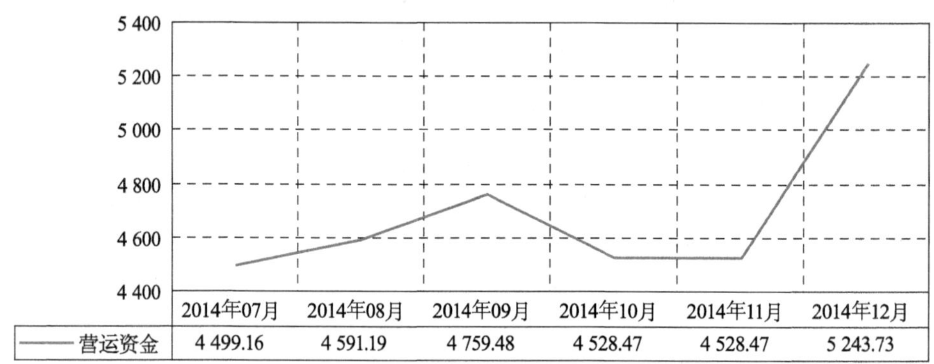

图6-29　营运资金

(五) 现金支付情况

从企业的现金支付能力来看,企业当期生产经营活动的开展,需要5 243.73万元的流动资金,企业通过长期性投融资活动准备了2 560.38万元的营运资金,但这部分资金不能满足企业经营活动的资金的需求,结果出现了支付困难,现金支付能力为−2 683.35万元,即企业的支付能力主要依靠短期借款来维持,如图6-30所示。

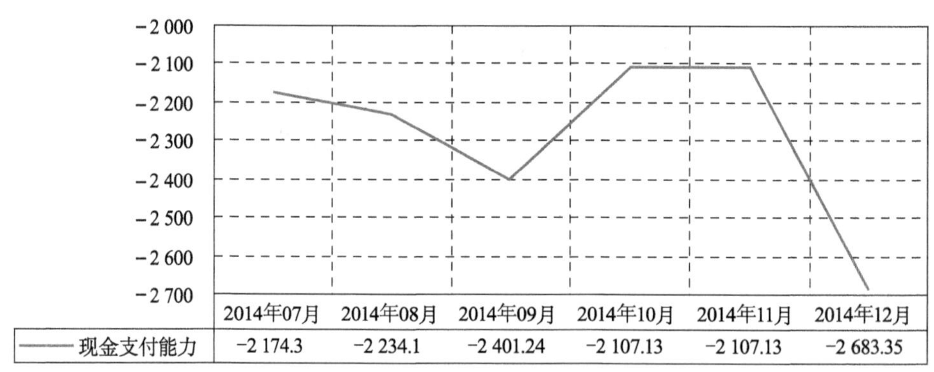

图6-30　现金支付能力

(六) 整体协调情况

从两期情况来看,企业的营运资本不能够满足生产经营活动的资金需要,企业资金持续紧张,如图6-31所示。

九、经营风险分析

如图6-32所示,宏大公司2014年12月盈亏平衡点的主营业务收入为397.56万元,

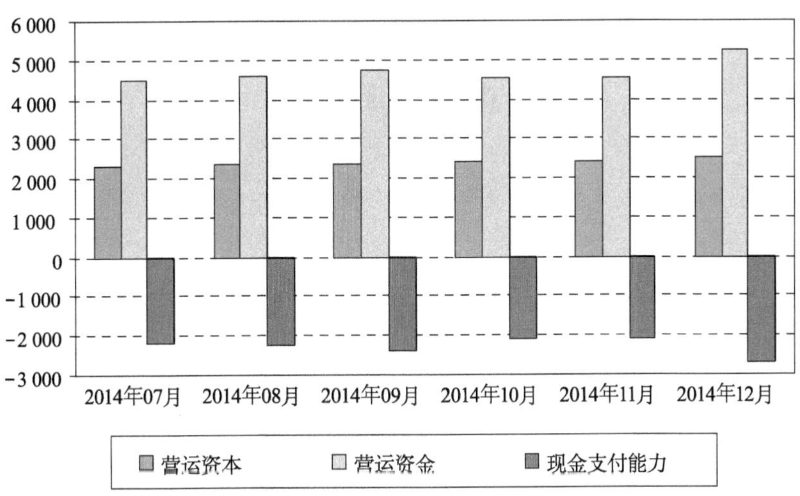

图 6-31 经营协调情况变动图

表示当公司该期主营业务收入超过这一数值时公司会有赢利，低于这一数值时公司会亏损。营业安全水平为59.16%，表示公司当期主营业务收入下降只要不超过575.84万元，公司仍然会有赢利。从营业安全水平来看，公司承受销售下降打击的能力较强，经营业务的安全水平较高。

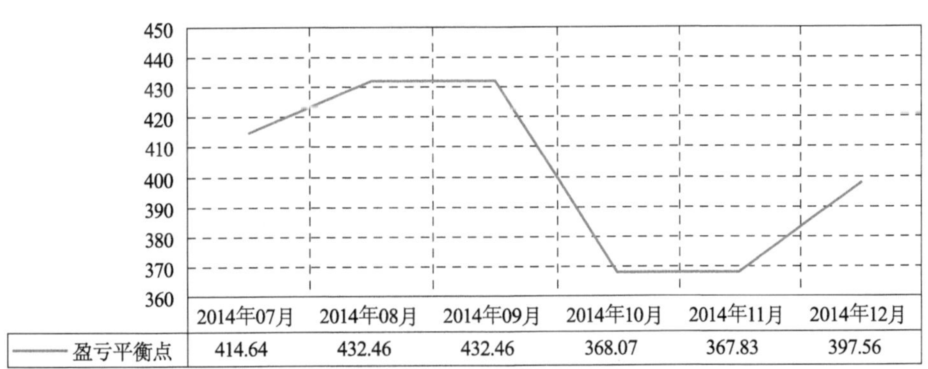

图 6-32 盈亏平衡点变动图

从资本结构和资金成本来看，宏大公司2014年12月的付息负债为3 400.00万元，实际借款利率水平为0.10%，公司的财务风险系数为1.69，如表6-16所示。从公司当期资本结构、借款利率和赢利水平三者的关系来看，公司增加负债能够给企业带来利润的增加，负债经营可行。

表 6-16 经营风险指标表

项目名称	2014年12月		2014年11月		2014年10月	
	增长率/%	数值/万元	增长率/%	数值/万元	增长率/%	数值/万元
盈亏平衡点	397.56	8.08	367.83	−0.07	368.07	0.00
营业安全水平	0.59	2.98	0.57	8.19	0.53	0.00
经营风险系数	1.62	10.77	1.46	−4.40	1.53	0.00
财务风险系数	1.69	7.62	1.57	12.96	1.39	0.00

课后练习

一、判断题

1. 权益乘数越大,财务杠杆作用就越大。 ( )
2. 偿债能力很强的企业,其赢利能力也很强。 ( )
3. 单项分析具有实务性和实证性,综合分析具有高度的抽象性和概括性。 ( )
4. 影响总资产周转率高低的主要因素是流动资产和非流动资产的结构是否合理。 ( )
5. 财务分析报告与财务会计报告所反映的内容基本相同。 ( )

二、单项选择题

1. 权益乘数的计算公式是( )。
   A. 总资产÷净资产 B. 净资产/总资产
   C. 1－资产负债率 D. 1/资产负债率
2. 杜邦财务分析体系的核心指标是( )。
   A. 总资产报酬率 B. 净资产收益率
   C. 总资产周转率 D. 销售净利率
3. 某企业净资产收益率为20%,销售净利率为30%,总资产周转率为15%,则权益乘数为( )。
   A. 4.44 B. 5 C. 2 D. 3
4. 下列指标中,既能反映投资与报酬的关系,又是评价企业资本经营效益的核心指标是( )。
   A. 总资产报酬率 B. 成本利润率
   C. 净资产收益率 D. 资本保值增值率
5. ( )是分解财务比率的一种综合分析方法。
   A. 沃尔评分法 B. 雷达图分析法
   C. 财务预警分析法 D. 杜邦财务分析法

三、多项选择题

1. 根据杜邦财务分析体系,影响净资产收益率的因素有( )。
   A. 权益乘数 B. 销售净利率
   C. 总资产周转率 D. 成本利润率
2. 财务报表综合分析的方法主要有( )。
   A. 杜邦财务分析法 B. 沃尔评分法
   C. 趋势分析法 D. 可持续发展财务分析体系

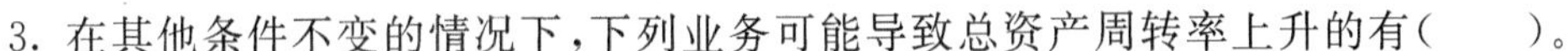

3. 在其他条件不变的情况下，下列业务可能导致总资产周转率上升的有(　　)。

A. 赊购一批原材料　　B. 偿还短期借款本金

C. 计提坏账准备　　D. 用现金购买设备

4. 财务综合分析与单项分析的主要差异有(　　)。

A. 分析的方法不同　　B. 分析的重点和基准不同

C. 分析的目的不同　　D. 服务对象不同

5. 提高企业销售净利率最直接的途径有(　　)。

A. 增强偿债能力　　B. 扩大销售收入

C. 降低成本费用　　D. 提高发展能力

四、案例分析

(一) 单项练习

1. 国嘉公司 2014 年主营业务收入 8 000 万元，息税前利润总额 4 100 万元，其中利息费用 100 万元，所得税率 25%。该公司 2014 年平均资产总额 10 000 万元，平均负债总额 4 000 万元。

要求：用杜邦财务分析体系计算该公司 2014 年的净资产收益率。

2. 光达股份有限公司 2014 年有关资料如表 6-17 所示。

表 6-17　财务资料表　　金额单位：万元

项　　目	年　初　数	年　末　数	本年数或平均数
存货	7 200	9 600	
流动负债	6 000	8 000	
总资产	15 000	17 000	
流动比率		1.5	
速动比率	0.8		
权益乘数			1.5
流动资产周转次数			4
净利润			2 880

要求：

(1) 计算流动资产的年初余额、年末余额和平均余额(假定流动资产由速动资产与存货组成)。

(2) 计算本年产品销售收入净额和总资产周转率。

(3) 计算销售净利率和净资产收益率。

(二) 综合练习

资料：

(1) 资产负债表如表 6-18 所示。

表 6-18 资产负债表

编制单位:光明机械厂　　　　2014 年 12 月 31 日　　　　金额单位:元

项　目	期末余额	年初余额	项　目	期末余额	年初余额
流动资产:			流动负债:		
货币资金	1 430 000	2 216 072	短期借款	100 000	100 000
以公允价值计量且其变动计入当期损益的金融资产			以公允价值计量且其变动计入当期损益的金融负债		
应收票据	282 000	570 000	应付票据	350 000	517 000
应收账款	198 000	429 660	应付账款	250 000	153 800
预付款项			预收款项		40 000
应收利息			应付职工薪酬		
应收股利			应交税费	120 068	211 000
其他应收款			应付利息		
存货	430 000	520 000	应付股利		300 000
一年内到期的非流动资产			其他应付款		
其他流动资产			一年内到期的非流动负债		
			其他流动负债		
流动资产合计	2 340 000	3 735 732	流动负债合计	820 068	1 321 800
非流动资产:			非流动负债:		
可供出售金融资产			长期借款	880 000	1 190 000
持有至到期投资			应付债券		
长期应收款			长期应付款		
长期股权投资	1 300 000	1 480 000	专项应付款		
投资性房地产			预计负债		
固定资产	2 100 000	2 100 000	递延所得税负债		
在建工程		342 000	递延收益		
工程物资			其他非流动负债		
固定资产清理			非流动负债合计	880 000	1 190 000
生产性生物资产			负债合计	1 700 068	2 511 800
油气资产			所有者权益(或股东权益):		
无形资产			实收资本(或股本)	2 000 000	2 000 000
开发支出			资本公积	900 000	900 000
商誉			减:库存股		
长期待摊费用			其他综合收益		
递延所得税资产			盈余公积	19 932	301 132
其他非流动资产			未分配利润	1 120 000	1 944 800
非流动资产合计	3 400 000	3 922 000	外币报表折算差额		
资产合计	5 740 000	7 657 732	少数股东权益		
			所有者权益合计	4 039 932	5 145 932
			负债和所有者权益合计	5 740 000	7 657 732

（2）利润表如表 6-19 所示。

表 6-19 利润表

2008 年 1～12 月

编制单位:光明机械厂　　　　金额单位:元

项　　目	本期金额	上期金额
一、营业收入	8 700 000	7 800 000
减:营业成本	6 060 000	5 460 000
营业税金及附加	350 000	36 000
销售费用		
管理费用	360 000	314 040
财务费用	300 000	114 000
资产减值损失		
加:公允价值变动收益(损失以"－"号填列)		
投资收益(损失以"－"号填列)	500 000	60 000
其中:对联营企业和合营企业的投资收益		
二、营业利润(亏损以"－"号填列)	2 130 000	1 935 960
加:营业外收入		
其中:非流动资产处置利得		
减:营业外支出	130 000	120 000
其中:非流动资产处置损失		
三、利润总额(亏损总额以"－"号填列)	2 000 000	1 815 960
减:所得税费用	594 000	582 000
四、净利润(净亏损以"－"号填列)	1 406 000	1 233 960
五、其他综合收益的税后净额		
（一）以后不能重分类进损益的其他综合收益		
1. 重新计量设定受益计划净负债或净资产的变动		
2. 权益法下在被投资单位不能重分类进损益的其他综合收益中享有的份额		
……		
（二）以后将重分类进损益的其他综合收益		
1. 权益法下在被投资单位以后将重分类进损益的其他综合收益中享有的份额		
2. 可供出售金融资产公允价值变动损益		
3. 持有至到期投资重分类为可供出售金融资产损益		
4. 现金流量套期损益的有效部分		
5. 外币财务报表折算差额		
……		
六、综合收益总额	1 406 000	1 233 960
七、每股收益		
（一）基本每股收益		
（二）稀释每股收益		

（3）假设光明机械厂 2013 年和 2014 年经营活动产生的现金流量净额分别为 442 800 元、694 072 元,同期同行业现金债务总额平均为 15％。

(4) 假设光明机械厂2012年年末应收账款余额为472 500元,存货余额为480 000元,流动资产余额为3 687 000元,固定资产净值为1 980 000元,各项长期资产余额为3 265 000元。

(5) 假设光明机械厂本年利息总支出为350 000元,2014年利息总支出为160 000元,2014年的期初资产总额为6 952 000元,资本金没有变化。

要求:

① 计算2014年年初和年末短期偿债能力指标。

② 计算2014年年初和年末长期偿债能力指标。

③ 根据计算结果对光明机械厂的偿债能力进行综合分析。

④ 计算2013年和2014年短期资产的周转率指标。

⑤ 计算2013年和2014年长期资产的周转率指标。

⑥ 计算2013年和2014年总期资产的周转率指标。

⑦ 根据计算结果对光明机械厂的营运能力进行综合分析。

⑧ 计算光明机械厂生产经营获利能力指标。

⑨ 计算光明机械厂资产获利能力指标。

⑩ 计算光明机械厂资本金利润率指标。

⑪ 根据上述结果对光明机械厂获利能力进行综合分析。

⑫ 综合上述分析内容,编写光明机械厂的财务分析报告。

参考文献

[1] 财政部. 企业会计准则 2006[M]. 北京:经济科学出版社,2006.

[2] 财政部. 企业会计准则——应用指南 2006[M]. 北京:中国财政经济出版社,2006.

[3] 财政部. 企业会计准则讲解 2007[M]. 北京:人民出版社,2007.

[4] 陈强. 中级财务会计[M]. 2 版. 北京:清华大学出版社,2008.

[5] 刘顺仁. 财报就像一本故事书[M]. 太原:山西出版集团,山西人民出版社,2007.

[6] 张利,周淑芸. 新编财务报表分析[M]. 2 版. 大连:大连理工大学出版社,2008.

[7] 贺志东. 新会计准则下财务报告的列示与披露[M]. 北京:电子工业出版社,2007.

[8] 财政部. 2014 企业会计准则第 30 号——财务报表列报,2014.

[9] 陈强. 财务报表分析[M]. 北京:高等教育出版社,2014.

[10] 李莉. 财务报表分析[M]. 北京:人民邮电出版社,2013.

[11] 孟庆宇. 人人都看得懂的财报书[M]. 北京:北京联合出版公司,2014.